Amigurumis für Faule

Kein Nähen nötig!

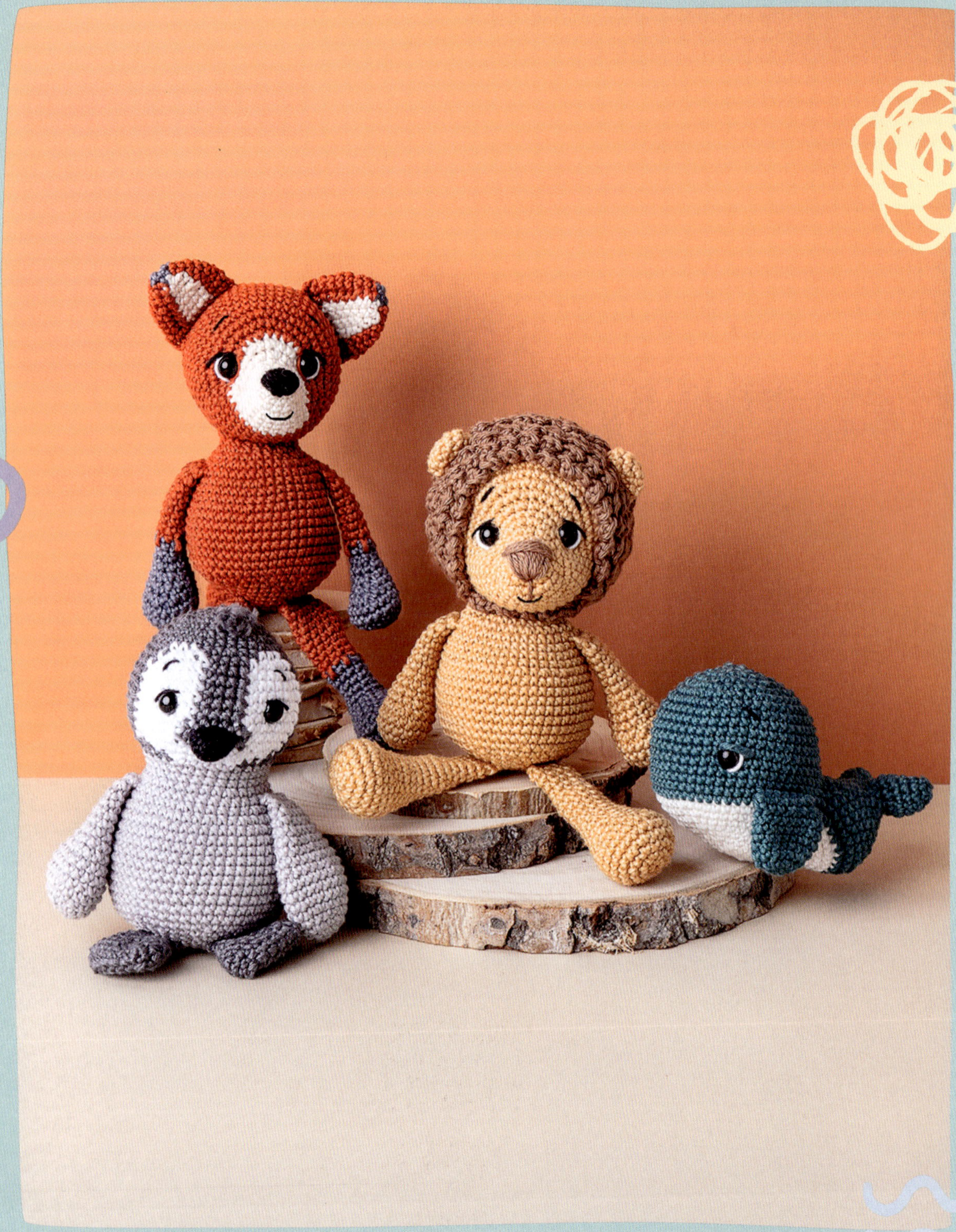

Stefanie Binder

Amigurumis für Faule

Kein Nähen nötig!

Super einfach und stressfrei Tiere häkeln

EMF

EIN BUCH DER
EDITION MICHAEL FISCHER

Inhalt

Vorwort

Sämtliche Einzelteile anzunähen ist auch für dich echt doof? Dann hast du dich für das richtige Buch entschieden! Bei diesen Tieren werden Arme, Beine, Ohren und sonstige Körperteile ganz einfach direkt beim Häkeln des Körpers an- oder eingehäkelt. So hast du das pure Häkelvergnügen, das nicht nachträglich durch das nervige Nähen getrübt wird. Außerdem läufst du so nicht Gefahr, dass beispielsweise die Öhrchen in unterschiedlicher Höhe angenäht werden – mit diesen Anleitungen sitzt alles an der richtigen Stelle!

Ich bin gespannt, für welches der folgenden Tiere du dich als Erstes entscheidest; zeig es mir doch einfach, indem du den Verlag (@emf_verlag) und/oder mich (@fraukreativkopf) bei Instagram verlinkst. Ich freue mich sehr auf deine Bilder!

Viel Spaß beim Nachhäkeln!

Deine Stefanie

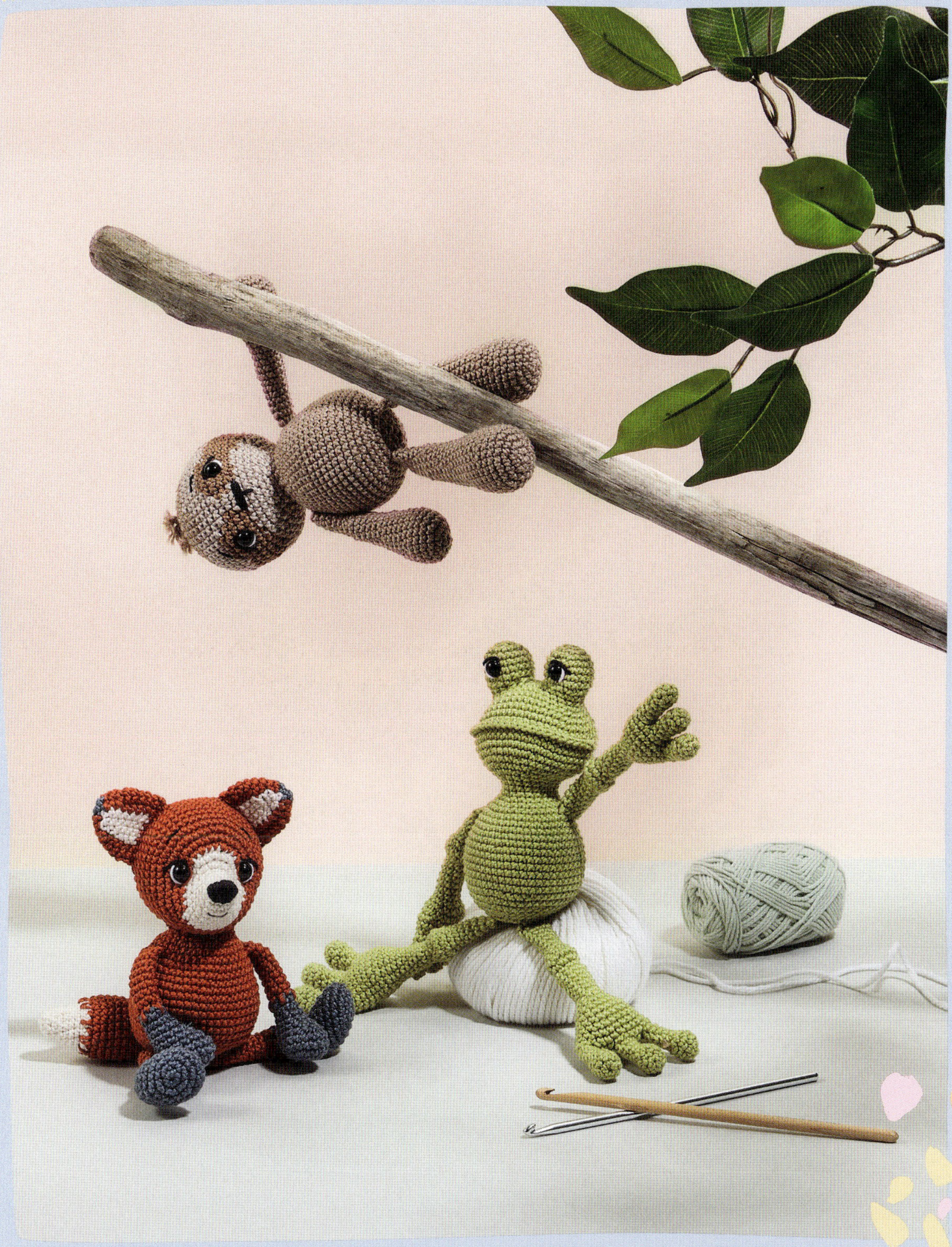

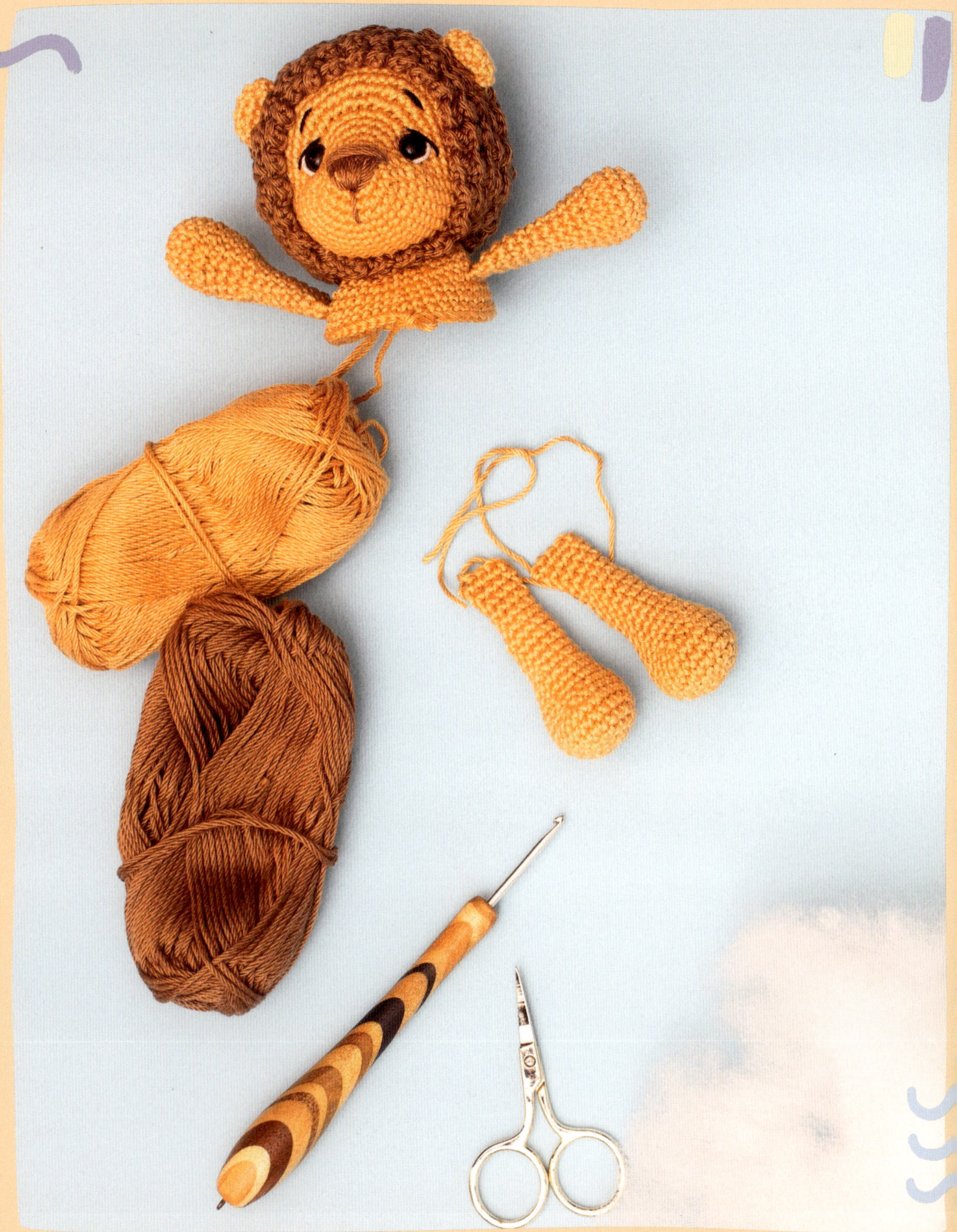

Grund-lagen

Häkeltechniken

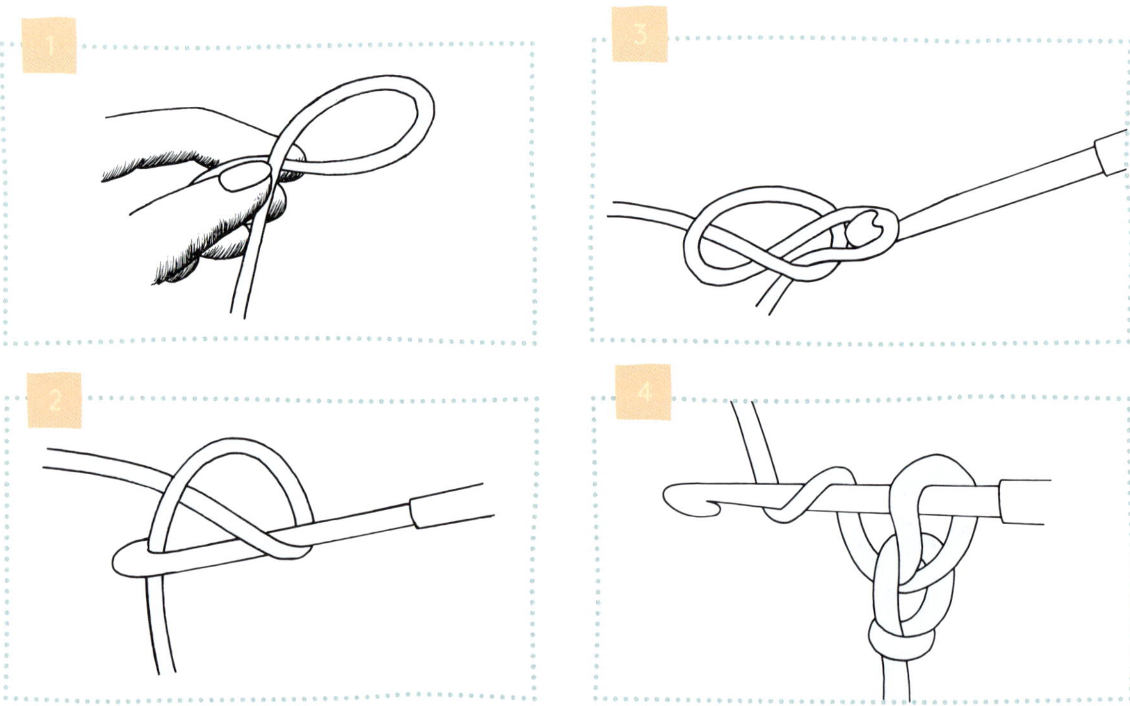

Luftmaschen anschlagen

1. Lege den Faden zu einer Schlinge und fixiere ihn mithilfe deines Daumens und Zeigefingers. Der Arbeitsfaden befindet sich unten.
2. Stich nun mit der Nadel durch die Schlaufe und hole den Faden durch die Öffnung.
3. Ziehe die so entstandene Schlaufe leicht fest, indem du an beiden Fäden, dem Fadenende und dem Arbeitsfaden, ziehst. So entsteht die Anfangsschlinge, in die du nun weitere Luftmaschen häkeln kannst.
4. Um weitere Luftmaschen anzuschlagen, die Anfangsschlinge gut festhalten, mit der Nadel durch die Schlinge stechen, den Faden holen und wieder durch die Schlinge ziehen. So oft wie nötig wiederholen.

Wendeluftmasche

Am Ende der Reihe häkelst du eine weitere Luftmasche, eine sogenannte Wendeluftmasche, und wendest die Arbeit.

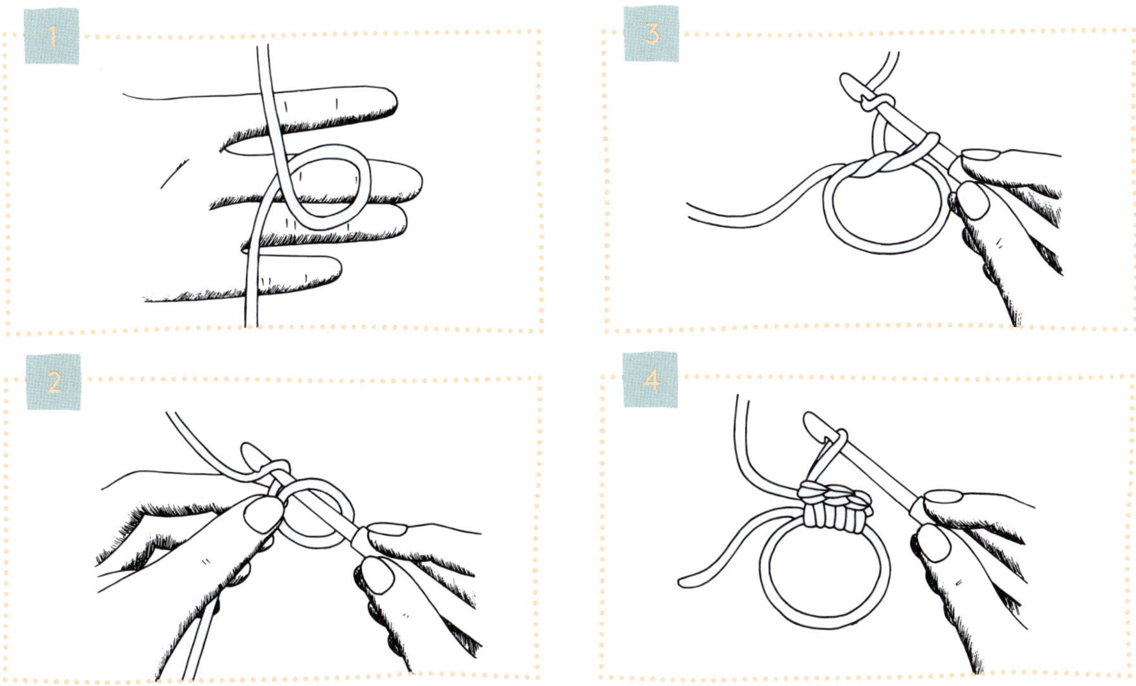

Fadenring

1. Bilde mit dem Garn eine Schlaufe, wobei das Ende des Fadens nach unten zeigt. Lege den Rest des Garns nach hinten über den Zeigefinger und fixiere das Garn zwischen Ring- und Mittelfinger.
2. Halte die Schlaufe mit dem Daumen und dem Zeigefinger fest, führe die Nadel durch die Schlaufe, hole den Faden und ziehe diesen durch die Schlaufe.
3. Hole den Arbeitsfaden erneut und ziehe ihn durch die Schlinge. So wird der Ring fixiert.
4. Ab jetzt können die Maschen wie gewohnt gehäkelt werden. Stich dabei immer um den Ring herum, nicht in die Schlaufen des Ringes hinein. Sind alle Maschen gehäkelt, kann der Ring durch Ziehen am Fadenende zusammengezogen werden.

Kettmasche

Kettmaschen sind sehr vielfältig. Sie werden nicht nur verwendet, um Kanten zu verzieren, mit ihnen schließt man auch Runden.

1. Um eine Kante zu verzieren, schlinge den Faden an einer Kante des Häkelstücks an. Stich unterhalb der Wendeluftmasche in die folgende Reihe ein, hole den Faden zur Schlinge und ziehe ihn durch die Schlaufe.
2. So sieht eine mit Kettmaschen verzierte Abschlusskante aus.

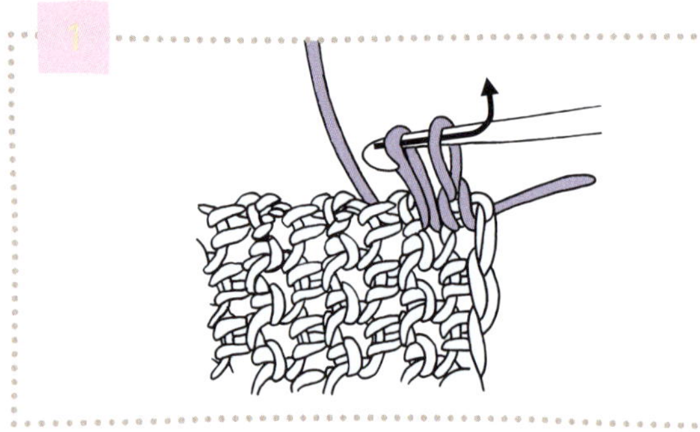

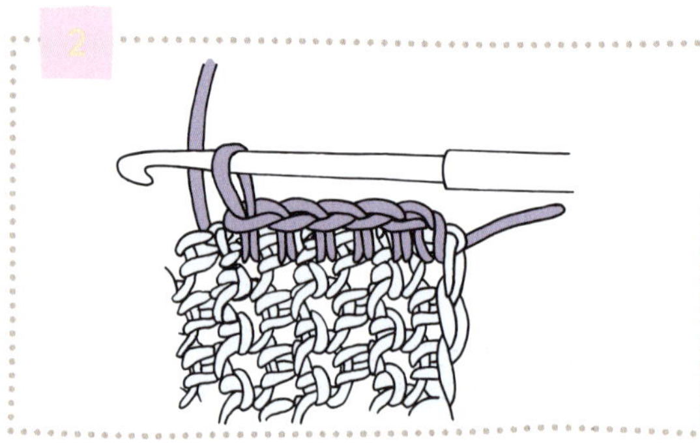

Feste Masche

1. Stich mit der Nadel durch die folgende Masche und hole den Faden. Es befinden sich nun zwei Schlingen auf der Nadel.
2. Hole den Arbeitsfaden erneut und ziehe ihn durch beide Schlingen auf der Nadel. Nun ist die erste feste Masche entstanden.
3. In die nächste Einstichstelle stechen und den Vorgang wiederholen.

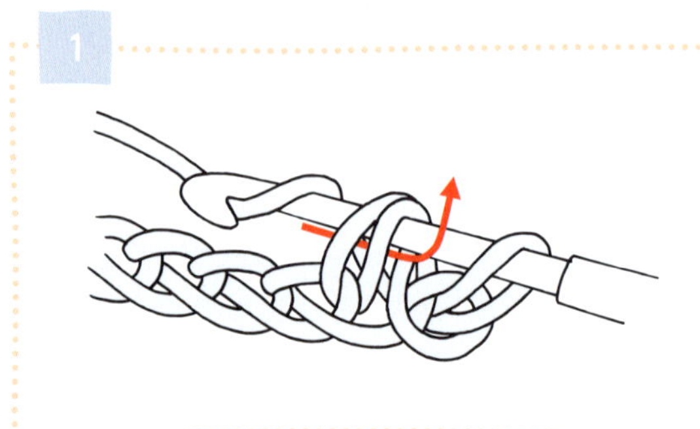

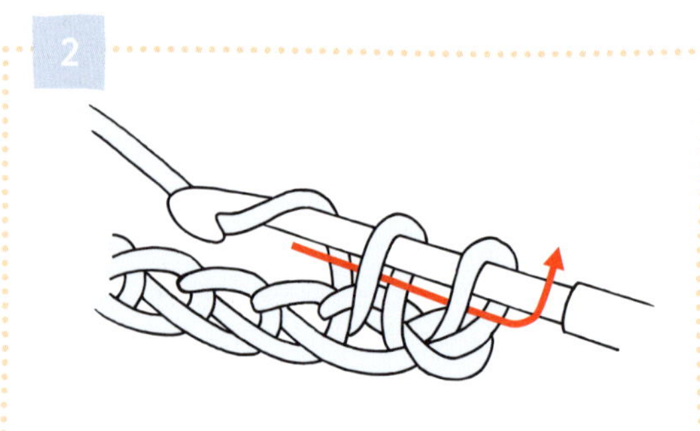

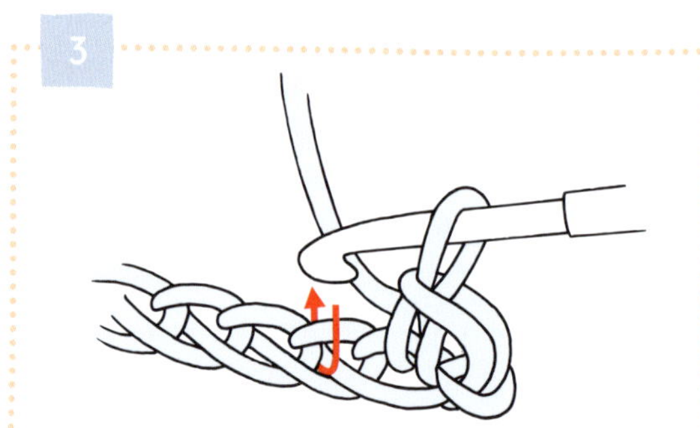

Tiefer gestochene feste Masche

1. Stich mit der Nadel zwischen die Maschenkörper der angegebenen Runde oder Reihe ein, hole den Arbeitsfaden und ziehe ihn nach oben. Es liegen nun zwei Schlingen auf der Nadel.

2. Hole den Arbeitsfaden erneut und ziehe ihn durch beide Schlingen.

3. Die Grafik zeigt eine feste Masche, die tiefer gestochen wurde, mit der gleichen Technik können aber auch alle anderen Maschen tiefer gestochen gehäkelt werden.

1

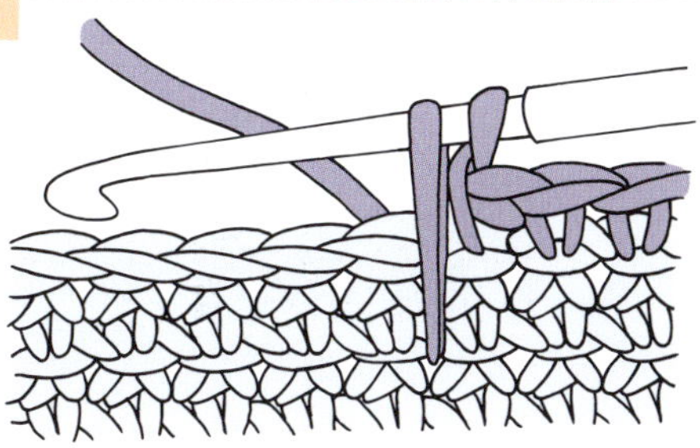

3

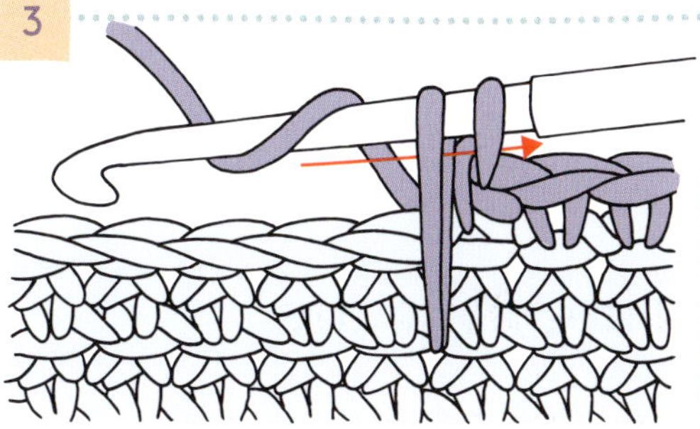

2

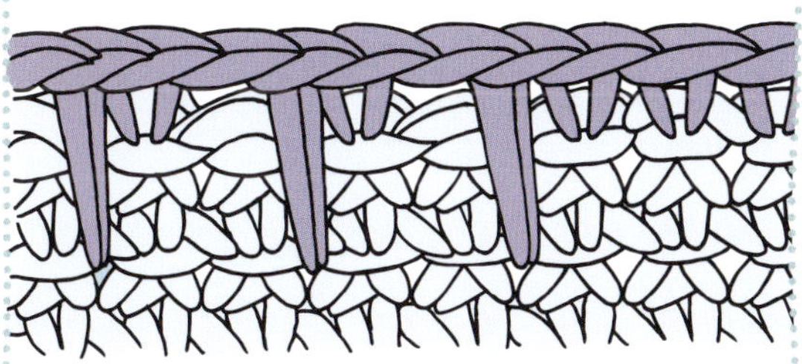

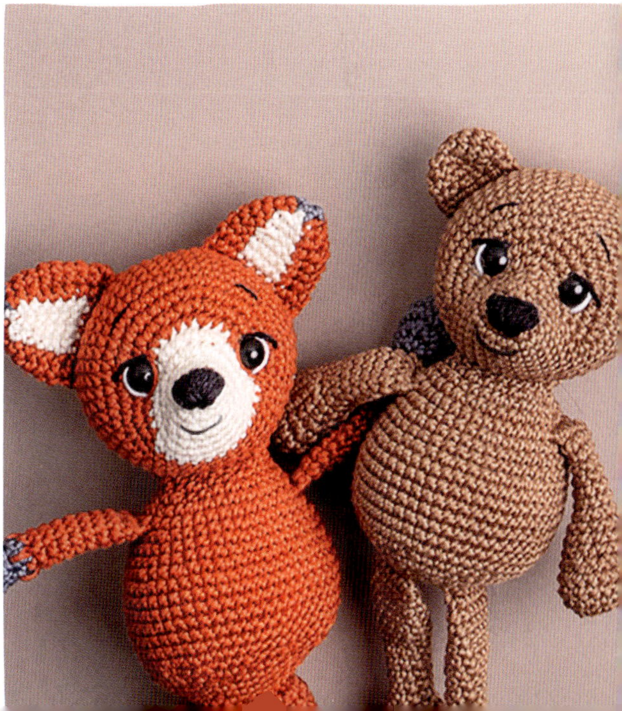

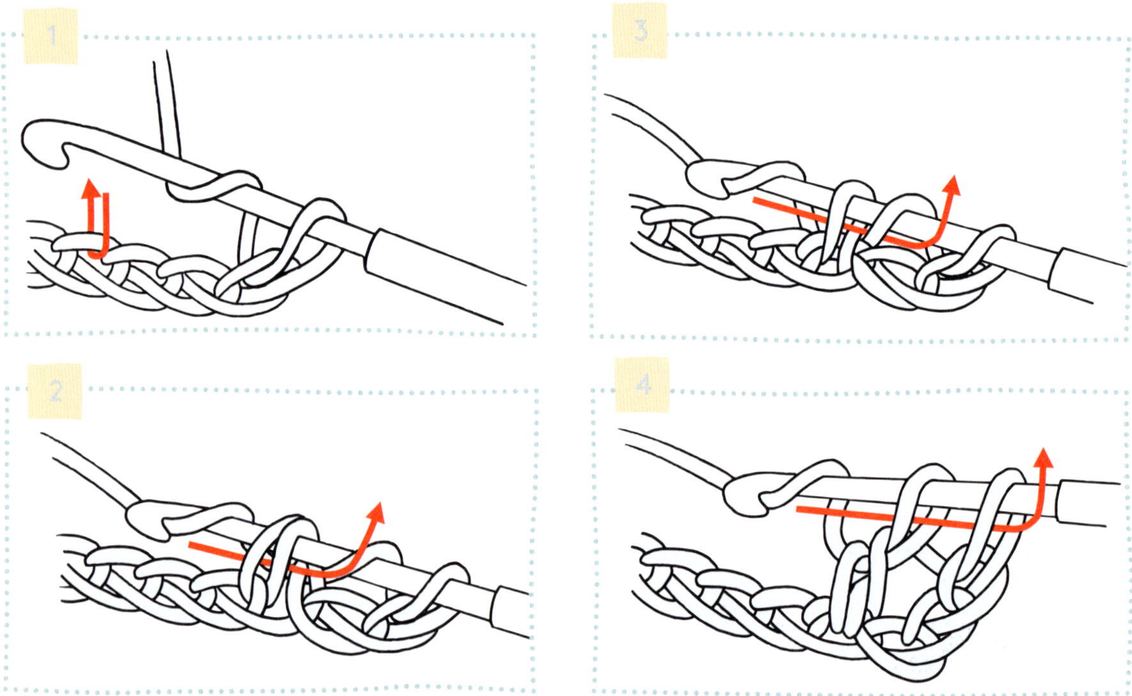

Stäbchen

1. Lege den Faden einmal um die Nadel (Umschlag). Stich dann in die folgende Masche ein …
2. … und hole den Faden. Es befinden sich nun drei Schlingen auf der Nadel.
3. Hole den Faden erneut und ziehe ihn durch die ersten beiden Schlingen auf der Nadel. Es liegen nun noch zwei Schlingen auf der Nadel.
4. Den Faden wieder holen und durch die letzten beiden Schlingen ziehen. Nun ist das erste Stäbchen entstanden.

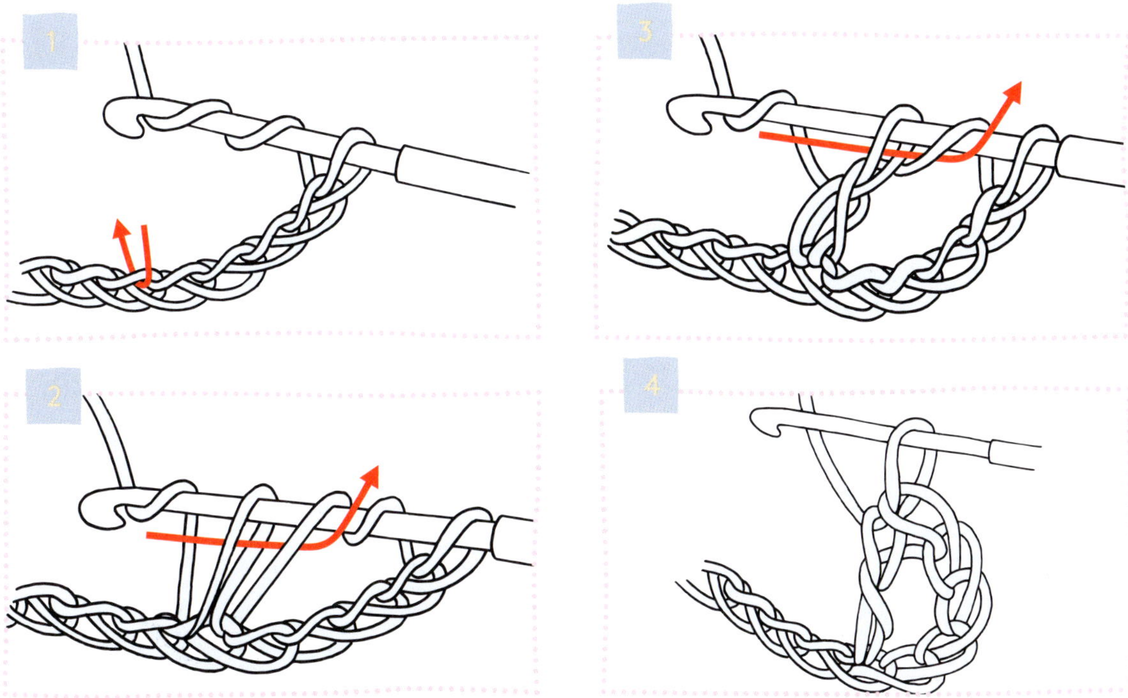

Doppelstäbchen

1. Lege den Faden zweimal um die Nadel und stich dann in die folgende Masche ein und hole den Faden. Es liegen nun vier Schlingen auf der Nadel.
2. Hole den Faden erneut und ziehe ihn durch die ersten beiden Schlingen auf der Nadel. Es liegen dann noch drei Schlingen auf der Nadel.
3. Hole erneut den Faden und ziehe ihn durch die ersten beiden Schlingen auf der Nadel. Es liegen dann nur noch zwei Schlingen auf der Nadel.
4. Hole den Faden erneut und ziehe ihn nun noch durch die letzten beiden Schlingen. Fertig ist das Doppelstäbchen.

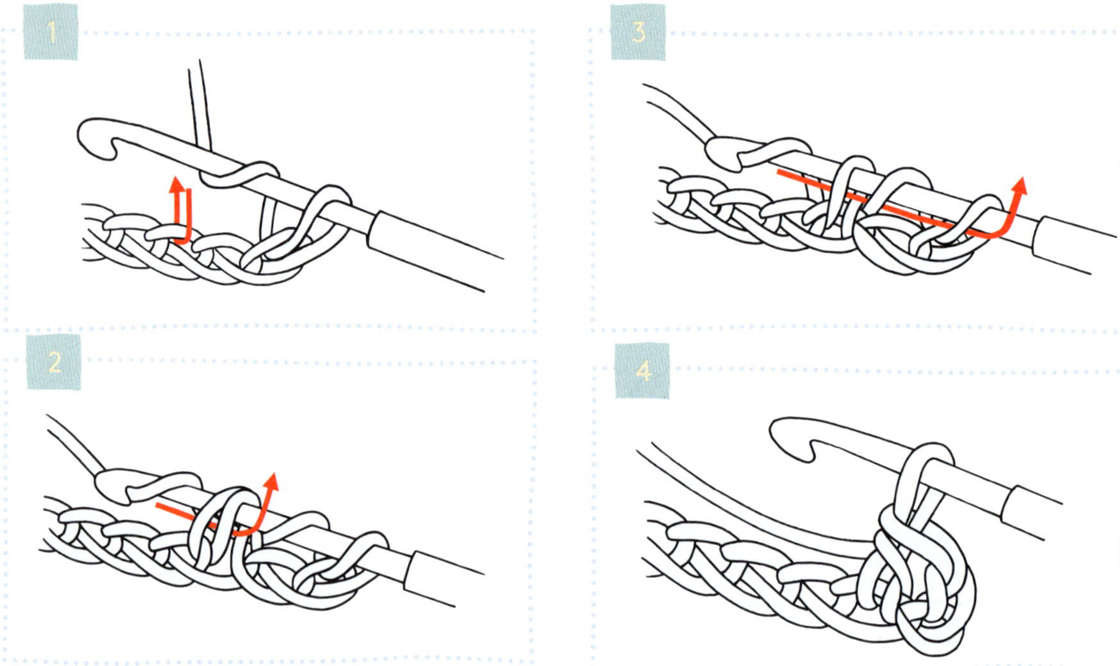

Halbe Stäbchen

1. Lege den Faden einmal um die Nadel (Umschlag). Stich dann in die folgende Masche ein ...
2. ... und hole den Faden. Es befinden sich dann drei Schlingen auf der Nadel.
3. Hole den Faden erneut und ziehe ihn durch alle drei auf der Nadel befindlichen Schlingen.
4. So sieht das fertige halbe Stäbchen aus.

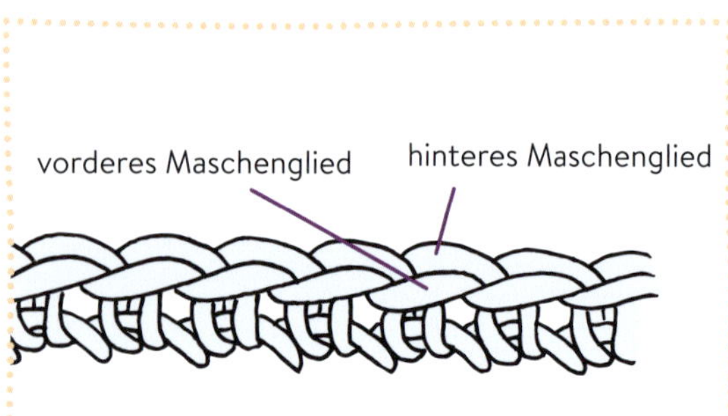

Maschenglieder

Bei manchen Anleitungen wird angegeben, dass man nur in ein Maschenglied häkeln soll. Diese Illustration verdeutlicht, wo sich das vordere bzw. das hintere Maschenglied befindet.

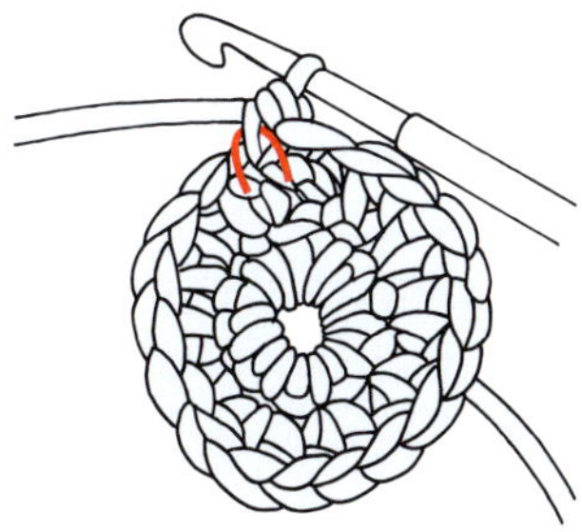

In Spiralrunden häkeln

Wird in Spiralrunden gehäkelt, so wird am Ende der Runde keine Kettmasche und am Anfang der Runde keine Luftmasche gehäkelt. Die Runde läuft also einfach schneckenförmig weiter. Du kannst dir den Anfang der Runde mit einem Faden, einem Maschenmarkierer oder einer Sicherheitsnadel markieren. Das erleichtert das Zählen der Maschen.

In Reihen häkeln

Beim Häkeln in Reihen wird das Häkelstück am Reihenende gewendet. Vor dem Wenden häkelst du noch eine entsprechende Anzahl an Luftmaschen. Bei festen Maschen ist dies eine Wendeluftmasche, bei halben Stäbchen sind es zwei Luftmaschen und bei ganzen Stäbchen drei Luftmaschen, um auf die entsprechende Höhe zu kommen.

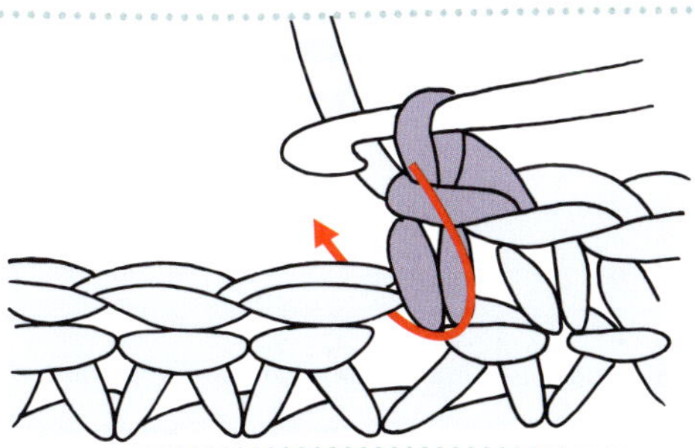

Maschen zunehmen/ verdoppeln

Um Maschen jeglicher Art zuzunehmen, wird zweimal in eine Einstichstelle eingestochen. Die Masche dann wie gewohnt häkeln.

Feste Maschen zusammen abmaschen

Um Maschen abzunehmen, werden diese zusammen abgemascht. Bei festen Maschen wie folgt vorgehen: Die Nadel wie beim Häkeln einer festen Masche durch die folgende Masche ziehen und den Faden holen, diese feste Masche jedoch nicht beenden. Nun in die folgende Masche einstechen und erneut den Faden holen. Es liegen drei Schlingen auf der Nadel.

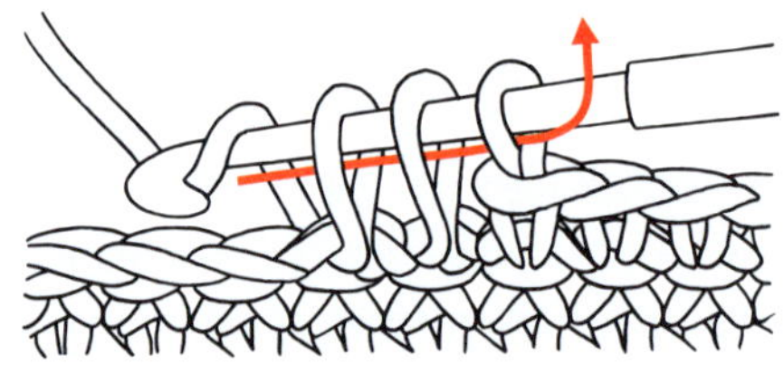

Den Faden erneut holen und durch alle drei Schlingen ziehen. Die Maschenzahl hat sich somit um eine feste Masche verringert.

Unsichtbare Abnahme

Diese Abnahmetechnik empfiehlt sich nur beim Arbeiten in (Spiral-)Runden. Mit der Nadel nur in das vordere Maschenglied der folgenden Masche einstechen. Anschließend direkt in das nächste vordere Maschenglied einstechen. Du hast nun drei Schlingen auf der Nadel.

Den Faden holen und durch die ersten beiden Schlingen (= die vorderen Maschenglieder) auf der Nadel ziehen. Abschließend den Faden erneut holen und durch die letzten zwei Schlingen auf der Nadel ziehen.

Farbwechsel

Soll eine Runde mit einer anderen Farbe oder einem neuen Faden gehäkelt werden, wird bereits beim Häkeln der letzten Masche der aktuellen Runde der neue Faden beim letzten Mal Fadenholen verwendet. So erscheint der Farbwechsel sauber und stufenlos.

Picots

Picot aus zwei Luftmaschen: Drei Luftmaschen häkeln, dann in die erste Luftmasche der Kette eine feste Masche häkeln.

Runde unsichtbar beenden

Beim Häkeln in Spiralrunden sollte die Arbeit möglichst unsichtbar beendet werden. Dazu den Faden durch die übernächste Masche fädeln und dann wieder zurück durch das hintere Maschenglied der zuletzt gehäkelten Masche ziehen.

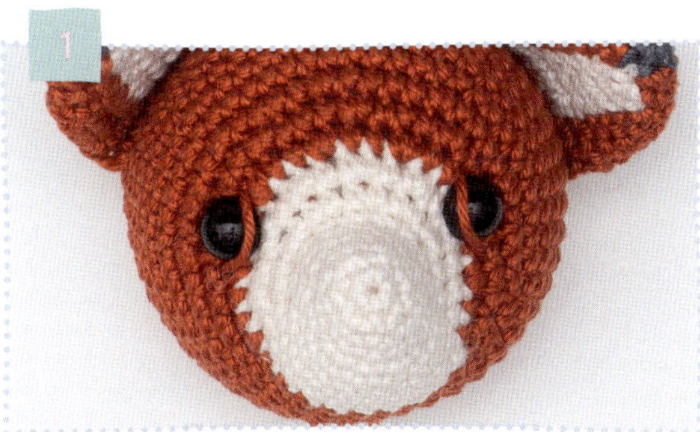

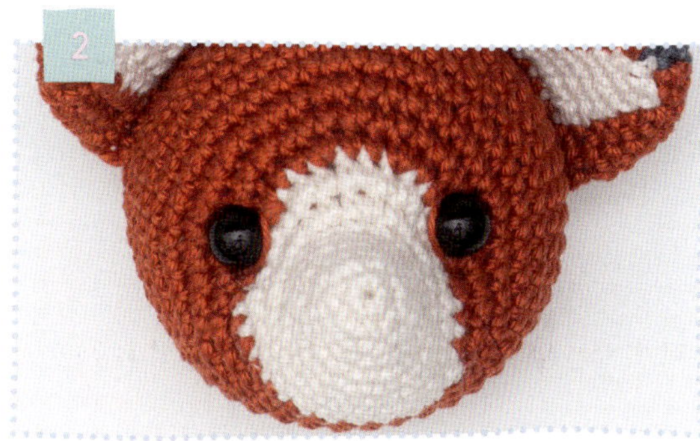

Augen vertiefen

1. Führe einen langen Faden von der Kopfunterseite in den Kopf ein und an der Außenseite des linken Auges wieder heraus, anschließend an der Innenseite des Auges wieder in den Kopf. Jetzt kommst du an der Innenseite des rechten Auges wieder heraus, stichst an der Außenseite wieder ein und führst den Faden eine Masche neben der Masche, in der du den Faden eingeführt hast, wieder heraus.
2. Ziehe die Fäden gleichmäßig fest und verknote sie.

Häkeln von Tieren an einem Stück

Die Tiere in diesem Buch werden zum Großteil vom Kopf zum Fuß gehäkelt. Das heißt, es werden zuerst sämtliche Gliedmaßen gehäkelt, bevor mit Kopf und Körper gestartet wird. Alles, was zu dem jeweiligen Tier gehört, wird entweder an- oder eingehäkelt.

Worauf du beim Häkeln achten solltest: Jede*r häkelt unterschiedlich fest. Es ist absolut nicht schlimm, wenn deine Maschenaufteilung etwas anders ist und du die Gliedmaßen um 1–2 Maschen versetzt einhäkelst, sodass alles gerade sitzt.

1

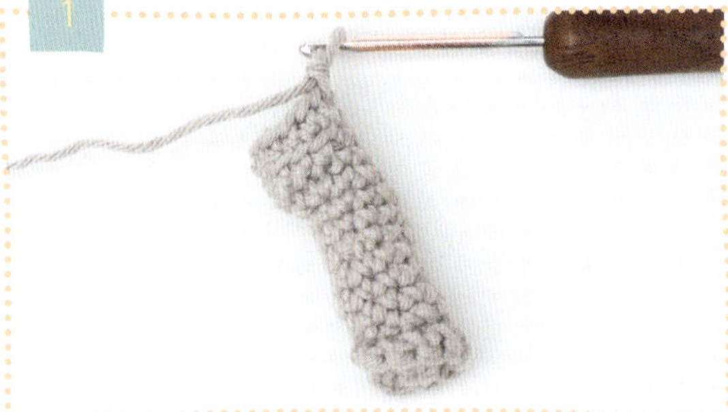

2

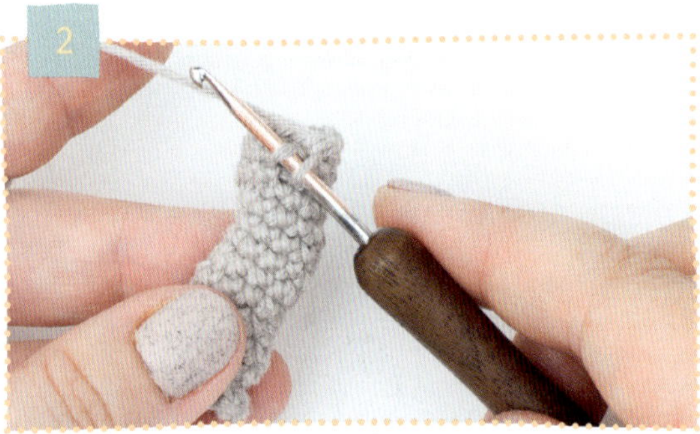

3

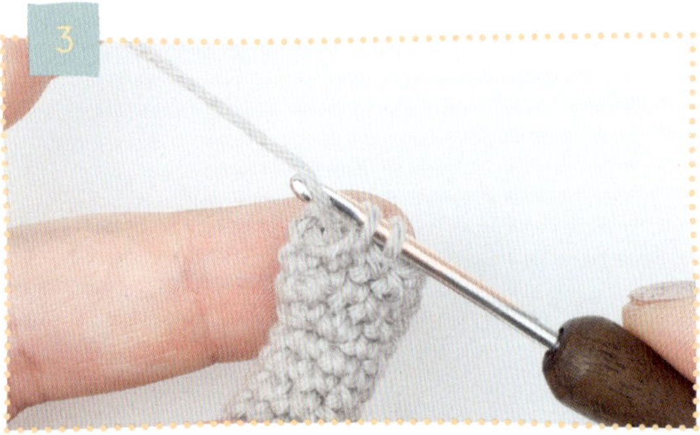

4

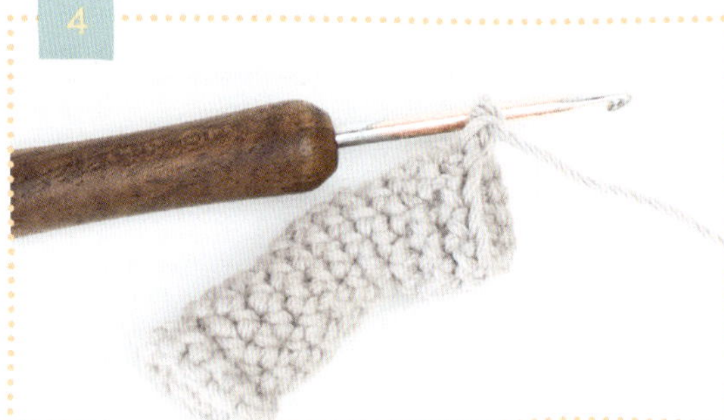

5

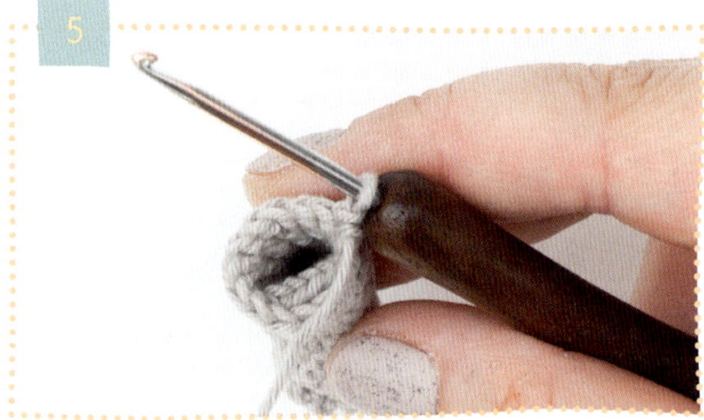

6

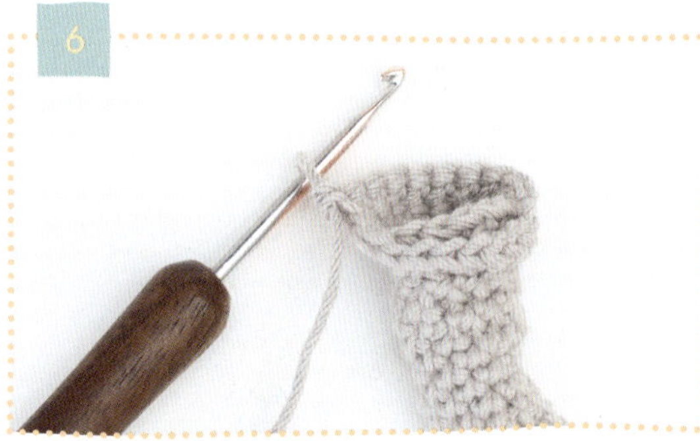

Biegungen häkeln

1.-3. Bei manchen Tieren häkelst du Biegungen mit ein, z. B. bei den Entenfüßen oder dem Elefantenrüssel. Hierbei werden vereinzelt Maschen einer Runde ins hintere Maschenglied gehäkelt.

4.-6. In der darauffolgenden Runde behäkelst du die vorderen Maschenglieder der darunterliegenden Runde, das bedeutet, die Maschen der aktuellen Runde werden dafür übersprungen.

Stickstiche

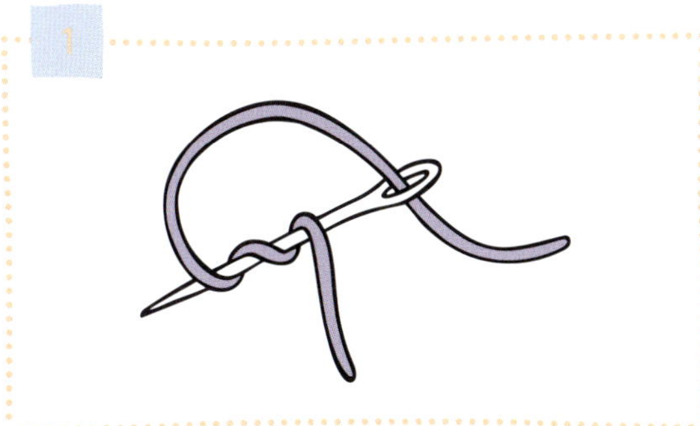

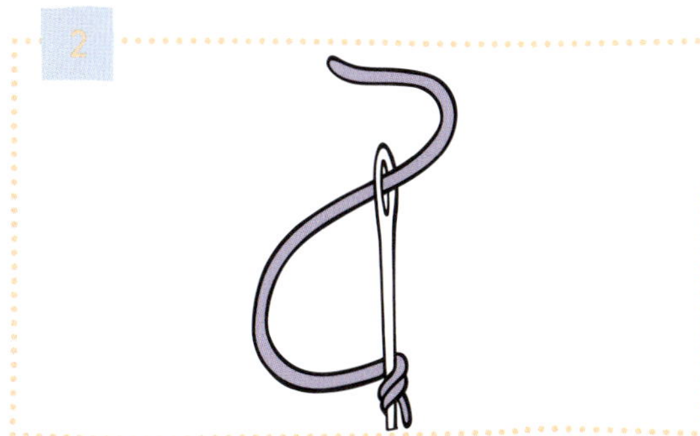

Knötchenstich

1. Den Faden mehrmals um die Nadel wickeln.
2. Dann in die Einstichstelle einstechen und den Faden fixieren.
3. So sieht der fertige Knötchenstich aus.

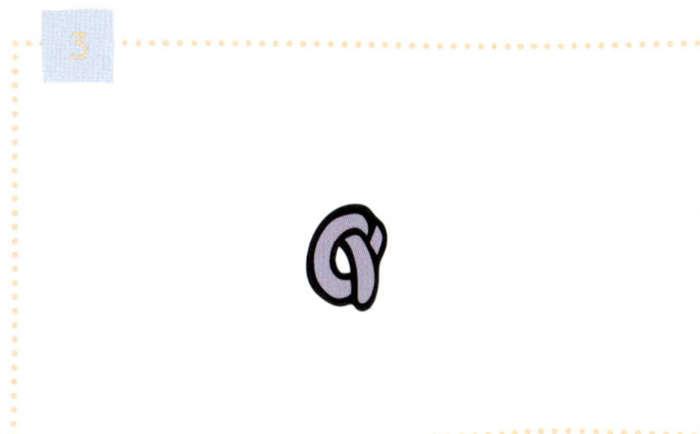

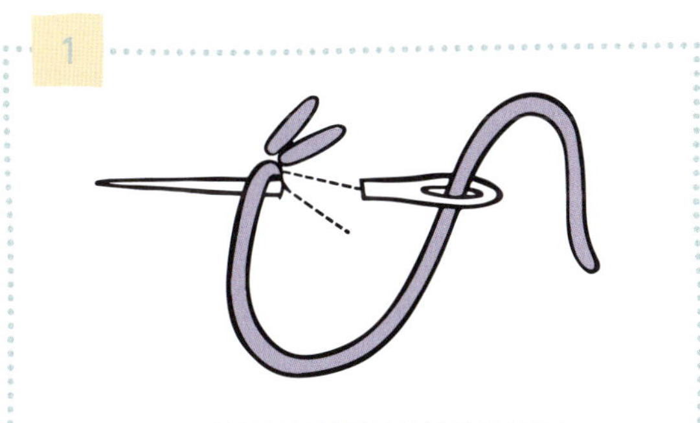

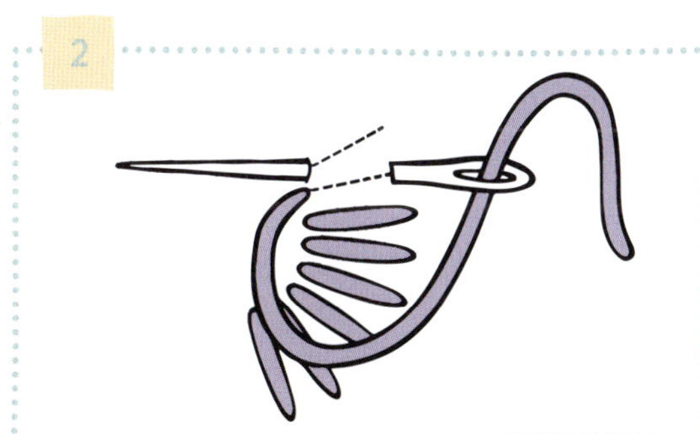

Spannstich

Von unten nach oben einstechen und in der gewünschten Stichlänge wieder ausstechen. Den Stich in einigem Abstand wiederholen.

Darauf achten, dass die Stiche nicht zu lang werden.

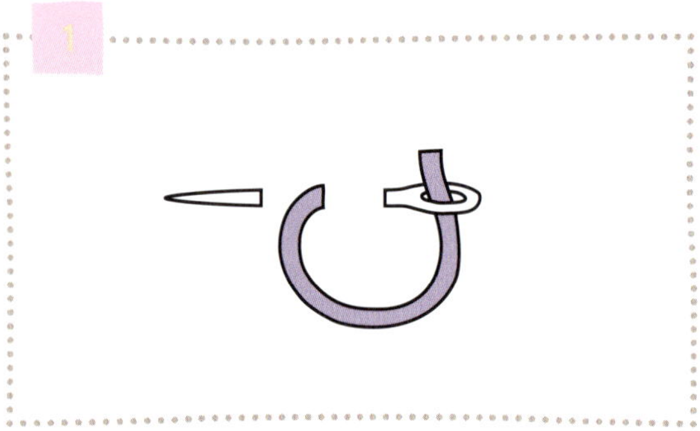

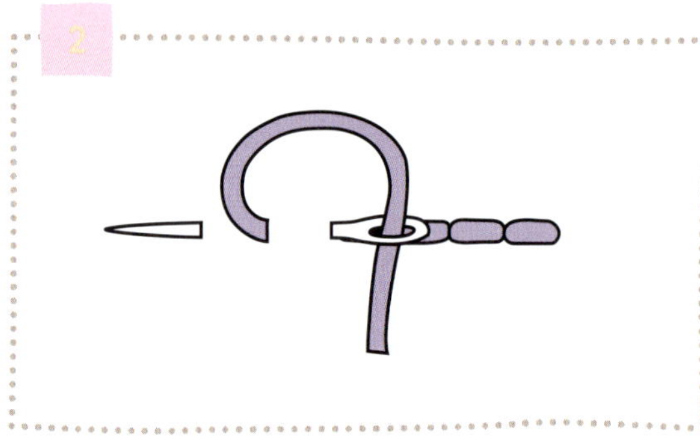

Rückstich

1. Von unten durch das Häkelstück ausstechen, die Nadel um die gewünschte Stichlänge in einer Entfernung nach rechts einstechen und um die doppelte Stichlänge nach links zurückstechen. Den Faden durchziehen.

2. Für die darauffolgenden Stiche jeweils in die vorletzte Ausstichstelle zurückstechen, danach in doppelter Stichlänge die Nadel nach vorn führen und nach oben ausstechen. Den Faden durchziehen.

Abkürzungen

abn/Abn	abnehmen/Abnahme(n)
Fb	Farbe(n)
fM	feste Masche(n)
ihM	ins hintere Maschenglied
ivM	ins vordere Maschenglied
Lm	Luftmasche(n)
M	Masche(n)
MM	Maschenmarkierer
R	Reihe(n)
Rd	Runde(n)
tg	tiefer gestochene(s) (Masche/Stäbchen...)
wdh/Wdh	wiederholen/Wiederholung(en)
zun/Zun	zunehmen/Zunahme(n)
N	Noppe(n)
Stb	Stäbchen
hStb	halbes Stäbchen
DStb	Doppelstäbchen
Km	Kettmasche

Schwierigkeitsgrade

leicht ♥ ♡ ♡

mittel ♥ ♥ ♡

schwer ♥ ♥ ♥

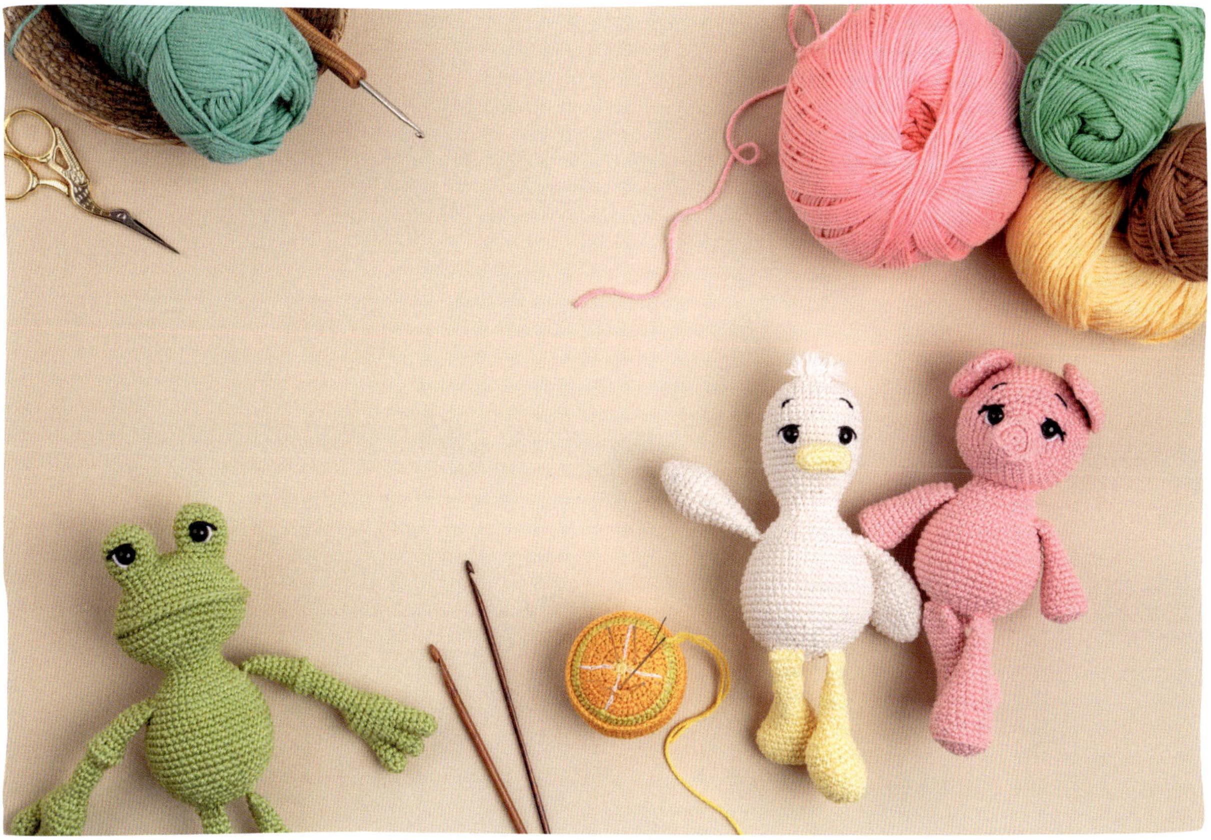

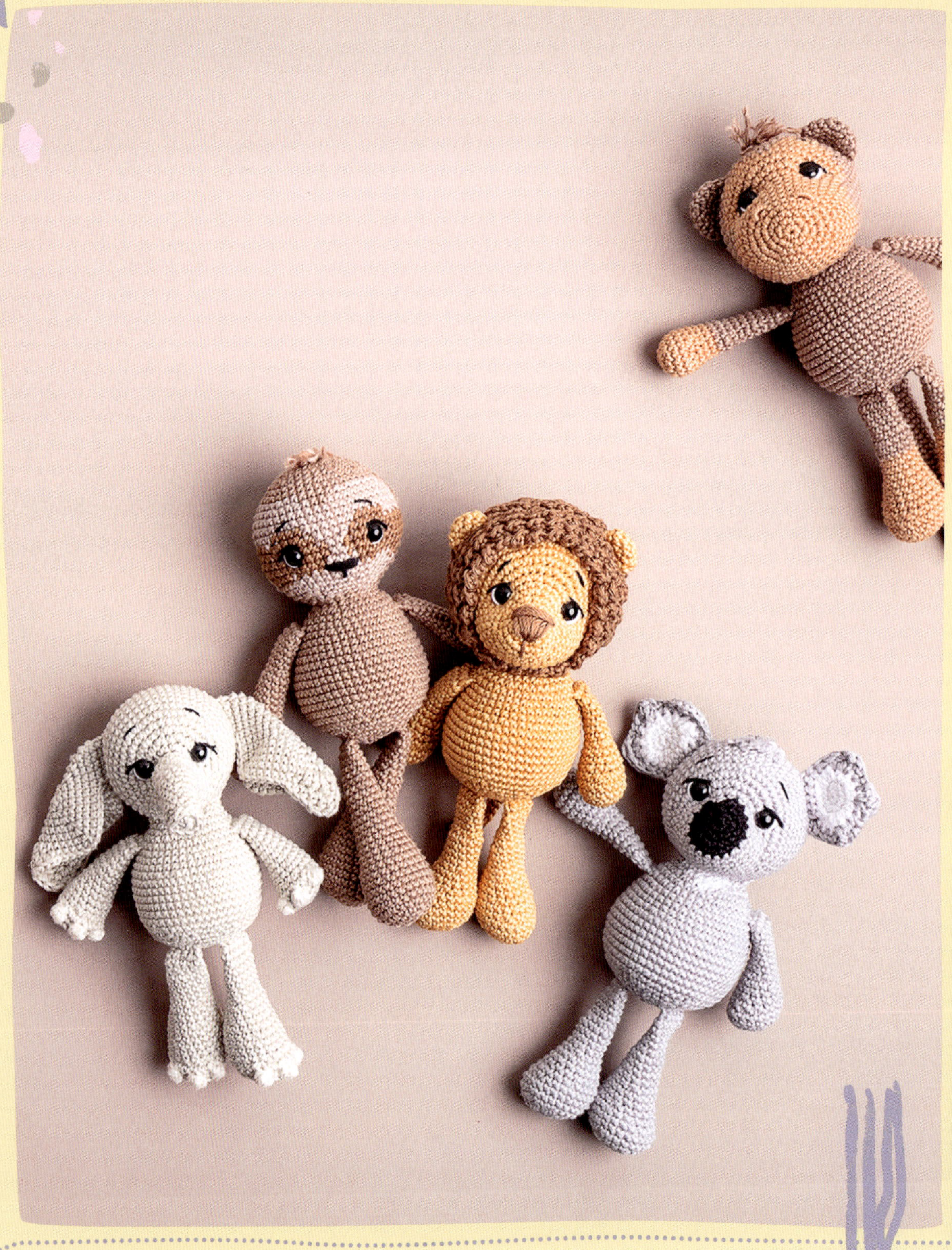

Projekte

Fuchs Samu

Das benötigst du:

Material

- **Scheepjes Catona (100 % Baumwolle, LL 125 m/50 g) in**
  - Rust (Fb 388), 35 g
  - Charcoal (Fb 393), 10 g
  - Jet Black (Fb 110), Rest
  - Snow White (Fb 106), Rest
  - Old Lace (Fb 130), Rest
- **Sicherheitsaugen ø 8 mm**
- **Häkelnadel 2,5 mm**
- **Füllwatte**
- **Wollnadel**

Höhe
17,5 cm

So wird's gemacht:

Es wird, wenn nicht anders angegeben, in Spiral-Rd gehäkelt. Häkle die Arme, Beine, Schwanz und Ohren zuerst, denn diese werden später eingehäkelt. Den Faden der Gliedmaßen kannst du direkt vernähen oder im Anschluss im Körper einhäkeln. Denke schon beim Häkeln daran, die Teile nach und nach mit Watte auszustopfen.

Beine (2x, in Charcoal und Rust)

Beginne mit Charcoal.
1. Rd: 6 fM in einen Fadenring.
2. Rd: 6x 1 M zun [12].
3. Rd: *1 fM, 1 M zun*, von * bis * noch 5x wdh [18].
4. Rd: *1 fM, 1 M zun, 1 fM*, von * bis * noch 5x wdh [24].
5. Rd: 24 fM häkeln.
6. Rd: 8 fM, 4x 1 M abn, 8 fM [20].
7. Rd: 6 fM, 4x 1 M abn, 6 fM [16].
8. Rd: 6 fM, 2x 1 M abn, 6 fM [14].
9. Rd: 5 fM, 2x 1 M abn, 5 fM [12].
10. Rd: 1 M abn, 8 fM, 1 M abn [10].
Stopfe den Fuß mit Füllwatte aus.

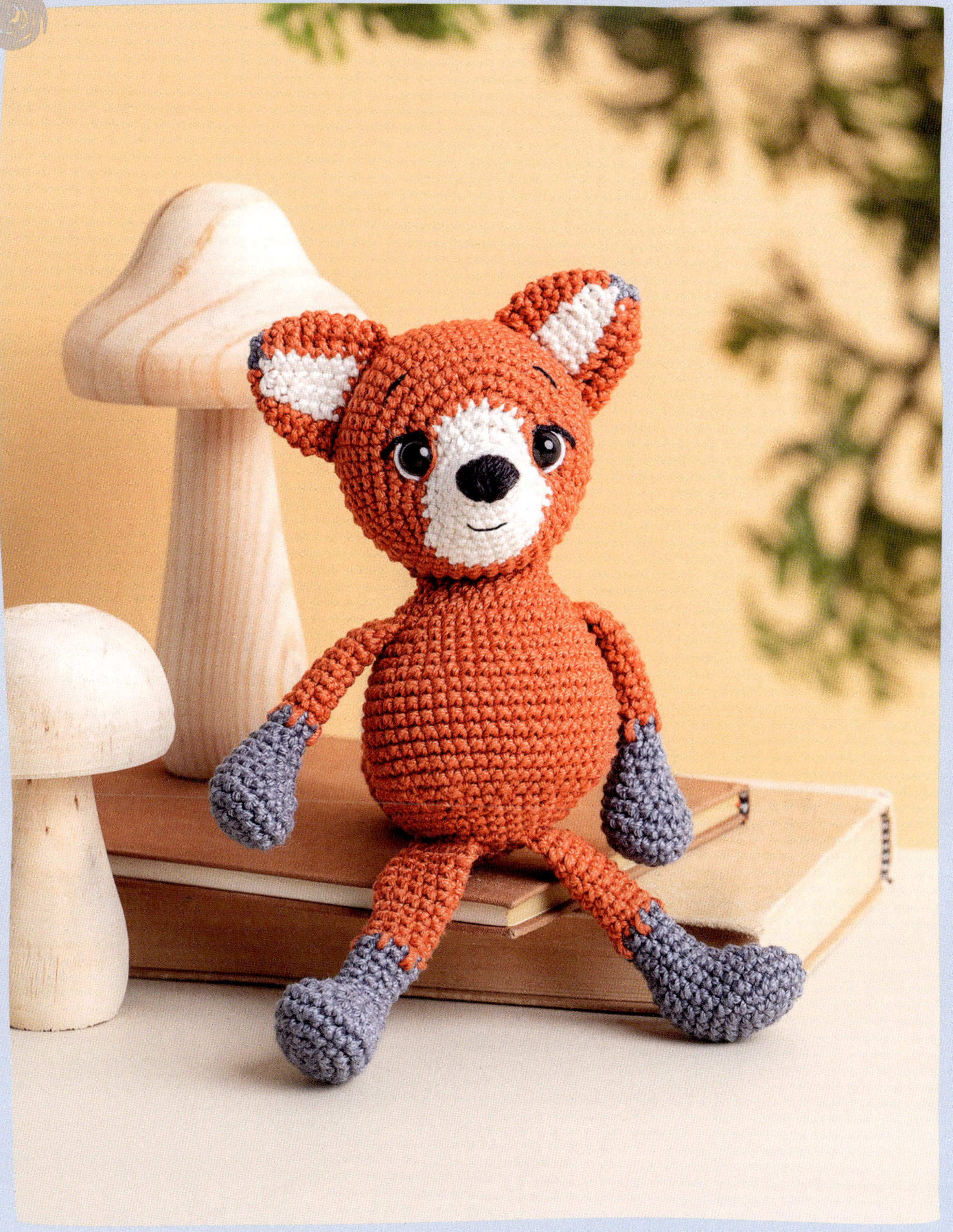

11. –14. Rd: 10 fM häkeln.
Fb-Wechsel zu Rust.
15. Rd: *1 fM, 1 tg fM*, von * bis * noch 4x wdh [10].
Stopfe den Übergang von Fuß zu Bein noch etwas mit Füllwatte nach. Das restliche Bein wird nicht gestopft.
16.–17. Rd: 10 fM häkeln.
18. Rd: 3 fM, 2x 1 M zun, 5 fM [12].
19.–23. Rd: 12 fM häkeln.
24. R: 1 Lm, gegenüberliegende Seiten mit 6 fM zusammenhäkeln.

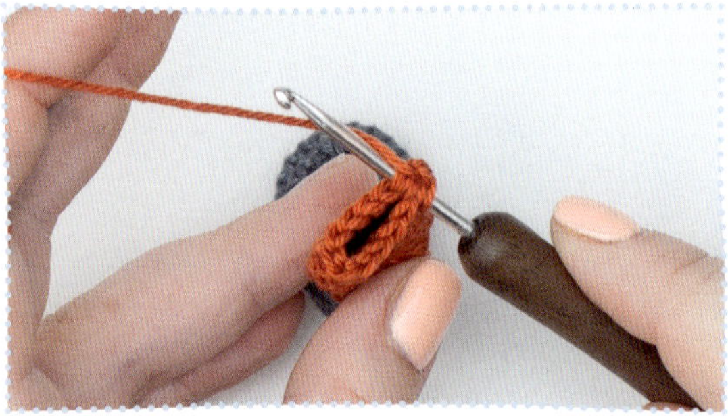

Faden abschneiden.
Häkle das 2. Bein genauso, nur die 18. Rd häkelst du wie folgt: 1 M zun, 8 fM, 1 M zun [12].

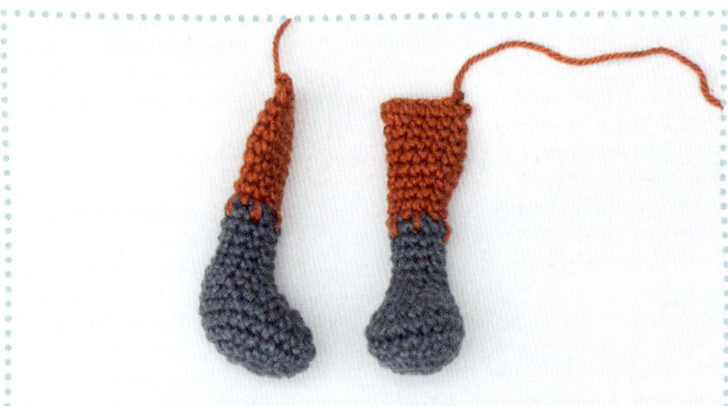

Arme (2x, in Charcoal und Rust)

Beginne mit Charcoal.
1. Rd: 6 fM in einen Fadenring.
2. Rd: 6x 1 M zun [12].
3. Rd: *1 fM, 1 M zun*, von * bis * noch 5x wdh [18].
4.–5. Rd: 18 fM häkeln.
6. Rd: 5 fM, 4x 1 M abn, 5 fM [14].
7. Rd: 5 fM, 2x 1 M abn, 5 fM [12].
8. Rd: 4 fM, 2x 1 M abn, 4 fM [10].
9. Rd: 10 fM häkeln.
10. Rd: 3 fM, 2x 1 M abn, 3 fM [8].
Stopfe das untere Drittel mit Füllwatte aus.
11. Rd: 8 fM häkeln.
Fb-Wechsel zu Rust.
12. Rd: *1 fM, 1 tg fM*, von * bis * noch 3x wdh [8].
13.–19. Rd: 8 fM häkeln.
20. R: 2 fM, 1 Lm, gegenüberliegende Seiten mit 4 fM zusammenhäkeln.
Faden abschneiden.

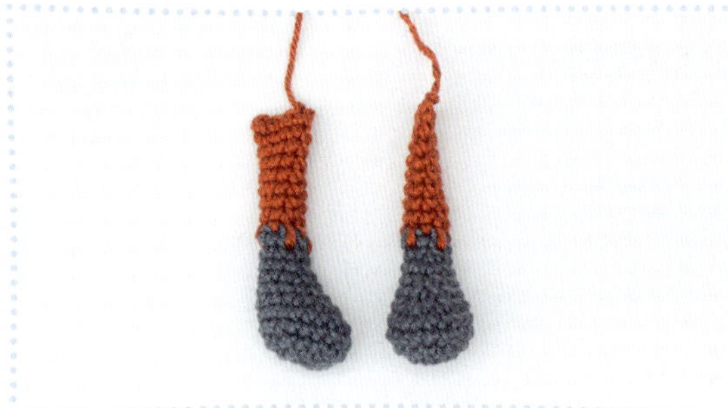

Schwanz (in Old Lace und Rust)

Beginne mit Old Lace.
1. Rd: 6 fM in einen Fadenring.
2. Rd: 6 fM häkeln.
3. Rd: *1 fM, 1 M zun*, von * bis * noch 2x wdh [9].
4. Rd: 9 fM häkeln.
5. Rd: *1 fM, 1 M zun, 1 fM*, von * bis * noch 2x wdh [12].
6. Rd: 12 fM häkeln.
7. Rd: *3 fM, 1 M zun*, von * bis * noch 2x wdh [15].
8. Rd: *2 fM, 1 M zun, 2 fM*, von * bis * noch 2x wdh [18].
Fb-Wechsel zu Rust.
9. Rd: *1 fM, 1 tg fM*, von * bis * noch 8x wdh [18].
10. Rd: *1 fM, 1 M zun, 1 fM*, von * bis * noch 5x wdh [24].
11.–14. Rd: 24 fM häkeln.

15. Rd: *3 fM, 1 M abn, 3 fM*, von * bis * noch 2x wdh [21].
16. Rd: *5 fM, 1 M abn*, von * bis * noch 2x wdh [18].
17. Rd: 18 fM häkeln.
18. Rd: *2 fM, 1 M abn, 2 fM*, von * bis * noch 2x wdh [15].
19. Rd: *3 fM, 1 M abn*, von * bis * noch 2x wdh [12].
Stopfe den Schwanz mit Füllwatte aus.
20. Rd: *1 fM, 1 M abn*, von * bis * noch 3x wdh [8].
21. R: 1 Lm, gegenüberliegende Seiten mit 4 fM zusammenhäkeln.
Faden abschneiden.

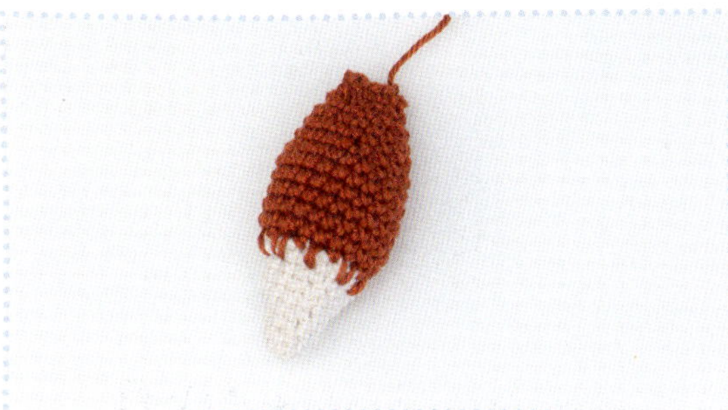

Ohren (2x, in Charcoal, Rust und Old Lace)

Beginne mit Charcoal.
1. Rd: 6 fM in einen Fadenring.
Fb-Wechsel zu Rust.
2. Rd: 1 fM, 1 M zun, Fb-Wechsel zu Old Lace, 1 fM, Fb-Wechsel zu Rust, 1 M zun, 1 fM, 1 M zun [9].
3. Rd: 1 fM, 1 M zun, 1 fM, Fb-Wechsel zu Old Lace, 1 fM, 1 M zun, Fb-Wechsel zu Rust, 2 fM, 1 M zun, 1 fM [12].
4. Rd: 3 fM, 1 M zun, Fb-Wechsel zu Old Lace, 3 fM, Fb-Wechsel zu Rust, 1 M zun, 3 fM, 1 M zun [15].
5. Rd: 2 fM, 1 M zun, 2 fM, Fb-Wechsel zu Old Lace, 2 fM, 1 M zun, Fb-Wechsel zu Rust, 4 fM, 1 M zun, 2 fM [18].
6.–8. Rd: 6 fM, Fb-Wechsel zu Old Lace, 4 fM, Fb-Wechsel zu Rust, 8 fM [18].
9. R: 4 fM, 1 Lm, gegenüberliegende Seiten mit 9 fM zusammenhäkeln.
Faden abschneiden.

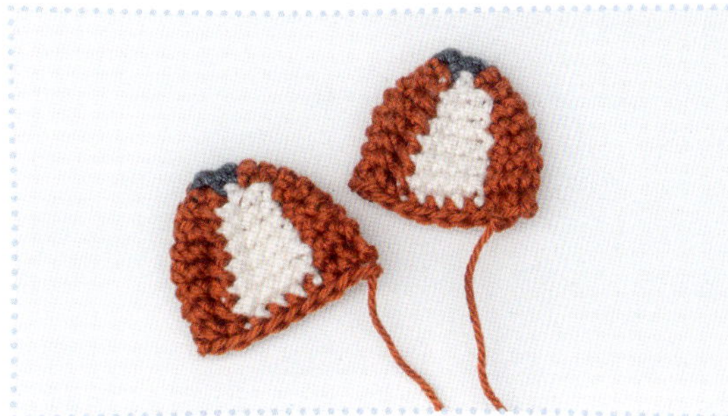

Kopf (in Old Lace und Rust)

Beginne mit Old Lace.
1. Rd: 6 fM in einen Fadenring.
2. Rd: *1 fM, 1 M zun*, von * bis * noch 2x wdh [9].
3. Rd: 9 fM häkeln.
4. Rd: *1 fM, 1 M zun, 1 fM*, von * bis * noch 2x wdh [12].
5. Rd: *3 fM, 1 M zun*, von * bis * noch 2x wdh [15].
6. Rd: 15 fM häkeln.
7. Rd: *2 fM, 1 M zun, 2 fM*, von * bis * noch 2x wdh [18].
8. Rd: 2 fM, 6x 1 M zun, 10 fM [24].
9. Rd: 2 fM, *1 fM, 1 M zun*, von * bis * noch 5x wdh, 10 fM [30].
Fb-Wechsel zu Rust.
10. Rd: 2 fM, *1 M zun, 2 fM*, von * bis * noch 5x wdh, 10 fM [36].
11. Rd: 2 fM, *3 fM, 1 M zun*, von * bis * noch 5x wdh, 10 fM [42].
12. Rd: 2 fM, *1 M zun, 4 fM*, von * bis * noch 5x wdh, 10 fM [48].
13.–15. Rd: 48 fM häkeln.
In den nächsten Rd häkelst du den Teil, von dem aus später der Körper gehäkelt wird. Die M, die ihM gehäkelt werden, sollten mittig unter der Nase sitzen.
16. Rd: 40 fM, 8 fM ihM [48].

17. Rd: 39 fM, 1 fM ihM, 8 fM [48].
18. Rd: 1 fM ihM, 39 fM, 8 fM ihM [48].
In der nächsten Rd werden die Ohren eingehäkelt.

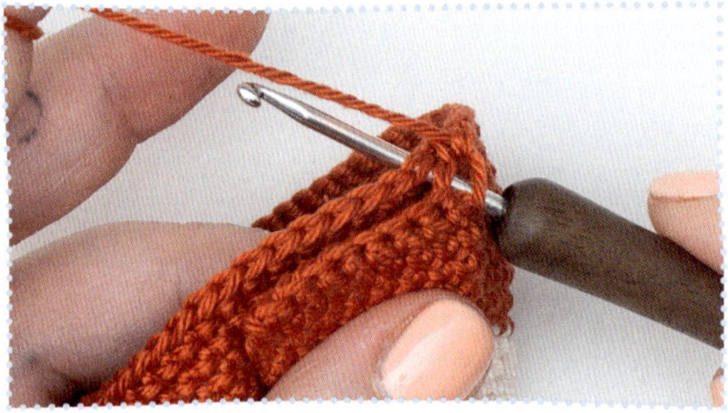

19. Rd: 8 fM, 9 fM mit dem 1. Ohr, 6 fM, 9 fM mit dem 2. Ohr, 16 fM [48].

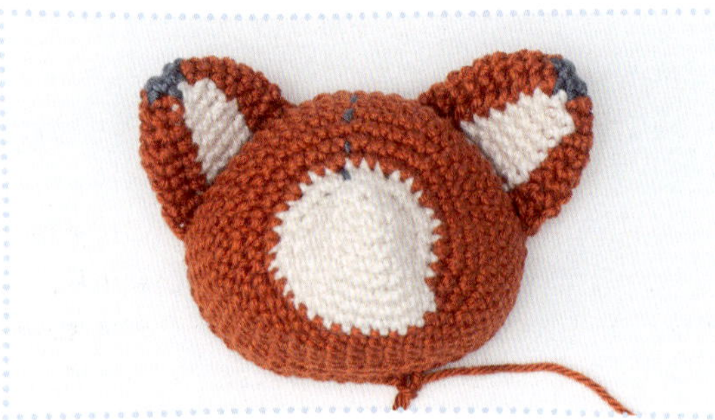

20.–21. Rd: 48 fM häkeln.
22. Rd: *3 fM, 1 M abn, 3 fM*, von * bis * noch 5x wdh [42].
23. Rd: *5 fM, 1 M abn*, von * bis * noch 5x wdh [36].
Setze die Sicherheitsaugen zwischen der 10. und 11. Rd mit einem Abstand von 12 M ein.

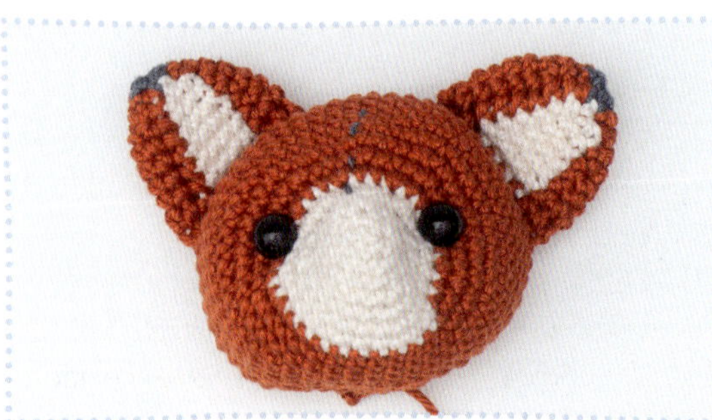

24. Rd: *2 fM, 1 M abn, 2 fM*, von * bis * noch 5x wdh [30].
Beginne, den Kopf mit Füllwatte auszustopfen.
25. Rd: *3 fM, 1 M abn*, von * bis * noch 5x wdh [24].
26. Rd: *1 fM, 1 M abn, 1 fM*, von * bis * noch 5x wdh [18].
Kopf weiter ausstopfen.
27. Rd: *1 fM, 1 M abn*, von * bis * noch 5x wdh [12].
28. Rd: 6x 1 M abn [6].
Schneide den Faden ab, führe ihn durch die verbliebenen vorderen M-Glieder, ziehe ihn fest und vernähe den Restfaden.

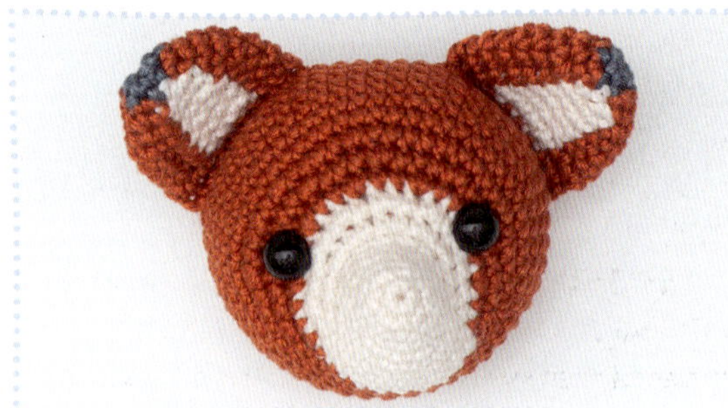

Vertiefe die Augen.

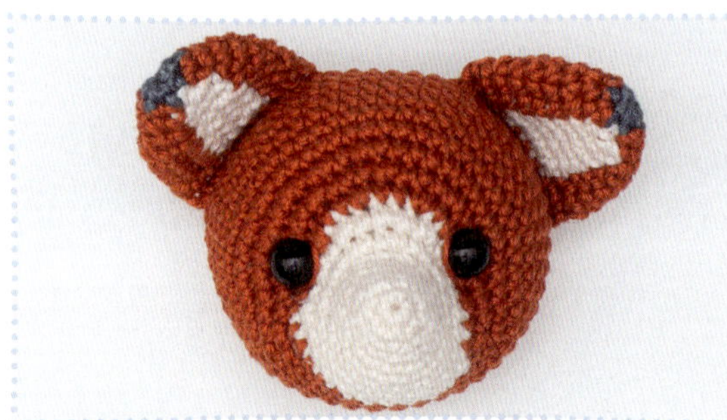

Körper (in Rust)

Du beginnst an der Mitte des Rückens, den Körper zu häkeln.
Schlage im 4. vorderen M-Glied der 18. Rd des Kopfes neu mit 1 fM an (von links gezählt). Diese zählt als 1. M der 1. Rd.
Es wird weiterhin in Spiral-Rd gehäkelt.

1. Rd: 4 fM ivM der 18. Rd des Kopfes, 1 fM ivM der 17. Rd des Kopfes, 8 fM ivM der 16. Rd des Kopfes, 1 fM ivM der 17. Rd des Kopfes, 4 fM ivM der 18. Rd des Kopfes [18].

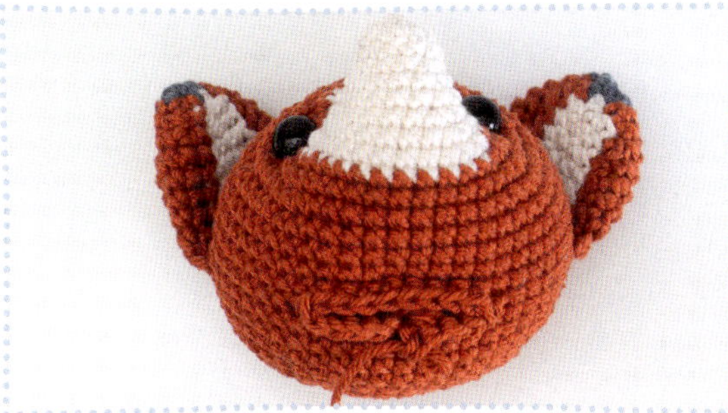

2. Rd: 18 fM häkeln.
3. Rd: *1 fM, 1 M zun, 1 fM*, von * bis * noch 5x wdh [24].
4. Rd: *3 fM, 1 M zun*, von * bis * noch 5x wdh [30].
5. Rd: *2 fM, 1 M zun, 2 fM*, von * bis * noch 5x wdh [36].
In der nächsten Rd werden die Arme kopfüber eingehäkelt. Die Vorderseite der Hand zeigt beim Einhäkeln in Richtung Nase.
6. Rd: 7 fM, 4 fM mit dem 1. Arm, 14 fM, 4 fM mit dem 2. Arm, 7 fM [36].

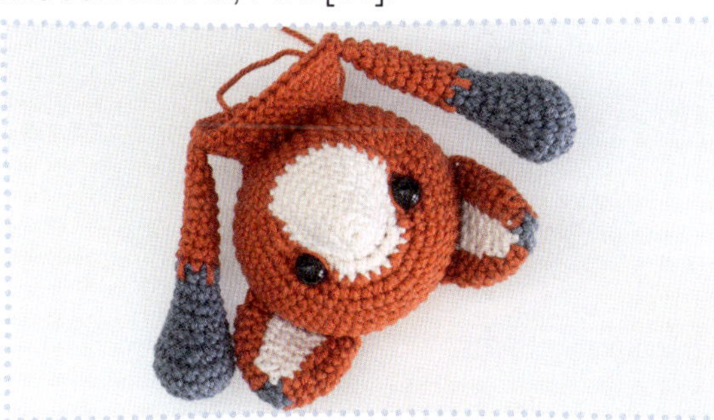

7. Rd: *5 fM, 1 M zun*, von * bis * noch 5x wdh [42].
8.–9. Rd: 42 fM häkeln.
10. Rd: 12 fM, *1 fM, 1 M zun, 1 fM*, von * bis * noch 5x wdh, 12 fM [48].
11.–17. Rd: 48 fM häkeln.
18. Rd: 12 fM, *1 fM, 1 M abn, 1 fM*, von * bis * noch 5x wdh, 12 fM [42].
19. Rd: 12 fM, *1 M abn, 1 fM*, von * bis * noch 2x wdh, *1 fM, 1 M abn*, von * bis * noch 2x wdh, 12 fM [36].
20. Rd: *2 fM, 1 M abn, 2 fM*, von * bis * noch 5x wdh [30].
In der nächsten Rd wird der Schwanz kopfüber eingehäkelt.
21. Rd: 4 fM mit dem Schwanz, 26 fM [30].

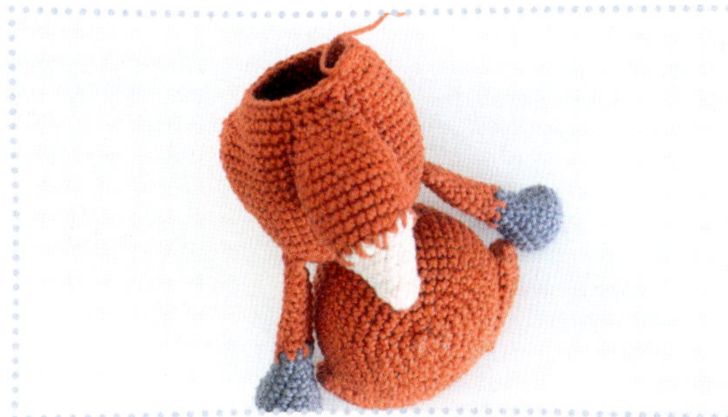

22. Rd: *3 fM, 1 M abn*, von * bis * noch 5x wdh [24].
In der nächsten Rd werden die Beine kopfüber eingehäkelt. Die Zun am Bein zeigen beim Einhäkeln in Richtung Schwanz und die Fußspitzen in Richtung Bauch. Außerdem kannst du mit dem Ausstopfen beginnen.
23. Rd: 6 fM, 6 fM mit dem 1. Bein, 3 fM, 6 fM mit dem 2. Bein, 3 fM [24].

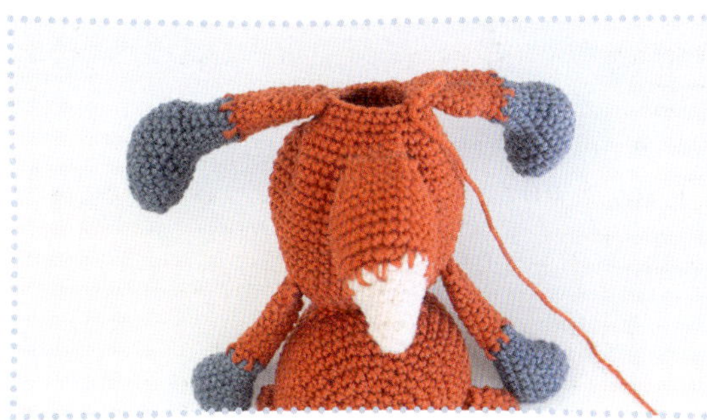

24. Rd: 12x 1 M abn [12].
25. Rd: 6x 1 M abn [6].
Schneide den Faden ab, ziehe ihn durch die verbliebenen vorderen M-Glieder und vernähe den Restfaden.

Details (in Jet Black und Snow White)

Sticke dem Fuchs mit einem Rest Jet Black die Nase über die ersten beiden Rd am Kopf auf. An die Sicherheitsaugen stickst du Augenweiß in Snow White und einen Wimpernkranz in Jet Black. Sticke die Augenbrauen 3 Rd oberhalb der Augen auf. Sticke anschließend mit Jet Black einen Mund auf.

TIPP **Für eine dezentere Gestaltung kannst du das Garn in der Hälfte spalten.**

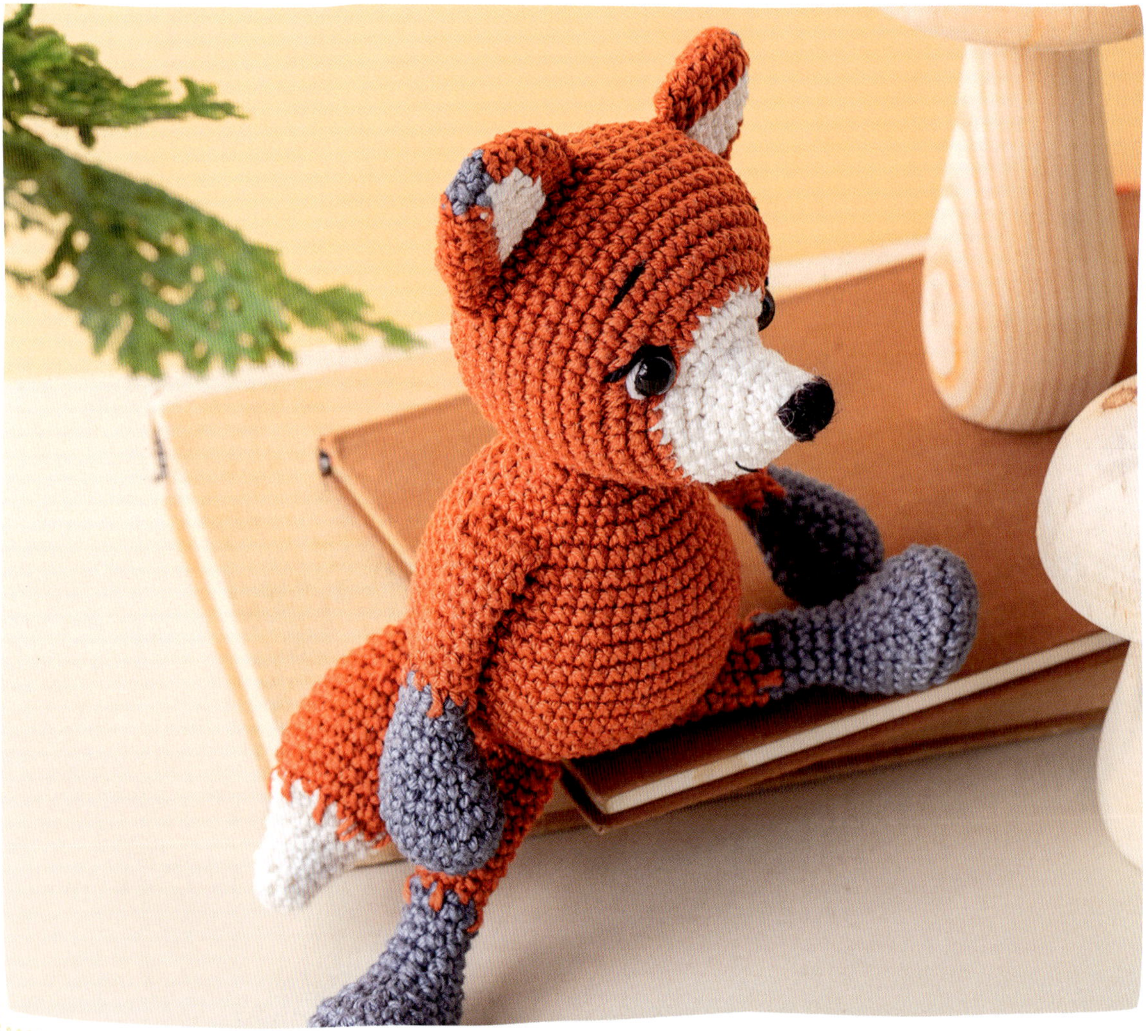

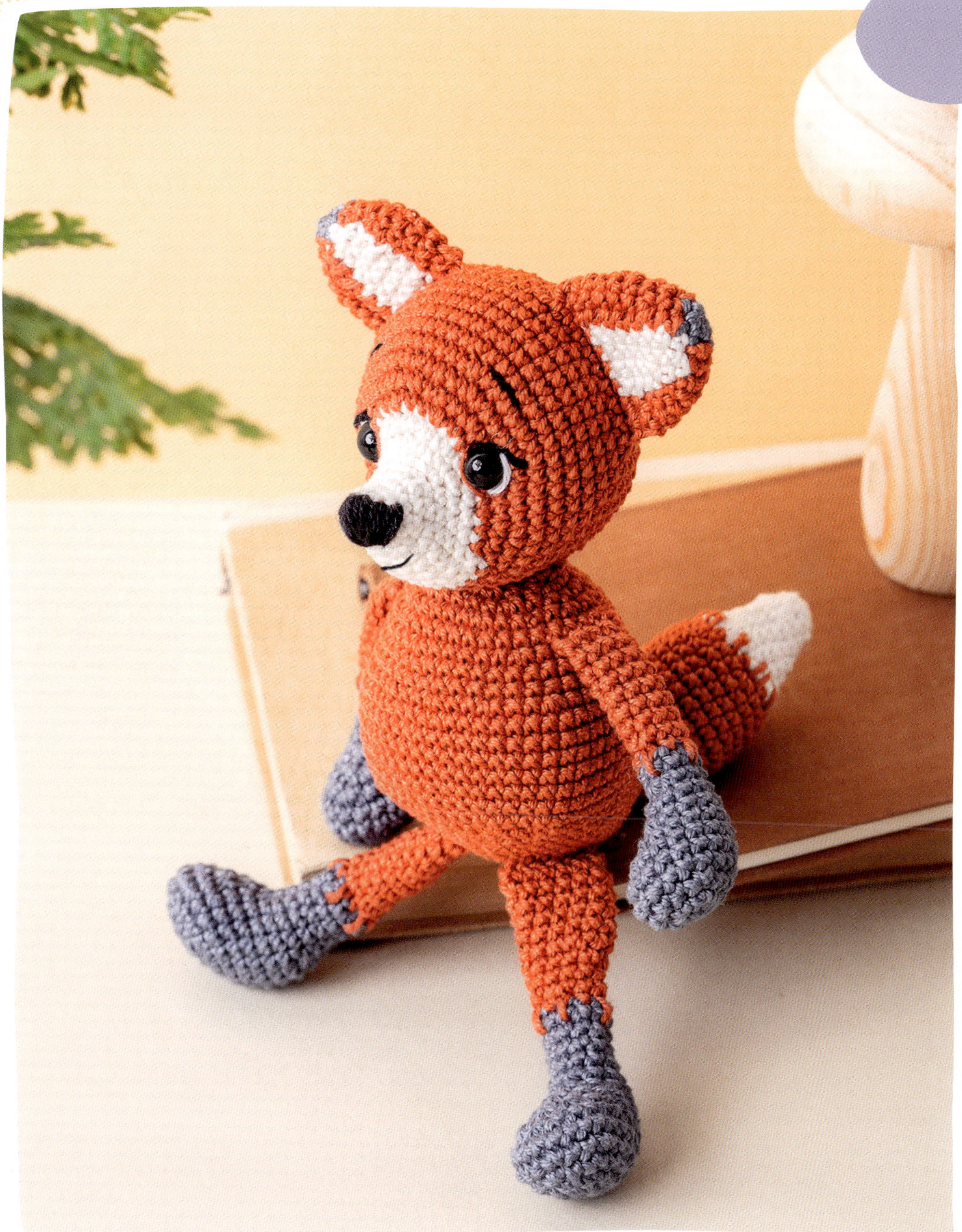

Faultier Ron

Das benötigst du:

Material

- **Scheepjes Catona (100 % Baumwolle, LL 125 m/50 g) in**
  - Caramel (Fb 506), 40 g
  - Antique Mauve (Fb 257), Rest
  - Hazelnut (Fb 503), Rest
  - Jet Black (Fb 110), Rest
  - Snow White (Fb 106), Rest
- **Sicherheitsaugen ø 8 mm**
- **Häkelnadel 2,5 mm**
- **Füllwatte**
- **Wollnadel**

Höhe
18 cm

So wird's gemacht:

Es wird, wenn nicht anders angegeben, in Spiral-Rd gehäkelt. Häkle die Arme und Beine zuerst, denn diese werden später eingehäkelt. Den Faden der Gliedmaßen kannst du direkt vernähen oder im Anschluss im Körper einhäkeln. Denke schon beim Häkeln daran, die Teile nach und nach mit Watte auszustopfen.

Beine (2x, in Caramel)

1. Rd: 6 fM in einen Fadenring.
2. Rd: 6x 1 M zun [12].
3. Rd: *1 fM, 1 M zun*, von * bis * noch 5x wdh [18].
4. Rd: *1 fM, 1 M zun, 1 fM*, von * bis * noch 5x wdh [24].
5.–7. Rd: 24 fM häkeln.
8. Rd: *3 fM, 1 M abn, 3 fM*, von * bis * noch 2x wdh [21].
9.–10. Rd: 21 fM häkeln.
11. Rd: 3x 5 fM abn [18].
12.–14. Rd: 18 fM häkeln.
15. Rd: *2 fM, 1 M abn, 2 fM*, von * bis * noch 2x wdh [15].
16.–17. Rd: 15 fM häkeln.
18. Rd:*3 fM, 1 M abn*, von * bis * noch 2x wdh [12].

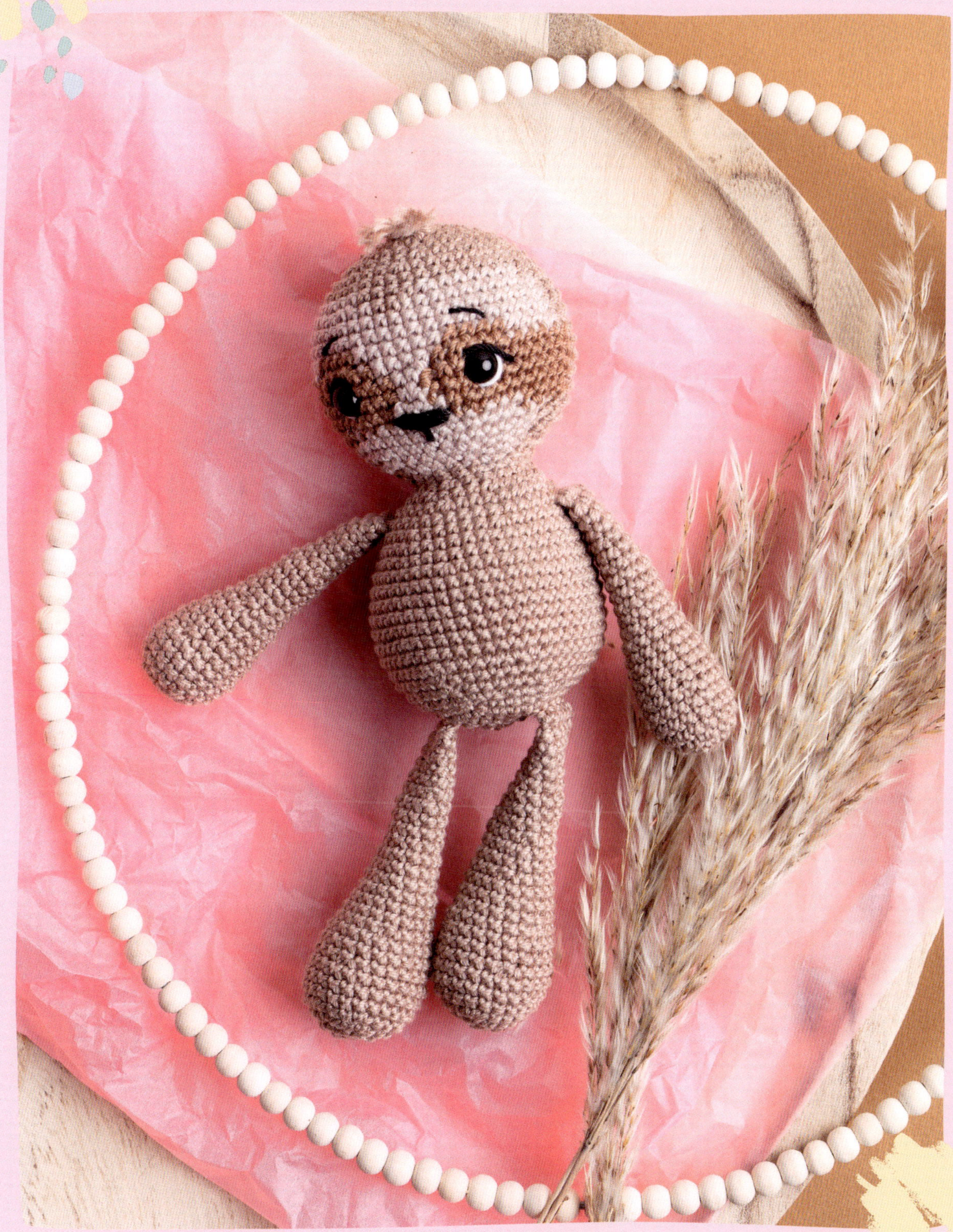

Stopfe das untere Drittel mit Füllwatte aus.
19.–21. Rd: 12 fM häkeln.
22. Rd: *1 fM, 1 M abn, 1 fM*, von * bis * noch 2x wdh [9].
23.–26. Rd: 9 fM häkeln.
27. R: 1 Lm, gegenüberliegende Seiten mit 4 fM zusammenhäkeln [4].

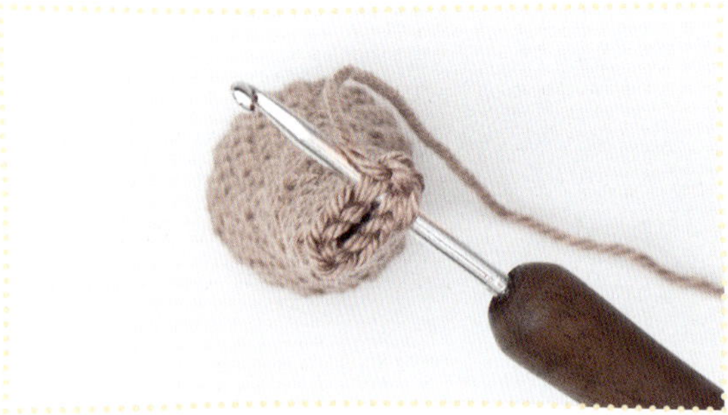

Faden abschneiden.

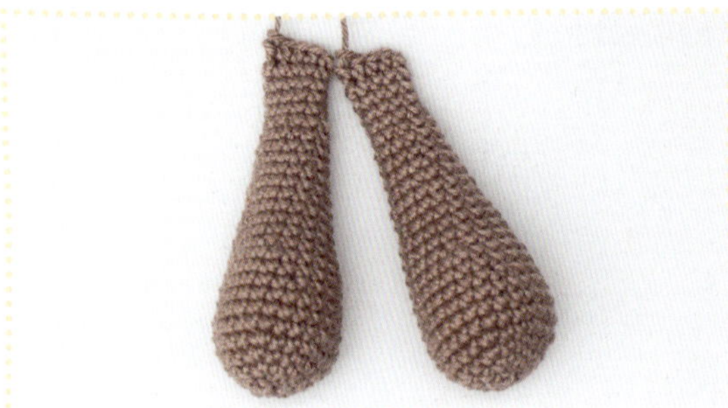

Arme (2x, in Caramel)

1. Rd: 6 fM in einen Fadenring [6].
2. Rd: 6x 1 M zun [12].
3. Rd: *1 fM, 1 M zun*, von * bis * noch 5x wdh [18].
4.–6. Rd: 18 fM häkeln.
7. Rd: *2 fM, 1 M abn, 2 fM*, von * bis * noch 2x wdh [15].
8.–11. Rd: 15 fM häkeln.
12. Rd: *3 fM, 1 M abn*, von * bis * noch 2x wdh [12].
Stopfe das untere Drittel mit Füllwatte aus.
13.–17. Rd: 12 fM häkeln.
18. Rd: *1 fM, 1 M abn, 1 fM*, von * bis * noch 2x wdh [9].
19.–23. Rd: 9 fM häkeln.
24. R: 1 Lm, gegenüberliegende Seiten mit 4 fM zusammenhäkeln.
Faden abschneiden.

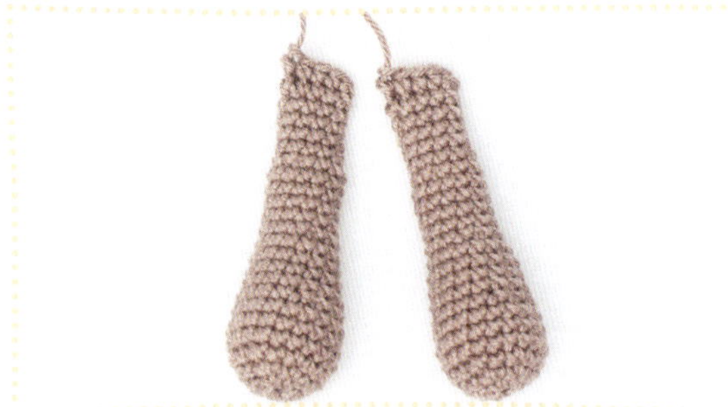

Kopf (in Caramel, Antique Mauve und Hazelnut)

Beginne mit Caramel.
1. Rd: 6 fM in einen Fadenring.
2. Rd: 6x 1 M zun [12].
3. Rd: *1 fM, 1 M zun*, von * bis * noch 5x wdh [18].
4. Rd: *1 fM, 1 M zun, 1 fM*, von * bis * noch 5x wdh [24].
5. Rd: *3 fM, 1 M zun*, von * bis * noch 5x wdh [30].
6. Rd: 30 fM häkeln.
7. Rd: *2 fM, 1 M zun, 2 fM*, von * bis * noch 5x wdh [36].
8. Rd: *5 fM, 1 M zun*, von * bis * noch 5x wdh [42].
9. Rd: 42 fM häkeln.
10. Rd: 3 fM, 1 M zun, 6 fM, 1 M zun, Fb-Wechsel zu Antique Mauve, 6 fM, 1 M zun, Fb-Wechsel zu Caramel, 4 fM, Fb-Wechsel zu Antique Mauve, 2 fM, 1 M zun, 4 fM, Fb-Wechsel zu Caramel, 2 fM, 1 M zun, 6 fM, 1 M zun, 3 fM [48].

TIPP **Führe den Faden innen locker mit, das vermeidet das Durchblitzen vom helleren bzw. dunkleren Garn.**

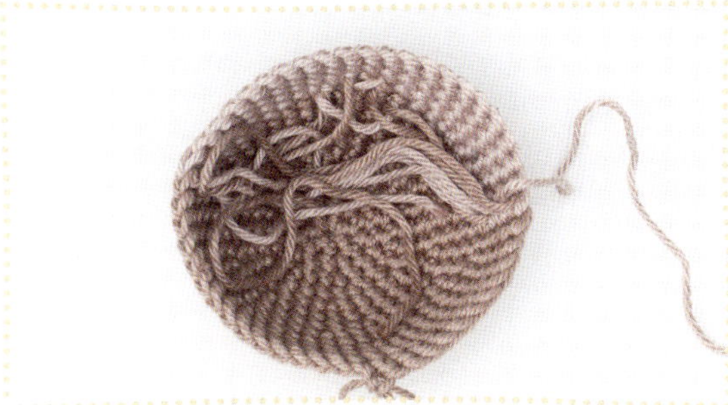

11. Rd: 12 fM, Fb-Wechsel zu Antique Mauve, 10 fM, Fb-Wechsel zu Caramel, 2 fM, Fb-Wechsel zu Antique Mauve, 10 fM, Fb-Wechsel zu Caramel, 14 fM [48].
12.–13. Rd: 12 fM, Fb-Wechsel zu Antique Mauve, 22 fM, Fb-Wechsel zu Caramel, 14 fM [48].
14. Rd: 12 fM, Fb-Wechsel zu Antique Mauve, 4 fM, Fb-Wechsel zu Hazelnut, 4 fM, Fb-Wechsel zu Antique Mauve, 6 fM, Fb-Wechsel zu Hazelnut, 4 fM, Fb-Wechsel zu Antique Mauve, 4 fM, Fb-Wechsel zu Caramel, 14 fM [48].
15. Rd: 11 fM, Fb-Wechsel zu Hazelnut, 10 fM, Fb-Wechsel zu Antique Mauve, 4 fM, Fb-Wechsel zu Hazelnut, 10 fM, Fb-Wechsel zu Caramel, 13 fM [48].
16.–17. Rd: 11 fM, Fb-Wechsel zu Hazelnut, 11 fM, Fb-Wechsel zu Antique Mauve, 2 fM, Fb-Wechsel zu Hazelnut, 11 fM, Fb-Wechsel zu Caramel, 13 fM [48].
18. Rd: 11 fM, Fb-Wechsel zu Hazelnut, 10 fM, Fb-Wechsel zu Antique Mauve, 4 fM, Fb-Wechsel zu Hazelnut, 10 fM, Fb-Wechsel zu Caramel, 13 fM [48].
19. Rd: 3 fM, 1 M abn, 6 fM, Fb-Wechsel zu Hazelnut, 1 M abn, 3 fM, Fb-Wechsel zu Antique Mauve, 3 fM, 1 M abn, 6 fM, 1 M abn, 1 fM, Fb-Wechsel zu Hazelnut, 3 fM, 1 M abn, Fb-Wechsel zu Caramel, 6 fM, 1 M abn, 5 fM [42].
20. Rd: 12 fM, Fb-Wechsel zu Antique Mauve, 16 fM, Fb-Wechsel zu Caramel, 14 fM [42].
21. Rd: 5 fM, 1 M abn, 5 fM, Fb-Wechsel zu Antique Mauve, 1 M abn, *5 fM, 1 M abn*, von * bis * noch 1x wdh, Fb-Wechsel zu Caramel, *5 fM, 1 M abn*, von * bis * noch 1x wdh [36].
Setze die Sicherheitsaugen zwischen der 16. und 17. Rd mit einem Abstand von 8 M ein.
22. Rd: *2 fM, 1 M abn, 2 fM*, von * bis * noch 1x wdh, Fb-Wechsel zu Antique Mauve, 2 fM, 1 M abn, 4 fM, 1 M abn, Fb-Wechsel zu Caramel, *4 fM, 1 M abn*, von * bis * noch 1x wdh, 2 fM [30].
23. Rd: *3 fM, 1 M abn*, von * bis * noch 1x wdh, Fb-Wechsel zu Antique Mauve, *3 fM, 1 M abn*, von * bis * noch 1x wdh, Fb-Wechsel zu Caramel, *3 fM, 1 M abn*, von * bis * noch 1x wdh [24].
24. Rd: *1 fM, 1 M abn, 1 fM*, von * bis * noch 5x wdh [18].
Stopfe den Kopf mit Füllwatte aus.

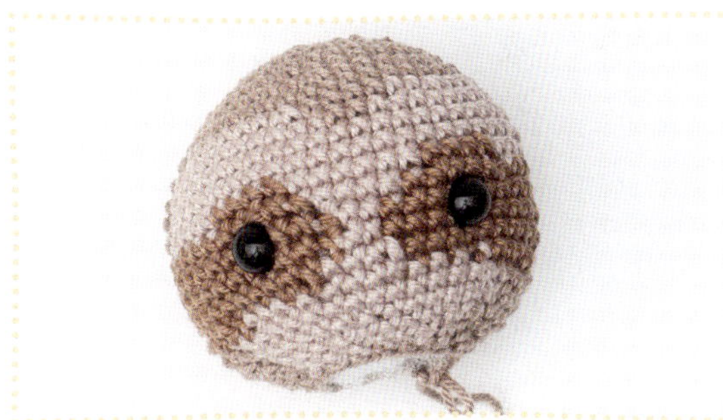

Jetzt geht es direkt mit dem Körper weiter.

Körper (in Caramel)

1. Rd: 18 fM häkeln.
2. Rd: *1 fM, 1 M zun, 1 fM*, von * bis * noch 5x wdh [24].
3. Rd: *3 fM, 1 M zun*, von * bis * noch 5x wdh [30].
4. Rd: *2 fM, 1 M zun, 2 fM*, von * bis * noch 5x wdh [36].
In der nächsten Rd werden die Arme kopfüber eingehäkelt. Die Arme sitzen seitlich am Körper.
5. Rd: 9 fM, 4 fM mit dem 1. Arm, 14 fM, 4 fM mit dem 2. Arm, 5 fM [36].

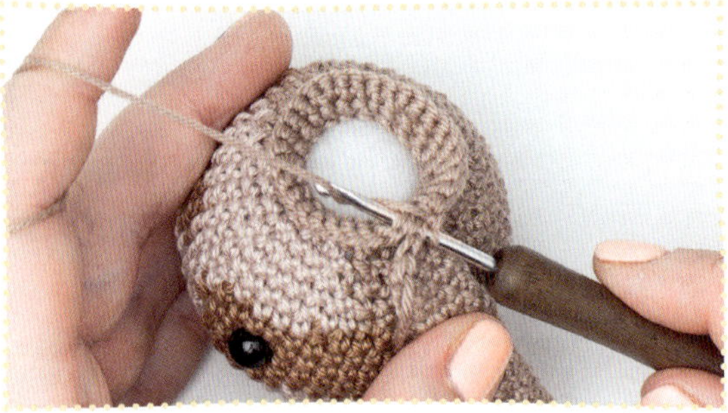

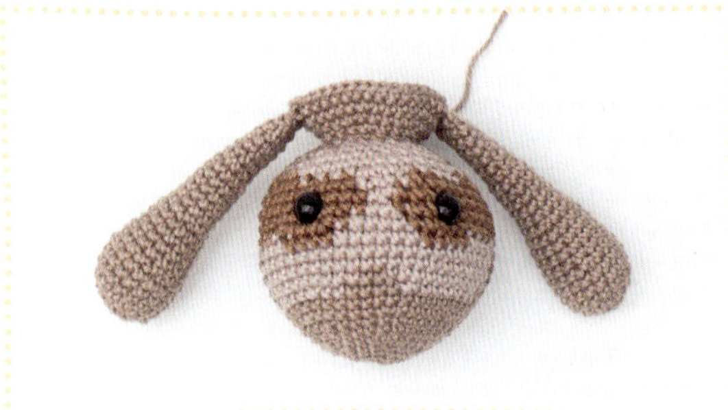

6. Rd: *5 fM, 1 M zun*, von * bis * noch 5x wdh [42].
7.–8. Rd: 42 fM häkeln.
9. Rd: *3 fM, 1 M zun, 3 fM*, von * bis * noch 5x wdh [48].
10.–15. Rd: 48 fM häkeln.
16. Rd: *7 fM, 1 M abn, 7 fM*, von * bis * noch 2x wdh [45].
17. Rd: *13 fM, 1 M abn*, von * bis * noch 2x wdh [42].
18. Rd: *5 fM, 1 M abn*, von * bis * noch 5x wdh [36].
19. Rd: *2 fM, 1 M abn, 2 fM*, von * bis * noch 5x wdh [30].
20. Rd: *3 fM, 1 M abn*, von * bis * noch 5x wdh [24].

In der nächsten Rd werden die Beine kopfüber eingehäkelt.
21. Rd: 8 fM, 4 fM mit dem 1. Bein, 7 fM, 4 fM mit dem 2. Bein, 1 fM.
Stopfe den Körper mit Füllwatte aus.

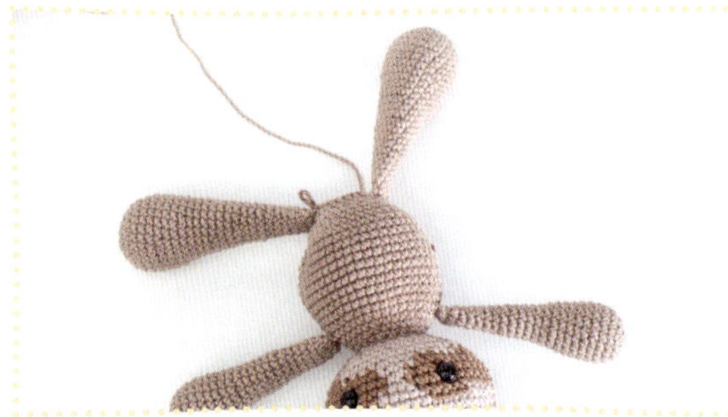

22. Rd: 12x 1 M abn [12].
23. Rd: 6x 1 M abn [6].
Schneide den Faden ab, ziehe ihn durch die verbliebenen vorderen M-Glieder und vernähe den Restfaden.

Details (in Jet Black und Snow White)

An die Sicherheitsaugen stickst du Augenweiß in Snow White und einen Wimpernkranz in Jet Black. Sticke die Augenbrauen 3 Rd oberhalb der Augen über 2 M Breite. Sticke eine Nase in Jet Black über der 18.–19. Rd über eine Breite von 4 M auf.

TIPP Für eine dezentere Gestaltung kannst du das Garn in der Hälfte spalten.

Knüpfe 3 Haarsträhnen in Caramel in der 5. Rd des Kopfes mittig an. Kürze die Fäden auf die gewünschte Länge und kämme sie etwas auf.

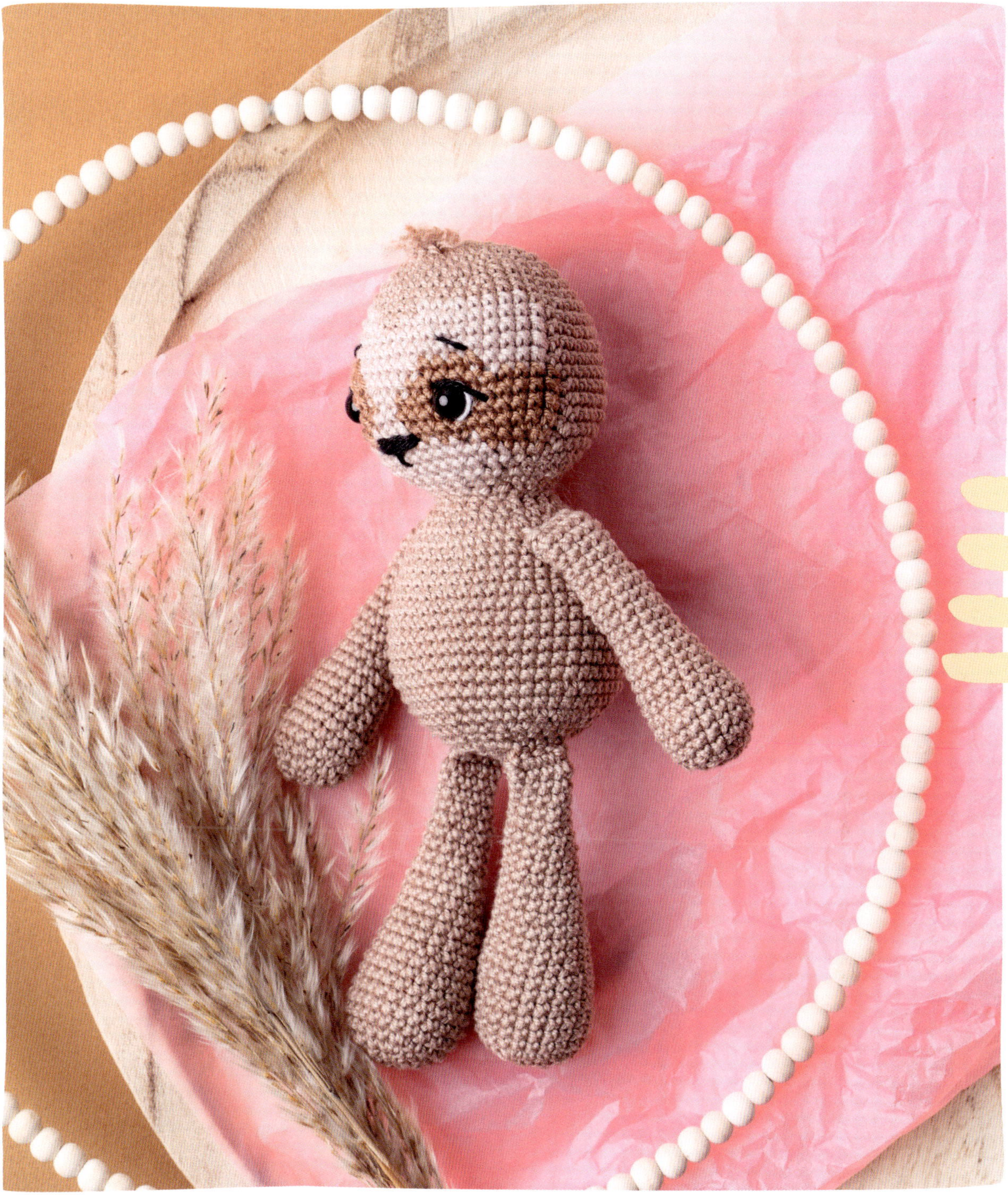

Frosch Hugo

Das benötigst du:

Material

- Scheepjes Catona (100 % Baumwolle, LL 125 m/50 g) in
  - Lime (Fb 512), 50 g
  - Jet Black (Fb 110), Rest
  - Snow White (Fb 106), Rest
- Sicherheitsaugen ø 8 mm
- Häkelnadel 2,5 mm
- Füllwatte
- Wollnadel

Höhe 21,5 cm

So wird's gemacht:

Es wird, wenn nicht anders angegeben, in Spiral-Rd gehäkelt. Häkle die Arme und Beine zuerst, denn diese werden später eingehäkelt. Den Faden der Gliedmaßen kannst du direkt vernähen oder im Anschluss im Körper einhäkeln. Denke schon beim Häkeln daran, die Teile nach und nach mit Watte auszustopfen.

Füße (2x, in Lime)

Zehen (3x)

1. Rd: 6 fM in einen Fadenring.
2. Rd: *1 fM, 1 M zun*, von * bis * noch 2x wdh [9].
3.–4. Rd: 9 fM häkeln.
5. Rd: *1 fM, 1 M abn*, von * bis * noch 2x wdh [6].
6.–8. Rd: 6 fM häkeln.
Schneide den Faden bei den ersten beiden Zehen ab und beende die Rd unsichtbar. Verstecke den Restfaden in der Zehe. Bei der 3. Zehe wird der Faden nicht abgeschnitten.

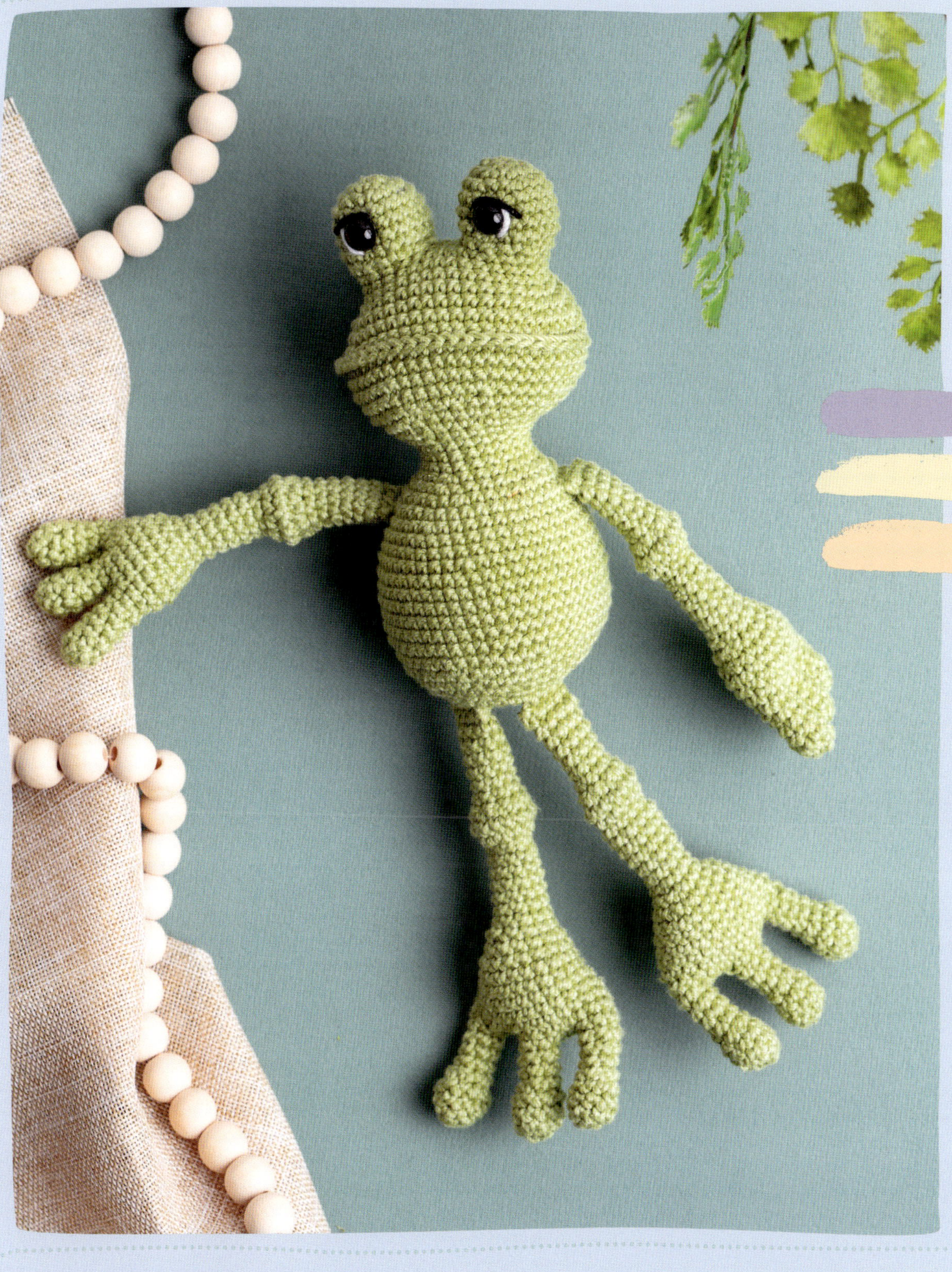

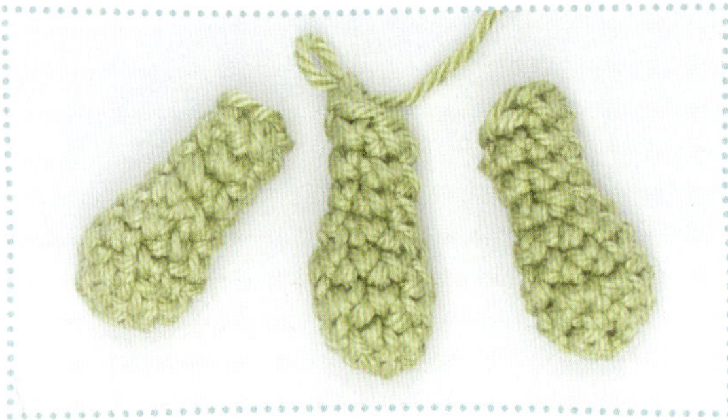

Häkle die Zehen wie folgt zusammen:
9. Rd: 2 Lm, 6 fM über eine Zehe, 2 fM über die Lm, 3 fM über die mittlere Zehe, 2 Lm, 6 fM über die 3. Zehe, 2 fM über die Lm, 3 fM über die mittlere Zehe [26].

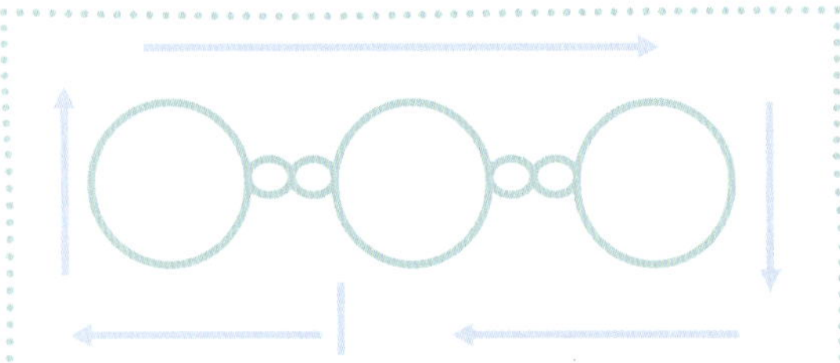

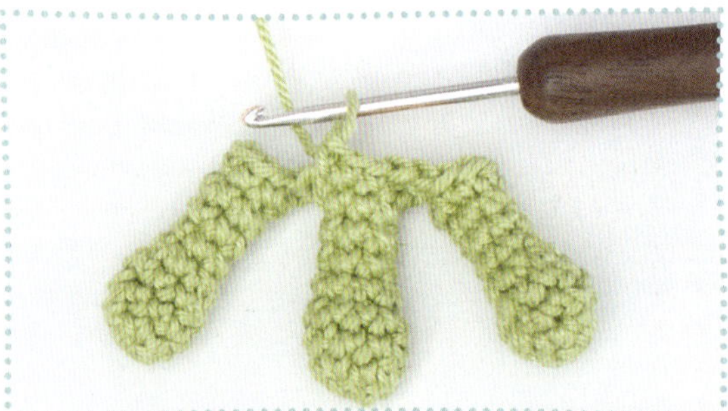

Die nächste M markiert den neuen Rd-Anfang.
10.–12. Rd: 26 fM häkeln.
13. Rd: 8 fM, 1 M abn, 3 fM, 1 M abn, 11 fM [24].
14. Rd: 7 fM, 4x 1 M abn, 9 fM [20].
15. Rd: 7 fM, 2x 1 M abn, 9 fM [18].
16. Rd: *2 fM, 1 M abn, 2 fM*, von * bis * noch 2x wdh [15].
17. Rd: *3 fM, 1 M abn*, von * bis * noch 2x wdh [12].
Stopfe den Fuß mit Füllwatte aus.
18. Rd: *4 fM, 1 M abn*, von * bis * noch 1x wdh [10].
Es geht gleich mit den Beinen weiter.

Beine (2x, in Lime)

1.–6. Rd: 10 fM häkeln.
7. Rd: *3 fM, 1 M abn*, von * bis * noch 1x wdh [8].
8. Rd: 8x 1 M zun [16].
9. Rd: 16 fM häkeln.
10. Rd: 8x 1 M abn [8].
11.–16. Rd: 8 fM häkeln.
17. R: 2 fM, 1 Lm, gegenüberliegende Seiten mit 4 fM zusammenhäkeln.
Faden abschneiden.

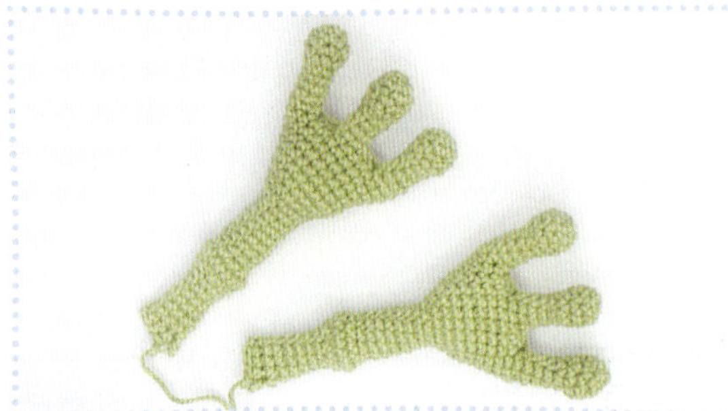

Hände (2x, in Lime)

Finger (3x)

1. Rd: 6 fM in einen Fadenring.
2.–6. Rd: 6 fM häkeln.
Schneide den Faden bei den ersten beiden Fingern ab und beende die Rd unsichtbar. Verstecke den Restfaden in dem Finger. Bei dem 3. Finger wird der Faden nicht abgeschnitten.

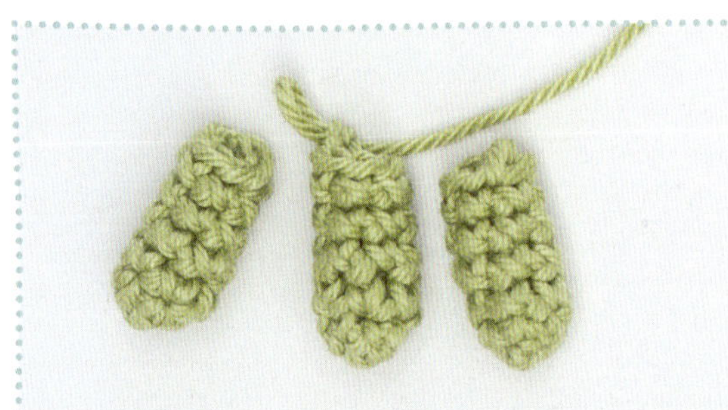

Häkle die Finger wie folgt zusammen:
7. Rd: 6 fM über einen Finger, 3 fM über den mittleren Finger, 6 fM über den letzten Finger, 3 fM über den mittleren Finger [18].

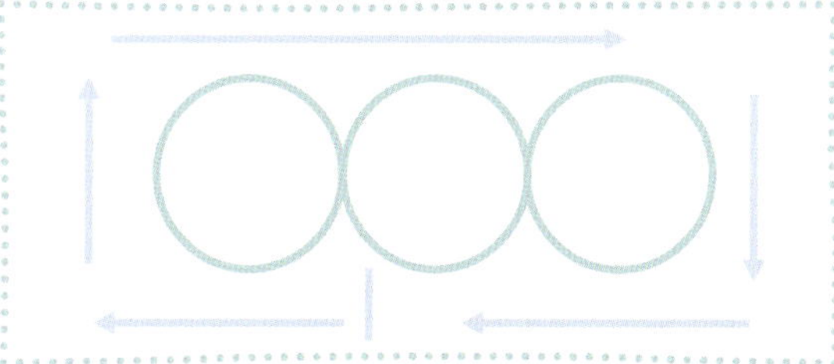

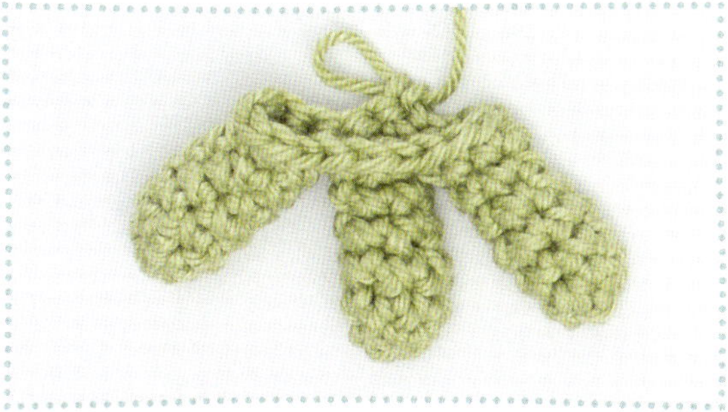

Die nächste M markiert den neuen Rd-Anfang.
8.–10. Rd: 18 fM häkeln.
11. Rd: *2 fM, 1 M abn, 2 fM*, von * bis * noch 2x wdh [15].
12. Rd: *3 fM, 1 M abn*, von * bis * noch 2x wdh [12].
13. Rd: *1 fM, 1 M abn, 1 fM*, von * bis * noch 2x wdh [9].
Stopfe die Hand mit Füllwatte aus. Es geht gleich mit den Armen weiter.

Arme (2x, in Lime)

1.–6. Rd: 9 fM häkeln.
7. Rd: 1 M abn, 7 fM [8].
8. Rd: 8x 1 M zun [16].
9. Rd: 16 fM häkeln.
10. Rd: 8x 1 M abn [8].
11.–16. Rd: 8 fM häkeln.
17. R: 1 fM, 1 Lm, gegenüberliegende Seiten mit 4 fM zusammenhäkeln.
Faden abschneiden.

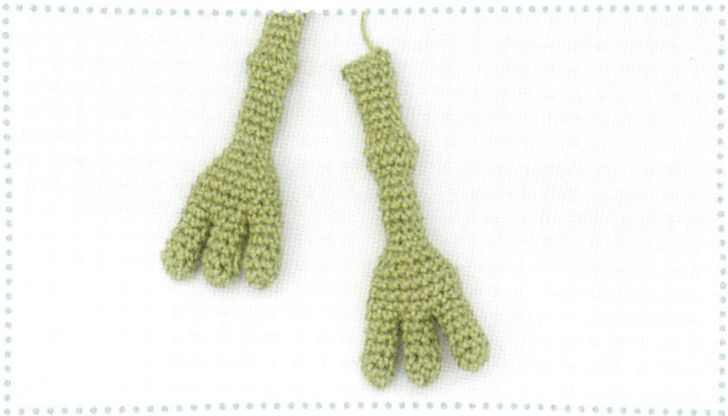

Kopf (in Lime)

Zuerst werden die Augenpartien gehäkelt. Wenn du diese verbunden hast, geht es direkt mit dem Kopf weiter.
1. Rd: 6 fM in einen Fadenring.
2. Rd: 6x 1 M zun [12].
3. Rd: *1 fM, 1 M zun*, von * bis * noch 5x wdh [18].
4.–7. Rd: 18 fM häkeln.
Schneide den Faden ab, beende die Rd unsichtbar. Häkle die 1.–7. Rd erneut, aber schneide den Faden nicht ab. Häkle die Augenpartien wie folgt aneinander:
8. Rd: 3 Lm, über die 1. Augenpartie *1 fM, 1 M abn*, von * bis * noch 5x wdh, 3 fM über die Lm, über die 2. Augenpartie *1 fM, 1 M abn*, von * bis * noch 5x wdh, 3 fM über die Lm [30].
Die nächste M markiert den neuen Rd-Anfang.

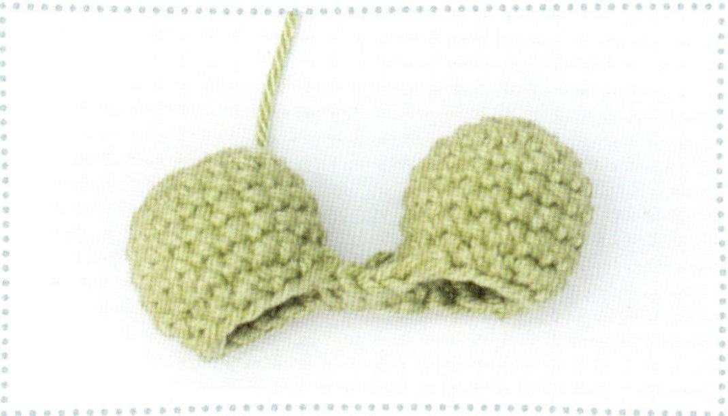

Setze die Sicherheitsaugen zwischen der 5. und 6. Rd in die Augenpartien ein.

TIPP **Schmelze das hintere Stück, nachdem du es befestigt hast, mit einem Feuerzeug an. So stört es nicht und sitzt außerdem super sicher.**

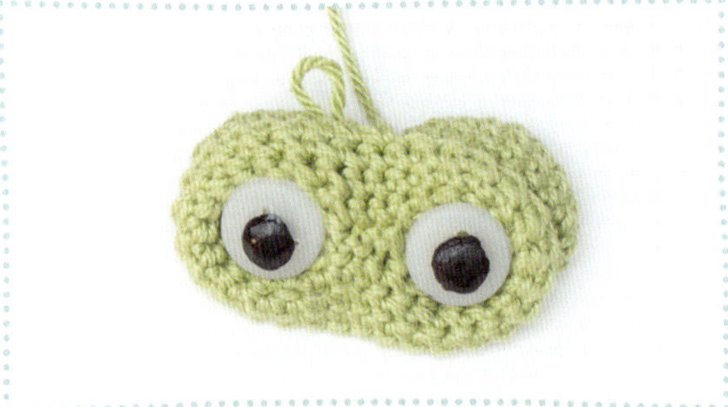

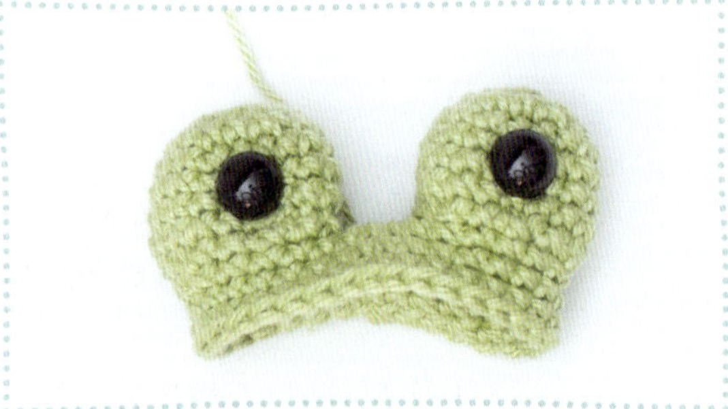

9.–11. Rd: 30 fM häkeln.
Achte darauf, dass die Zun aus den folgenden 3 Rd seitlich am Kopf liegen.
12. Rd: 5 fM, 3x 1 M zun, 12 fM, 3x 1 M zun, 7 fM [36].
13. Rd: 5 fM, *1 fM, 1 M zun*, von * bis * noch 2x wdh, 12 fM, *1 M zun, 1 fM*, von * bis * noch 2x wdh, 7 fM [42].
14. Rd: 5 fM, *1 fM, 1 M zun, 1 fM*, von * bis * noch 2x wdh, 12 fM, *1 fM, 1 M zun, 1 fM*, von * bis * noch 2x wdh, 7 fM [48].
15. Rd: 48 fM häkeln.
In den nächsten beiden Rd wird der Mund herausgearbeitet. Achte darauf, dass die M, die du ivM häkelst, mittig sitzen.
16. Rd: 11 fM, 25 fM ivM, 12 fM [48].

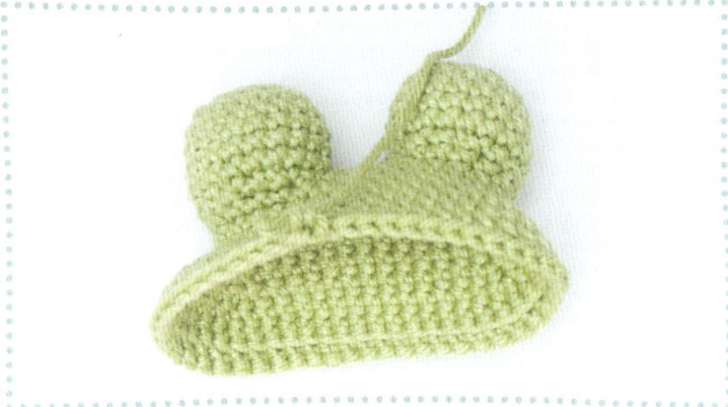

17. Rd: 11 fM, 25 fM ihM der Vor-Rd, 12 fM [48].

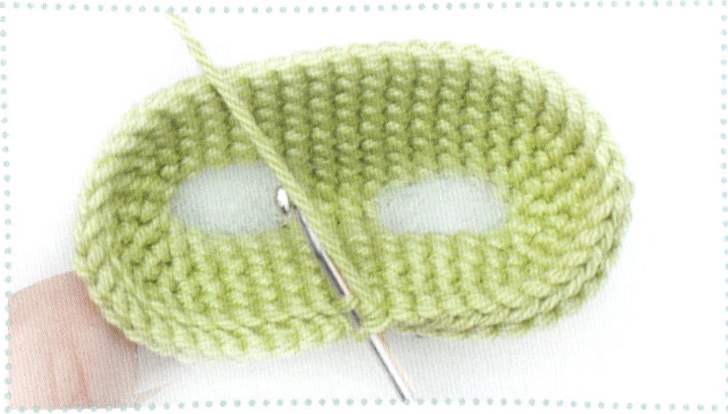

18.–19. Rd: 48 fM häkeln.
20. Rd: *3 fM, 1 M abn, 3 fM*, von * bis * noch 5x wdh [42].
21. Rd: *5 fM, 1 M abn*, von * bis * noch 5x wdh [36].
22. Rd: 36 fM häkeln.
23. Rd: *2 fM, 1 M abn, 2 fM*, von * bis * noch 5x wdh [30].
24. Rd: *3 fM, 1 M abn*, von * bis * noch 5x wdh [24].
25. Rd: *2 fM, 1 M abn, 2 fM*, von * bis * noch 3x wdh [20].
Stopfe die Augenpartien und den Kopf mit Füllwatte aus. Denke daran, im Verlauf weiter auszustopfen.
26.-28. Rd: 20 fM häkeln.

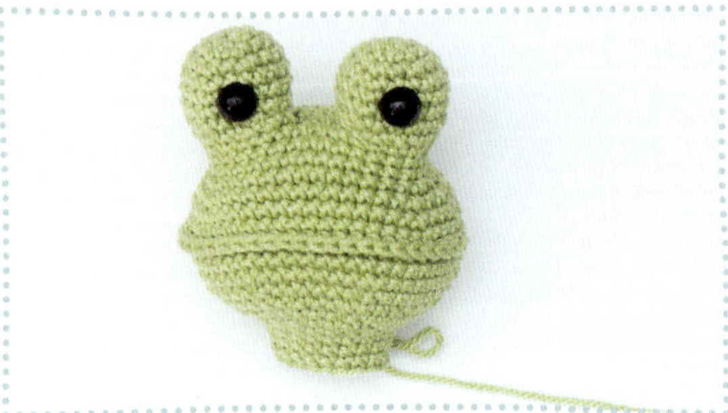

Es geht direkt mit dem Körper weiter, schneide den Faden nicht ab.

Körper (in Lime)

1. Rd: *2 fM, 1 M zun, 2 fM*, von * bis * noch 3x wdh [24].
2. Rd: *3 fM, 1 M zun*, von * bis * noch 5x wdh [30].
3. Rd: *2 fM, 1 M zun, 2 fM*, von * bis * noch 5x wdh [36].
In der nächsten Rd werden die Arme kopfüber eingehäkelt.
4. Rd: 9 fM, 4 fM mit dem 1. Arm, 16 fM, 4 fM mit dem 2. Arm, 3 fM [36].

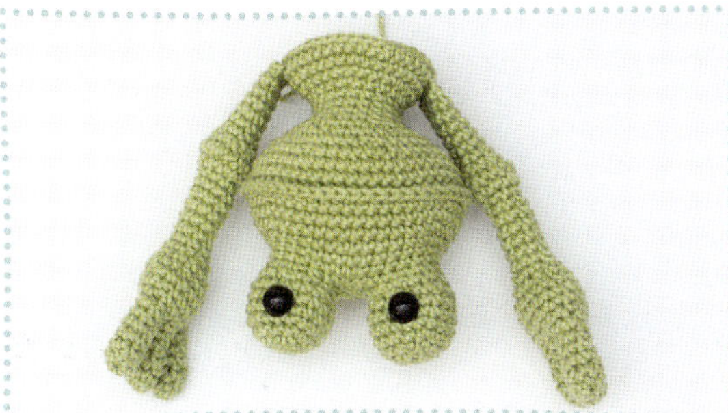

5. Rd: *5 fM, 1 M zun*, von * bis * noch 5x wdh [42].
6.–7. Rd: 42 fM häkeln.
8. Rd: *3 fM, 1 M zun, 3 fM*, von * bis * noch 5x wdh [48].
9.–14. Rd: 48 fM häkeln.
15. Rd: *7 fM, 1 M abn, 7 fM*, von * bis * noch 2x wdh [45].
16. Rd: *13 fM, 1 M abn*, von * bis * noch 2x wdh [42].
17. Rd: *5 fM, 1 M abn*, von * bis * noch 5x wdh [36].
18. Rd: *2 fM, 1 M abn, 2 fM*, von * bis * noch 5x wdh [30].
19. Rd: *3 fM, 1 M abn*, von * bis * noch 5x wdh [24].
In der nächsten Rd werden die Beine kopfüber eingehäkelt. Denke daran, den Körper mit Füllwatte auszustopfen.
20. Rd: 10 fM, 4 fM mit dem 1. Bein, 4 fM, 4 fM mit dem 2. Bein, 2 fM [24].

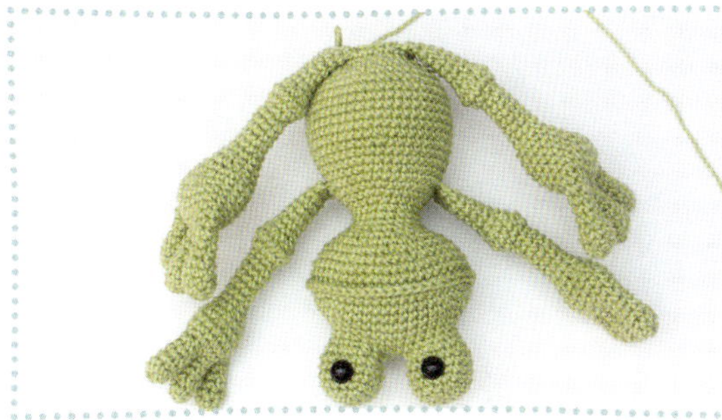

21. Rd: 12x 1 M abn [12].
22. Rd: 6x 1 M abn [6].
Schneide den Faden ab, ziehe ihn durch die verbliebenen vorderen M-Glieder und vernähe den Restfaden.

Details (in Jet Black und Snow White)

An die Sicherheitsaugen stickst du Augenweiß in Snow White und einen Wimpernkranz in Jet Black.

TIPP Für eine dezentere Gestaltung kannst du das Garn in der Hälfte spalten.

Hase Erik

Das benötigst du:

Material

- **Scheepjes Catona (100 % Baumwolle, LL 125 m/50 g) in**
  - Chocolate (Fb 507), 50 g
  - Old Lace (Fb 130), Rest
  - Antique Mauve (Fb 257), Rest
  - Jet Black (Fb 110), Rest
  - Snow White (Fb 106), Rest
- **Sicherheitsaugen ø 8 mm**
- **Häkelnadel 2,5 mm**
- **Füllwatte**
- **Wollnadel**

Höhe
23 cm

So wird's gemacht:

Es wird, wenn nicht anders angegeben, in Spiral-Rd gehäkelt. Häkle die Arme, Beine, Ohren und das Schwänzchen zuerst, denn diese werden eingehäkelt. Den Faden der Gliedmaßen kannst du direkt vernähen oder im Anschluss im Körper einhäkeln. Denke schon beim Häkeln daran, die Teile nach und nach mit Watte auszustopfen, wenn nicht anders angegeben.

Beine (2x, in Chocolate)

1. Rd: 6 fM in einen Fadenring.
2. Rd: 6x 1 M zun [12].
3. Rd: *1 fM, 1 M zun*, von * bis * noch 5x wdh [18].
4. Rd: *1 fM, 1 M zun, 1 fM*, von * bis * noch 5x wdh [24].
5. Rd: *5 fM, 1 M zun*, von * bis * noch 3x wdh [28].
6.–7. Rd: 28 fM häkeln.
8. Rd: *5 fM, 1 M abn*, von * bis * noch 3x wdh [24].
9. Rd: 24 fM häkeln.
10. Rd: *2 fM, 1 M abn, 2 fM*, von * bis * noch 3x wdh [20].
11.–14. Rd: 20 fM häkeln.
15. Rd: 6 fM, 4x 1 M abn, 6 fM [16].
16. Rd: 6 fM, 2x 1 M abn, 6 fM [14].
17. Rd: 5 fM, 2x 1 M abn, 2 fM, 3 fM ihM [12].

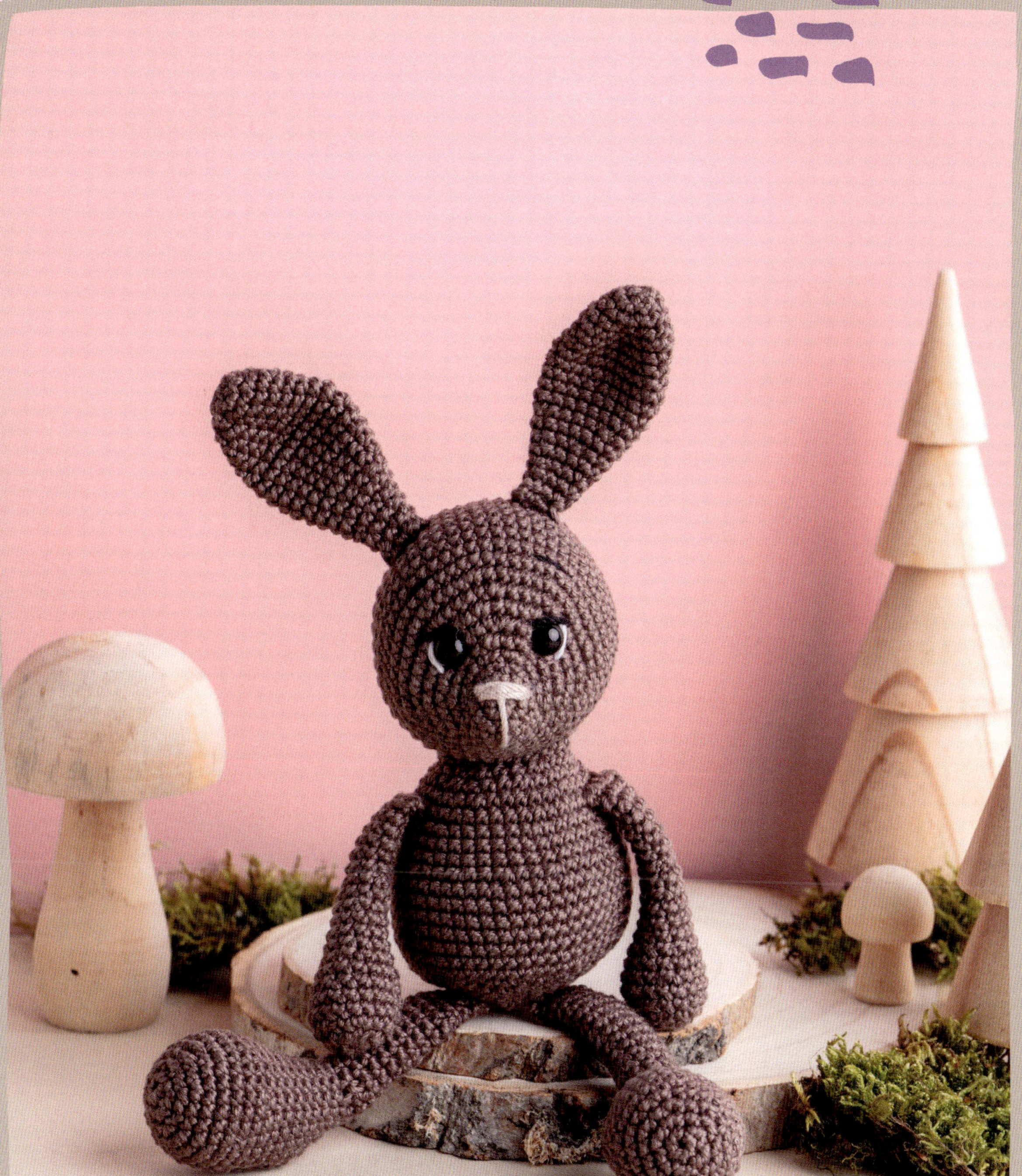

18. Rd: 3 fM ihM, 1 fM, 2x 1 M abn, 4 fM [10].
Stopfe den Fuß mit Füllwatte aus.
19. Rd: 10 fM häkeln.
20. Rd: 7 fM, ivM der 16. Rd 3 fM häkeln.

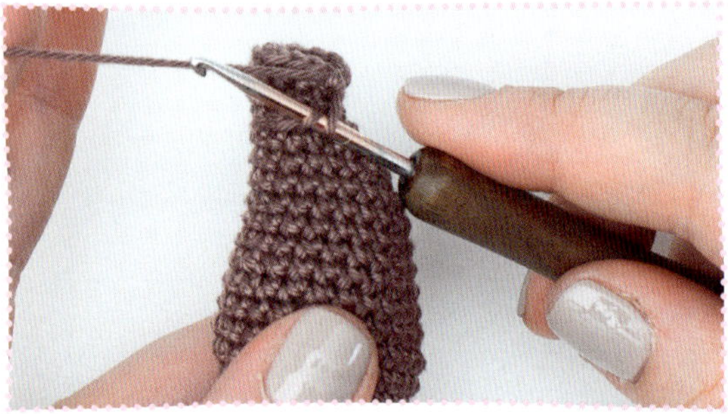

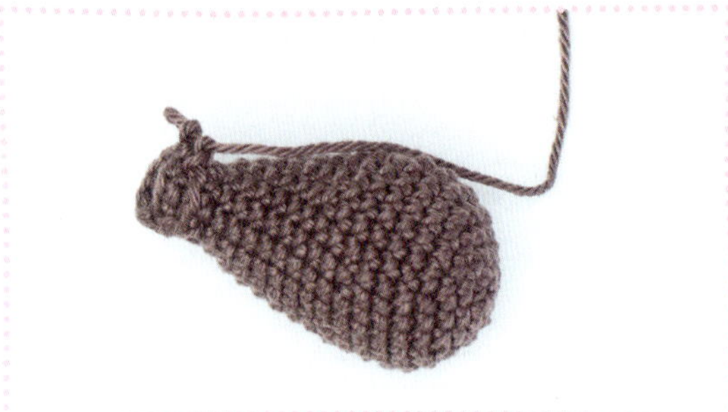

21. Rd: ivM der 17. Rd 3 fM, 7 fM [10].
22.–26. Rd: 10 fM häkeln.
27. Rd: 5 fM, 1 M abn, 3 fM [9].
28.–29. Rd: 9 fM häkeln.
30. Rd: 4 fM, 1 M abn, 3 fM [8].
31.–32. Rd: 8 fM häkeln.
33. R: 1 fM, 1 Lm, gegenüberliegende Seiten mit 4 fM zusammenhäkeln.
Faden abschneiden.

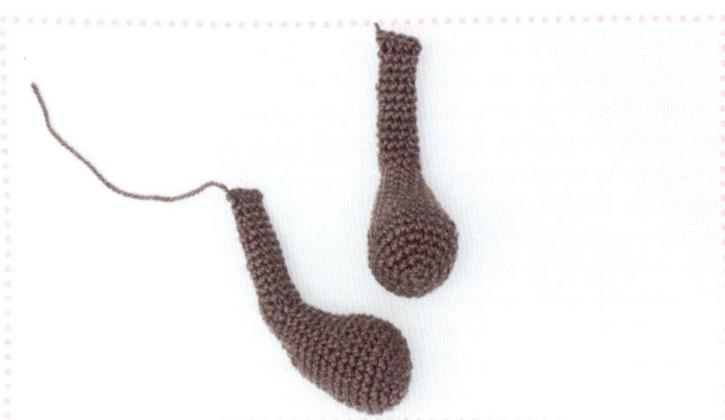

Arme (2x, in Chocolate)

1. Rd: 6 fM in einen Fadenring.
2. Rd: 6x 1 M zun [12].
3. Rd: *1 fM, 1 M zun*, von * bis * noch 5x wdh [18].
4.–5. Rd: 18 fM häkeln.
6. Rd: *2 fM, 1 M abn, 2 fM*, von * bis * noch 2x wdh [15].
7. Rd: 15 fM häkeln.
8. Rd: *3 fM, 1 M abn*, von * bis * noch 2x wdh [12].
9.–11. Rd: 12 fM häkeln.
Stopfe das untere Drittel mit Füllwatte aus.
12. Rd: *2 fM, 1 M abn, 2 fM*, von * bis * noch 1x wdh [10].
13. Rd: 10 fM häkeln.
14. Rd: *3 fM, 1 M abn*, von * bis * noch 1x wdh [8].
15.–20. Rd: 8 fM häkeln.
21. R: 1 Lm, gegenüberliegende Seiten mit 4 fM zusammenhäkeln.
Faden abschneiden.

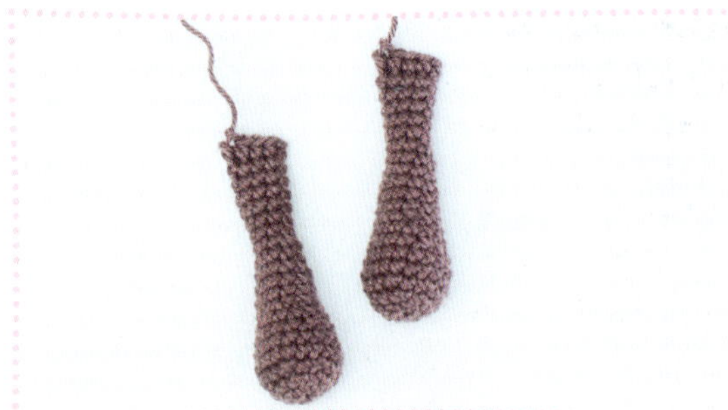

Schwänzchen (in Old Lace)

1. Rd: 6 fM in einen Fadenring.
2. Rd: 6x 1 M zun [12].
3. Rd: *3 fM, 1 M zun*, von * bis * noch 2x wdh [15].
4.–5. Rd: 15 fM häkeln.
6. Rd: *3 fM, 1 M abn*, von * bis * noch 2x wdh [12].
Stopfe das Schwänzchen mit Füllwatte aus.
7. Rd: *1 fM, 1 M abn*, von * bis * noch 3x wdh [8].
8. R: 1 Lm, gegenüberliegende Seiten mit 4 fM zusammenhäkeln.
Faden abschneiden.

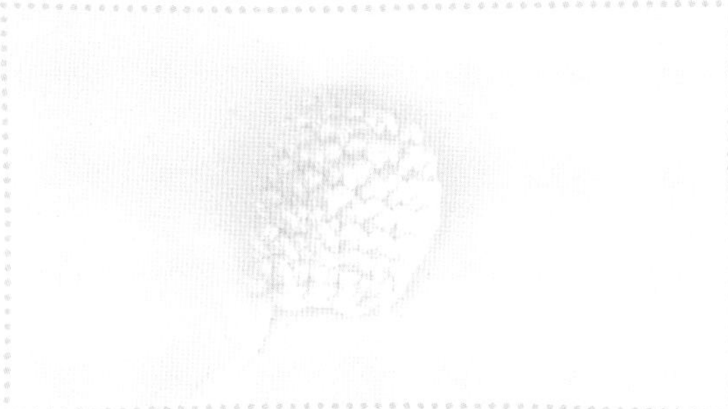

Ohren (2x, in Chocolate)

1. Rd: 6 fM in einen Fadenring.
2. Rd: *1 fM, 1 M zun*, von * bis * noch 2x wdh [9].
3. Rd: *1 fM, 1 M zun, 1 fM*, von * bis * noch 2x wdh [12].
4. Rd: *3 fM, 1 M zun*, von * bis * noch 2x wdh [15].
5.–6. Rd: 15 fM häkeln.
7. Rd: *2 fM, 1 M zun, 2 fM*, von * bis * noch 2x wdh [18].
8. Rd: *5 fM, 1 M zun*, von * bis * noch 2x wdh [21].
9. Rd: 21 fM häkeln.
10. Rd: *5 fM, 1 M abn*, von * bis * noch 2x wdh [18].
11.–12. Rd: 18 fM häkeln.
13. Rd: *2 fM, 1 M abn, 2 fM*, von * bis * noch 2x wdh [15].
14. Rd: 15 fM häkeln.
15. Rd: *3 fM, 1 M abn*, von * bis * noch 2x wdh [12].
16. Rd: 12 fM häkeln.
17. Rd: *1 fM, 1 M abn, 1 fM*, von * bis * noch 2x wdh [9].
18. Rd: 9 fM häkeln.
19. Rd: *1 fM, 1 M abn*, von * bis * noch 2x wdh [6].
20. R: 1 Lm, gegenüberliegende Seiten mit 3 fM zusammenhäkeln.

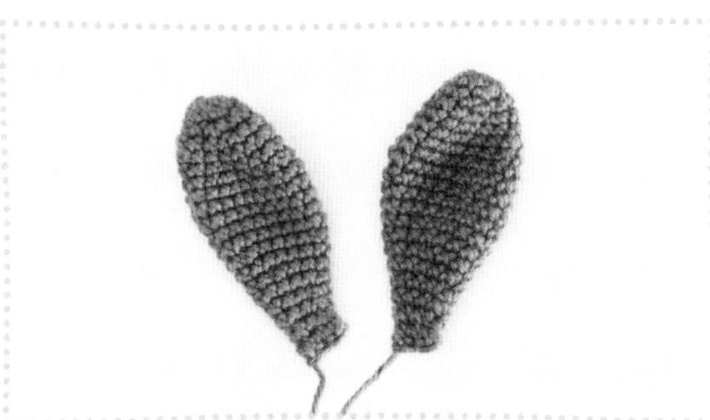

Faden abschneiden. Die Ohren werden nicht mit Watte gefüllt.

Kopf (in Chocolate)

1. Rd: 6 fM in einen Fadenring.
2. Rd: 6x 1 M zun [12].
3. Rd: 12 fM häkeln.
4. Rd: 1 fM, 6x 1 M zun, 5 fM [18].
5. Rd: 1 fM, *1 fM, 1 M zun*, von * bis * noch 5x wdh, 5 fM [24].
6. Rd: 1 fM, *1 M zun, 2 fM*, von * bis * noch 5x wdh, 5 fM [30].
7. Rd: 1 fM, *3 fM, 1 M zun*, von * bis * noch 5x wdh, 5 fM [36].
8. Rd: 1 fM, *1 M zun, 4 fM*, von * bis * noch 5x wdh, 5 fM [42].
9. Rd: 1 fM, *5 fM, 1 M zun*, von * bis * noch 5x wdh, 5 fM [48].
10.–12. Rd: 48 fM häkeln.
In den nächsten Rd wird der Teil vorbereitet, von dem aus du später den Körper häkelst.
13. Rd: 43 fM, 5 fM ihM [48].
14. Rd: 3 fM ihM, 39 fM, 1 fM ihM, 5 fM [48].
15. Rd: 3 fM,1 fM ihM, 39 fM, 5 fM ihM [48].
In der nächsten Rd werden die Ohren eingehäkelt.
16. Rd: 3 fM ihM, 13 fM, 3 fM mit dem 1. Ohr, 6 fM, 3 fM mit dem 2. Ohr, 20 fM.
Setze die Sicherheitsaugen zwischen der 6. und 7. Rd mit einem Abstand von 8 M ein.

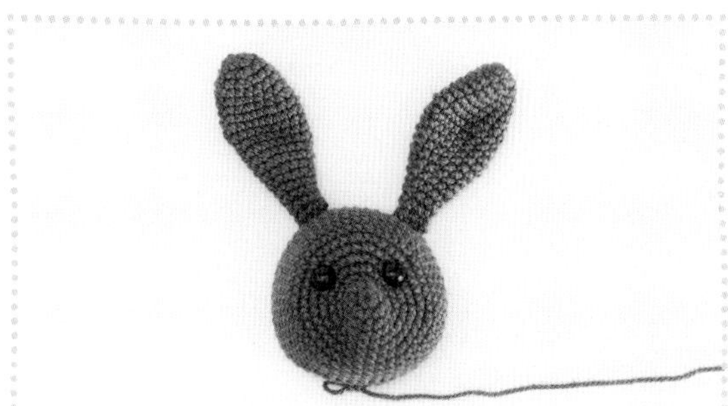

17.–18. Rd: 48 fM häkeln.
19. Rd: *3 fM, 1 M abn, 3 fM*, von * bis * noch 5x wdh [42].
20. Rd: *5 fM, 1 M abn*, von * bis * noch 5x wdh [36].
21. Rd: *2 fM, 1 M abn, 2 fM*, von * bis * noch 5x wdh [30].
22. Rd: *3 fM, 1 M abn*, von * bis * noch 5x wdh [24].
Vergiss nicht, den Kopf mit Füllwatte auszustopfen.
23. Rd: *1 fM, 1 M abn, 1 fM*, von * bis * noch 5x wdh [18].
24. Rd: *1 fM, 1 M abn*, von * bis * noch 5x wdh [12].
25. Rd: 6x 1 M abn [6].
Schneide den Faden ab, führe ihn durch die verbliebenen vorderen M-Glieder und vernähe den Restfaden. Vertiefe die Augen.

TIPP **Sind dir die Ohren zu locker, kannst du einen Faden durch die äußeren Seiten ziehen, diesen am Kopf verknoten und in ihm verstecken.**

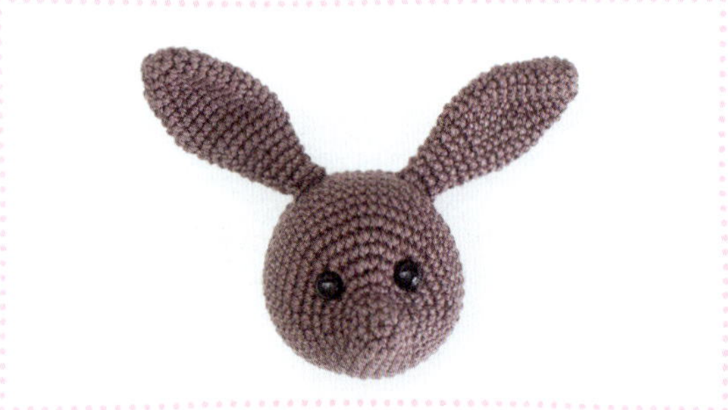

Körper (in Chocolate)

Du beginnst an der Mitte des Rückens, den Körper zu häkeln.
Schlage, von rechts gezählt, im 5. vorderen M-Glied der 15. Rd des Kopfes neu an.

1. Rd: 4 fM ivM der 15. und 16. Rd des Kopfes, 1 fM ivM der 14. Rd des Kopfes, 8 fM ivM der 13. und 14. Rd des Kopfes, 1 fM ivM der 15. Rd des Kopfes, 4 fM ivM der 15. und 16. Rd des Kopfes [18].

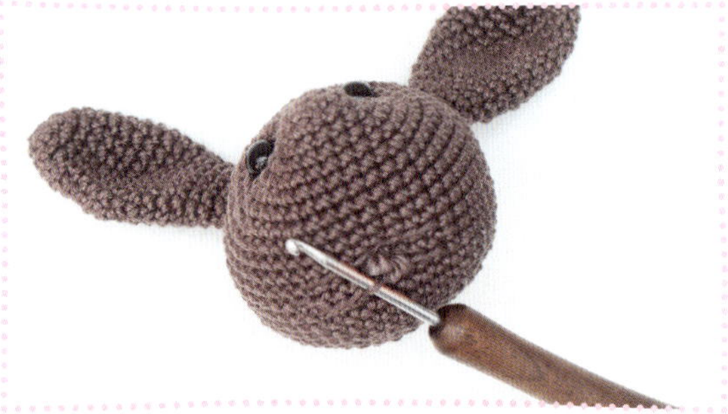

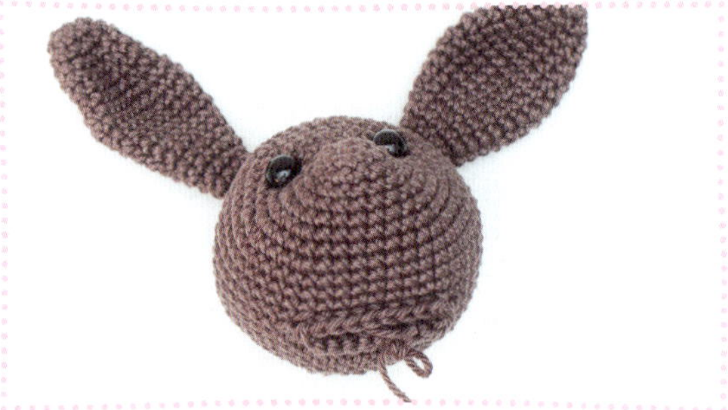

2. Rd: 18 fM häkeln.
3. Rd: *1 fM, 1 M zun, 1 fM*, von * bis * noch 5x wdh [24].
4. Rd: *3 fM, 1 M zun*, von * bis * noch 5x wdh [30].
5. Rd: *2 fM, 1 M zun, 2 fM*, von * bis * noch 5x wdh [36].
In der nächsten Rd werden die Arme kopfüber eingehäkelt.
6. Rd: 8 fM, 4 fM mit dem 1. Arm, 13 fM, 4 fM mit dem 2. Arm, 7 fM [36].

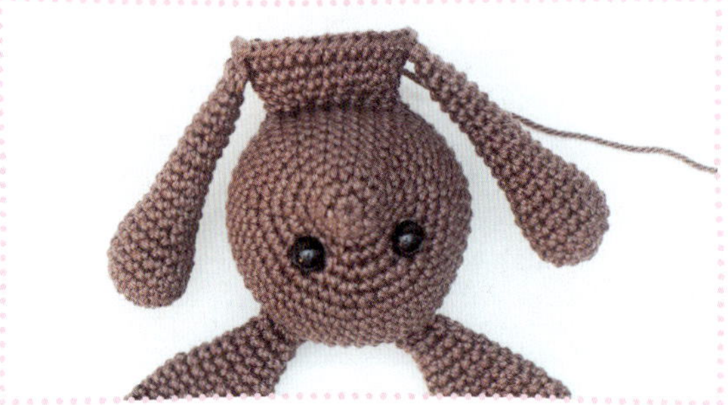

7. Rd: *5 fM, 1 M zun*, von * bis * noch 5x wdh [42].
8.-9. Rd: 42 fM.
10. Rd: 12 fM, *1 fM, 1 M zun, 1 fM*, von * bis * noch 5x wdh, 12 fM [48].
11.–17. Rd: 48 fM.
18. Rd: 12 fM, *1 fM, 1 M abn, 1 fM*, von * bis * noch 5x wdh, 12 fM [42].
19. Rd: *5 fM, 1 M abn*, von * bis * noch 5x wdh [36].
In der nächsten Rd wird das Schwänzchen kopfüber eingehäkelt.
20. Rd: 4 fM mit Schwänzchen, 1 M abn, *2 fM, 1 M abn, 2 fM*, von * bis * noch 4x wdh [30].

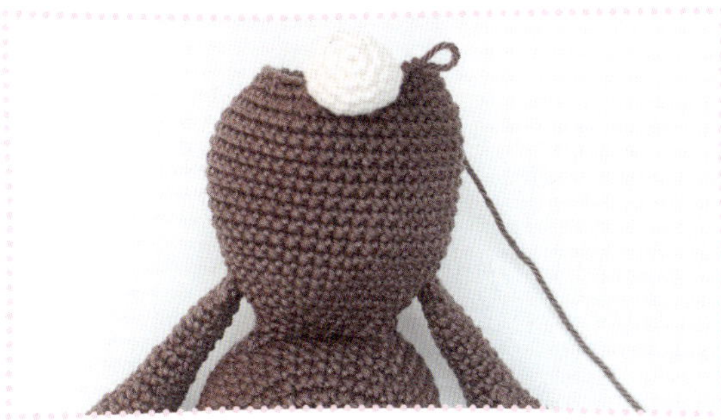

21. Rd: *3 fM, 1 M abn*, von * bis * noch 5x wdh [24].
In der nächsten Rd werden die Beine kopfüber eingehäkelt. Denke außerdem an das Ausstopfen.
22. Rd: 9 fM, 4 fM mit dem 1. Bein, 3 fM, 4 fM mit dem 2. Bein, 4 fM [24].
23. Rd: 12x 1 M abn [12].
24. Rd: 6x 1 M abn [6].
Schneide den Faden ab, ziehe ihn durch die verbliebenen vorderen M-Glieder und vernähe den Restfaden.

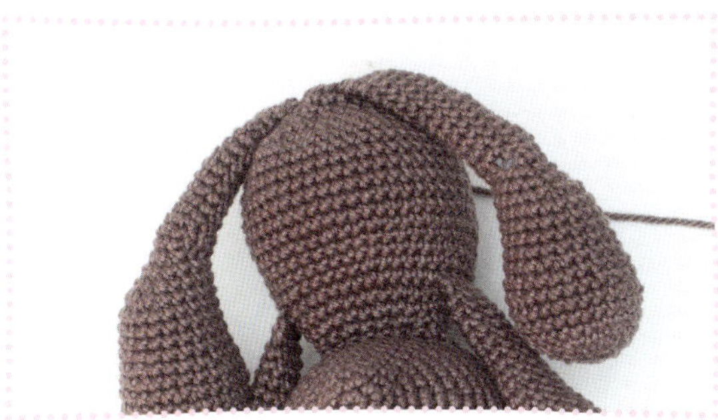

Details (in Jet Black, Snow White und Antique Mauve)

An die Sicherheitsaugen stickst du Augenweiß in Snow White und einen Wimpernkranz in Jet Black. Sticke die Augenbrauen 3 M oberhalb der Augen über 2 M Breite. Sticke mit Antique Mauve die Nase auf, über dem Fadenring 2 M nach rechts und links und 4 M nach unten.

TIPP **Für eine dezentere Gestaltung kannst du das Garn in der Hälfte spalten.**

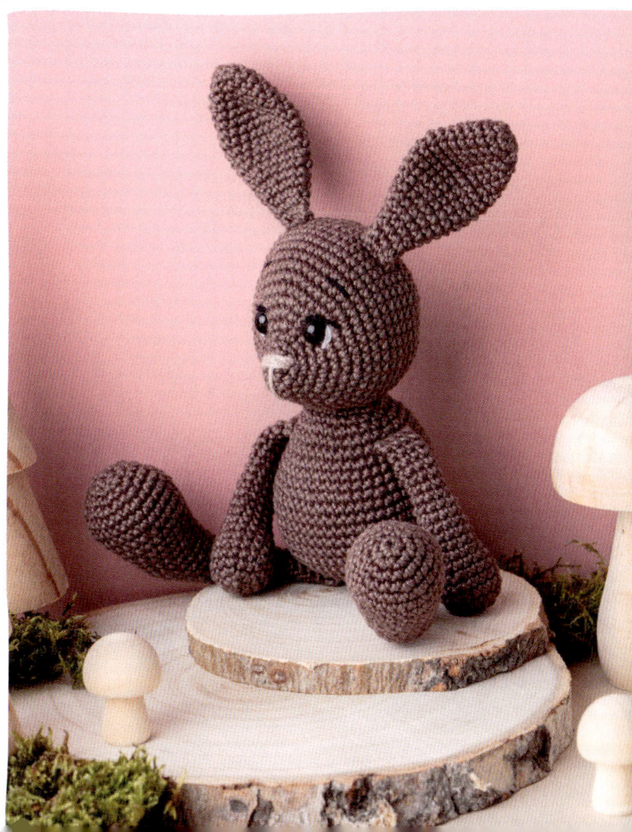

Bär Ronny

Das benötigst du:

Material

- **Scheepjes Catona (100 % Baumwolle, LL 125 m/50 g) in**
  - Hazelnut (Fb 503), 40 g
  - Jet Black (Fb 110), Rest
  - Snow White (Fb 106), Rest
- **Sicherheitsaugen ø 8 mm**
- **Häkelnadel 2,5 mm**
- **Füllwatte**
- **Wollnadel**

Höhe
17 cm

So wird's gemacht:

Es wird, wenn nicht anders angegeben, in Spiral-Rd gehäkelt. Häkle die Arme, Beine und Ohren zuerst, denn diese werden eingehäkelt. Den Faden der Gliedmaßen kannst du direkt vernähen oder im Anschluss im Körper einhäkeln. Denke schon beim Häkeln daran, die Teile nach und nach mit Watte auszustopfen, wenn nicht anders angegeben.

Beine (2x, in Hazelnut)

1. Rd: 6 fM in einen Fadenring.
2. Rd: 6x 1 M zun [12].
3. Rd: *1 fM, 1 M zun*, von * bis * noch 5x wdh [18].
4. Rd: *1 fM, 1 M zun, 1 fM*, von * bis * noch 5x wdh [24].
5.–6. Rd: 24 fM häkeln.
7. Rd: 6 fM, 3x 1 M abn, 12 fM [21].
8. Rd: *5 fM, 1 M abn*, von * bis * noch 2x wdh [18].
9. Rd: *2 fM, 1 M abn, 2 fM*, von * bis * noch 2x wdh [15].
10. Rd: *3 fM, 1 M abn*, von * bis * noch 2x wdh [12].
11. Rd: *1 fM, 1 M abn, 1 fM*, von * bis * noch 2x wdh [9].
Stopfe den Fuß mit Füllwatte aus.

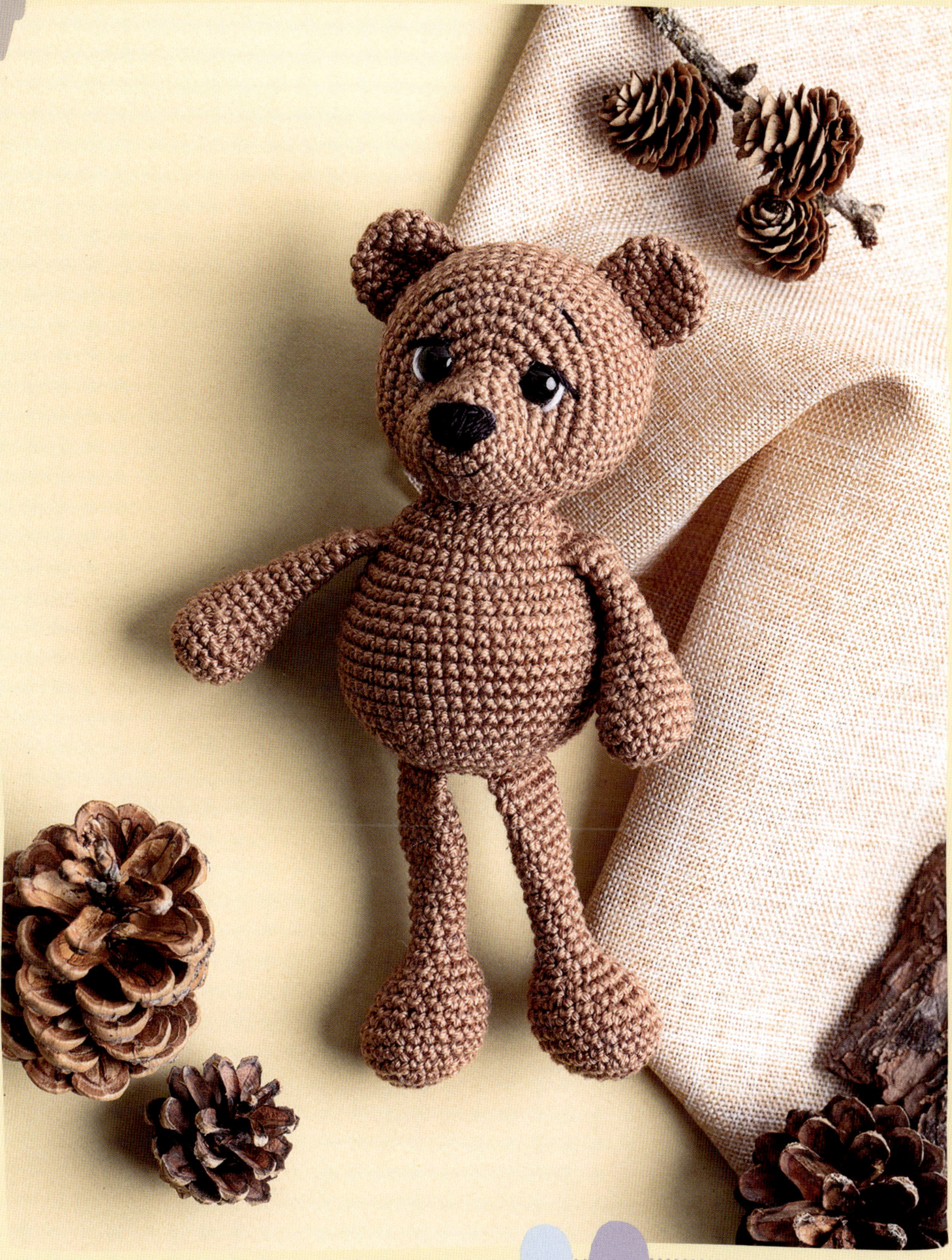

12.–17. Rd: 9 fM häkeln.
18. Rd: *1 fM, 1 M zun, 1 fM*, von * bis * noch 2x wdh [12].
19.–23. Rd: 12 fM häkeln.
24. R: 1 Lm, gegenüberliegende Seiten mit 6 fM zusammenhäkeln.
Faden abschneiden.

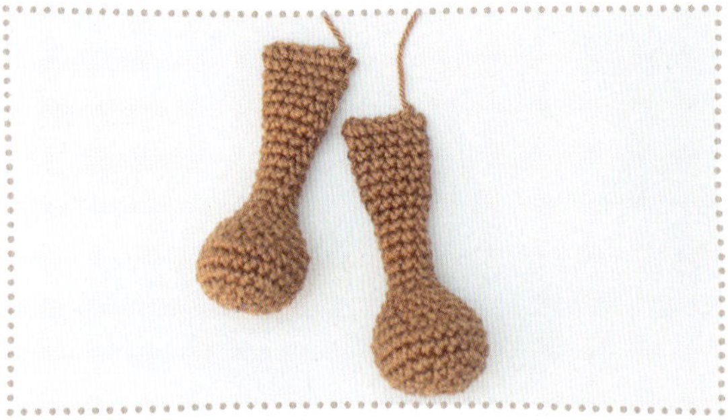

Arme (2x, in Hazelnut)

1. Rd: 6 fM in einen Fadenring.
2. Rd: 6x 1 M zun [12].
3. Rd: *1 fM, 1 M zun*, von * bis * noch 5x wdh [18].
4.–5. Rd: 18 fM häkeln.
6. Rd: 3 fM, 3x 1 M abn, 9 fM [15].
7. Rd: *3 fM, 1 M abn*, von * bis * noch 2x wdh [12].
8.–9. Rd: 12 fM häkeln.
Stopfe die Hand mit Füllwatte aus.
10. Rd: *1 fM, 1 M abn, 1 fM*, von * bis * noch 2x wdh [9].
11.–16. Rd: 9 fM häkeln.
17. R: 1 fM, 1 Lm, gegenüberliegende Seiten mit 4 fM zusammenhäkeln.
Faden abschneiden.

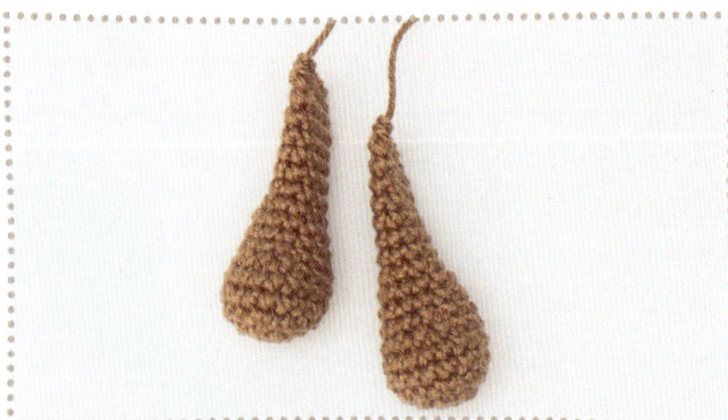

Ohren (2x, in Hazelnut)

1. Rd: 6 fM in einen Fadenring.
2. Rd: 6x 1 M zun [12].
3. Rd: *1 fM, 1 M zun*, von * bis * noch 5x wdh [18].
4. Rd: 18 fM häkeln.
5. Rd: *1 fM, 1 M abn*, von * bis * noch 5x wdh [12].
6. R: 1 Lm, gegenüberliegende Seiten mit 6 fM zusammenhäkeln.
Faden abschneiden.

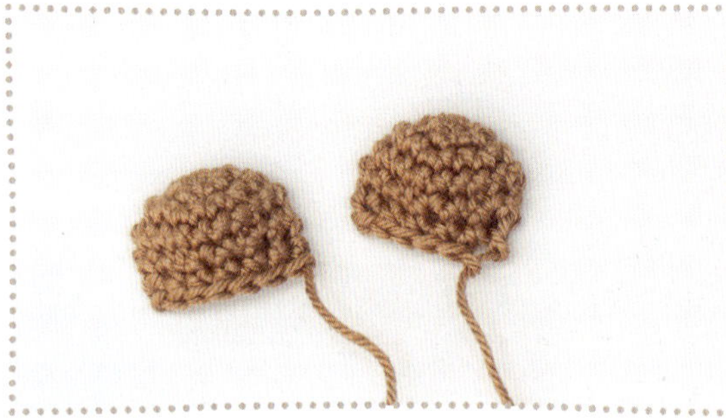

Kopf (in Hazelnut)

1. Rd: 6 fM in einen Fadenring.
2. Rd: 6x 1 M zun [12].
3. Rd: *1 fM, 1 M zun*, von * bis * noch 5x wdh [18].
4. Rd: 18 fM häkeln.
5. Rd: 1 fM, 6x 1 M zun, 11 fM [24].
6. Rd: 1 fM, *1 fM, 1 M zun*, von * bis * noch 5x wdh, 11 fM [30].
7. Rd: 1 fM, *1 M zun, 2 fM*, von * bis * noch 5x wdh, 11 fM [36].
8. Rd: 1 fM, *3 fM, 1 M zun*, von * bis * noch 5x wdh, 11 fM [42].
9. Rd: 1 fM, 3x 1 M zun, 24 fM, 3x 1 M zun, 11 fM [48].

TIPP **Markiere die Mitte der Zun mit einem Faden. So kannst du die Augen später einfacher einsetzen.**

10.–12. Rd: 48 fM häkeln.
In den nächsten Rd wird der Teil vorbereitet, von dem aus du später den Körper häkelst.

13. Rd: 40 fM, 8 fM ihM [48].
14. Rd: 39 fM, 1 fM ihM, 8 fM [48].
15. Rd: 1 fM ihM, 39 fM, 8 fM ihM [48].
In der nächsten Rd werden die Ohren eingehäkelt.
16. Rd: 9 fM, 6 fM mit dem 1. Ohr, 8 fM, 6 fM mit dem 2. Ohr, 19 fM [48].

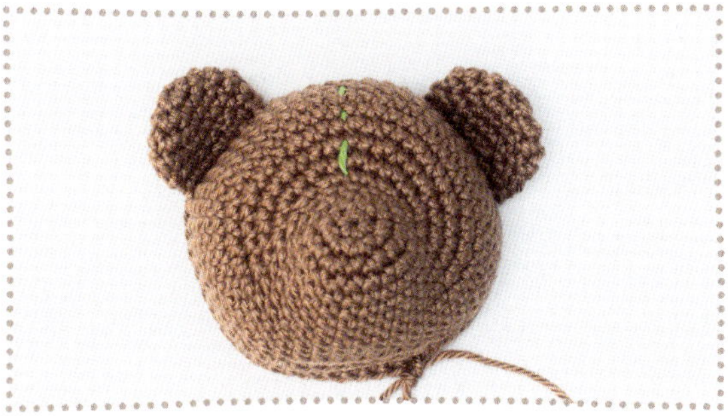

17.–18. Rd: 48 fM häkeln.
Setze die Sicherheitsaugen zwischen der 6. und 7. Rd mit einem Abstand von 8 M ein.
19. Rd: *3 fM, 1 M abn, 3 fM*, von * bis * noch 5x wdh [42].
20. Rd: *5 fM, 1 M abn*, von * bis * noch 5x wdh [36].
Beginne, den Kopf mit Füllwatte auszustopfen.
21. Rd: *2 fM, 1 M abn, 2 fM*, von * bis * noch 5x wdh [30].
22. Rd: *3 fM, 1 M abn*, von * bis * noch 5x wdh [24].
23. Rd: *1 fM, 1 M abn, 1 fM*, von * bis * noch 5x wdh [18].
24. Rd: *1 fM, 1 M abn*, von * bis * noch 5x wdh [12].
25. Rd: 6x 1 M abn [6].
Schneide den Faden ab, ziehe ihn durch die verbliebenen vorderen M-Glieder und vernähe den Restfaden. Vertiefe die Augen.

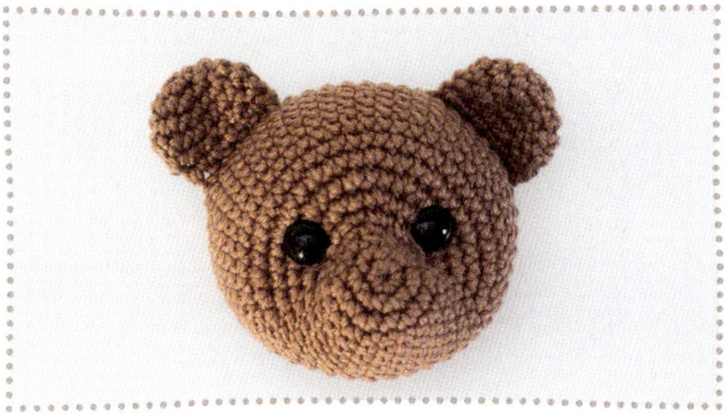

Körper (in Hazelnut)

Du beginnst an der Mitte des Rückens, den Körper zu häkeln.
Schlage, von rechts gezählt, im 5. vorderen M-Glied der 15. Rd des Kopfes neu an.
1. Rd: 4 fM ivM der 15. Rd des Kopfes, 1 fM ivM der 14. Rd des Kopfes, 8 fM ivM der 13. Rd des Kopfes, 1 fM ivM der 15. Rd des Kopfes, 4 fM ivM der 15. Rd des Kopfes [18].

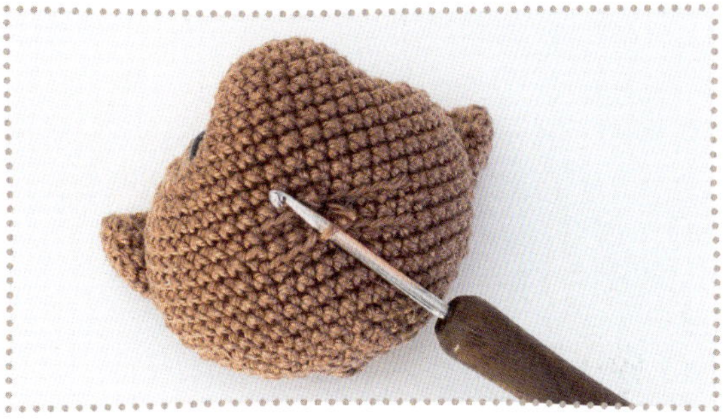

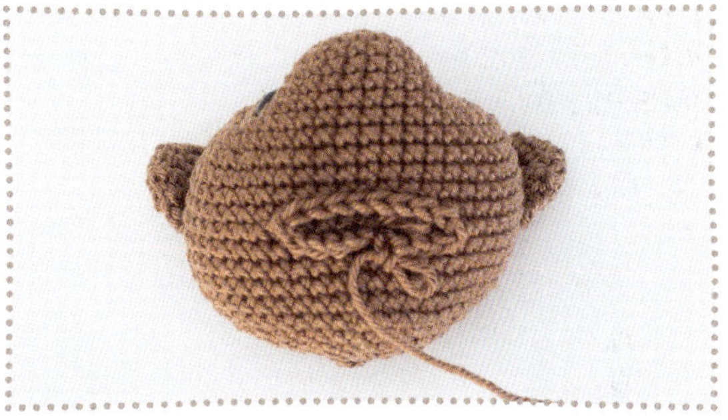

2. Rd: 18 fM häkeln.
3. Rd: *1fM, 1 M zun, 1 fM*, von * bis * noch 5x wdh [24].
4. Rd: *3 fM, 1 M zun*, von * bis * noch 5x wdh [30].
5. Rd: *2 fM, 1 M zun, 2 fM*, von * bis * 5x wdh [36].
In der nächsten Rd werden die Arme kopfüber eingehäkelt.
6. Rd: 7 fM, 4 fM mit dem 1. Arm, 14 fM, 4 fM mit dem 2. Arm, 7 fM [36].

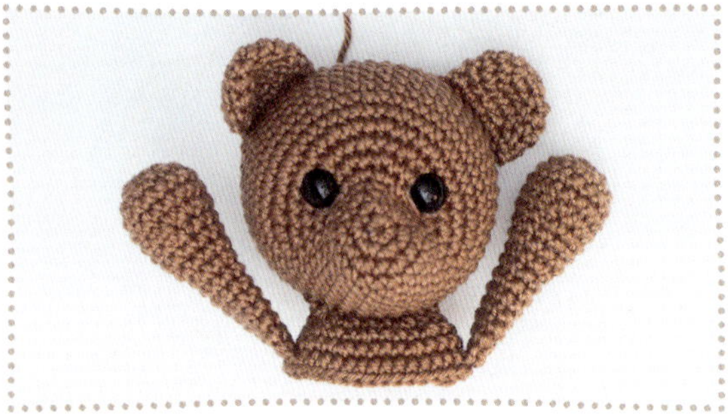

7. Rd: *5 fM, 1 M zun*, von * bis * noch 5x wdh [42].
8.–9. Rd: 42 fM häkeln.
10. Rd: 15 fM, *1 M zun, 1 fM*, von * bis * noch 2x wdh, *1 fM, 1 M zun*, von * bis * noch 2x wdh, 15 fM [48].
11.–17. Rd: 48 fM häkeln.
18. Rd: *3 fM, 1 M abn, 3 fM*, von * bis * noch 5x wdh [42].
19. Rd: *5 fM, 1 M abn*, von * bis * noch 5x wdh [36].
20. Rd: *2 fM, 1 M abn, 2 fM*, von * bis * noch 5x wdh [30].
21. Rd: 1 fM, 1 N aus 5 Stb, 1 fM, 1 M abn, *3 fM, 1 M abn*, von * bis * noch 4x wdh [24].
In der nächsten Rd werden die Beine kopfüber eingehäkelt.
22. Rd: 6 fM, 6 fM mit dem 1. Bein, 3 fM, 6 fM mit dem 2. Bein, 3 fM [24].

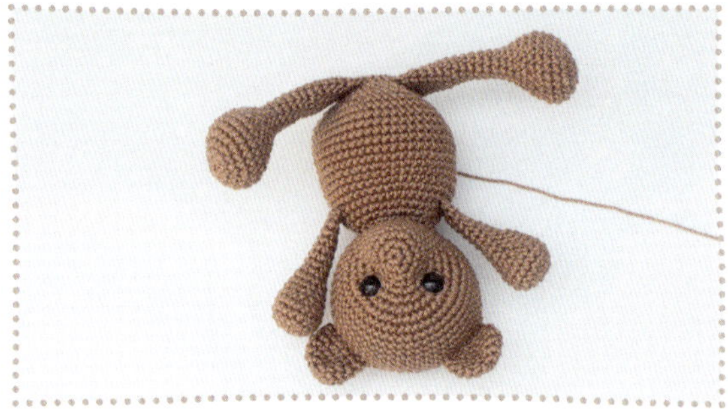

Vergiss nicht, den Körper auszustopfen.
23. Rd: 12x 1 M abn [12].
24. Rd: 6x 1 M abn [6].
Schneide den Faden ab, ziehe ihn durch die verbliebenen vorderen M-Glieder und vernähe den Restfaden.

Details (in Jet Black und Snow White)

An die Sicherheitsaugen stickst du Augenweiß in Snow White und einen Wimpernkranz in Jet Black. Sticke die Augenbrauen 3 M oberhalb der Augen über 2 M Breite. Sticke mit Jet Black die Nase auf, über dem Fadenring 2 M nach rechts, links und nach unten zu einem Dreieck. Sticke anschließend mit Jet Black einen Mund auf.

TIPP **Für eine dezentere Gestaltung kannst du das Garn in der Hälfte spalten.**

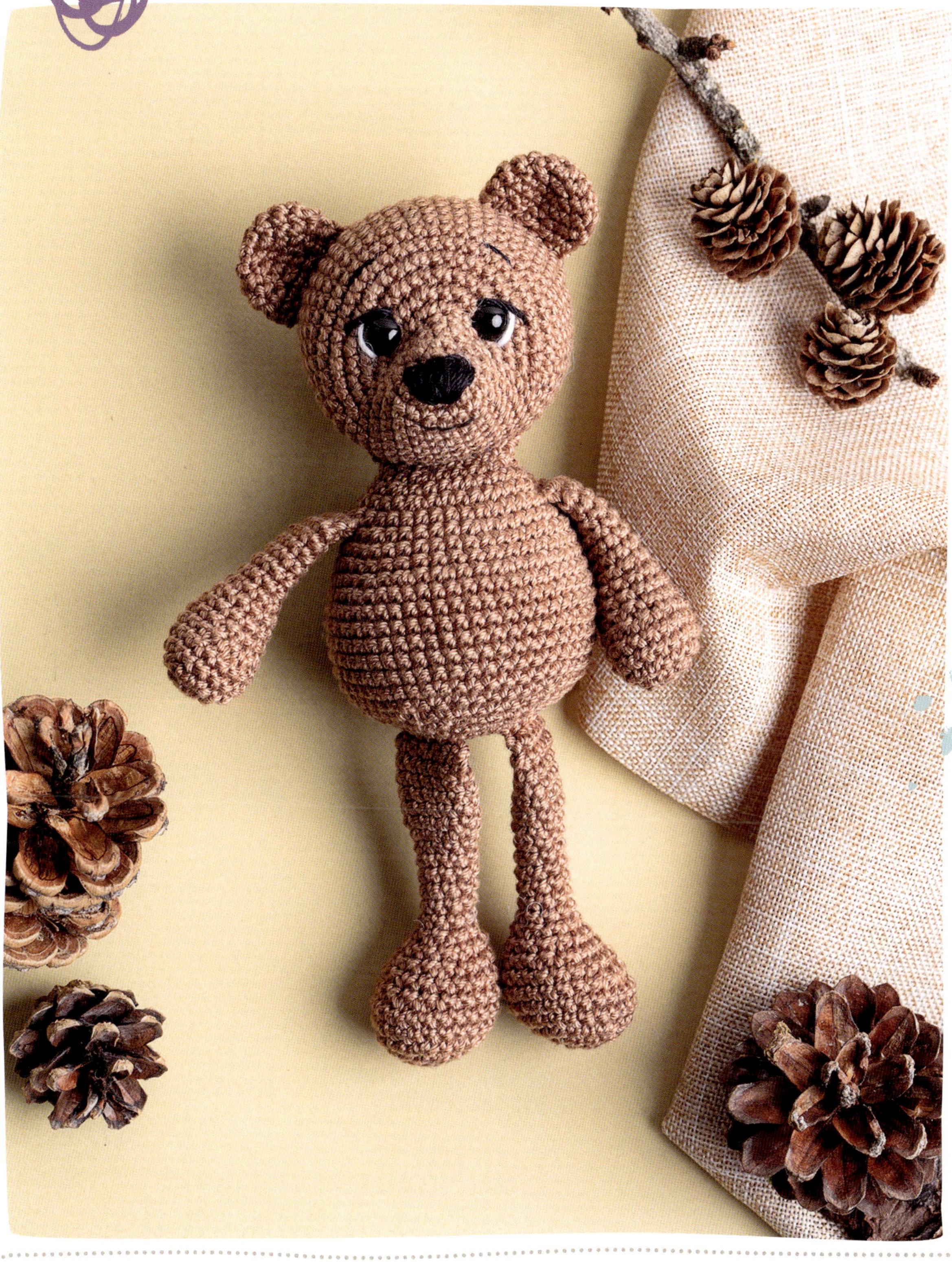

Koala Anton

Das benötigst du:

Material

- **Scheepjes Catona (100 % Baumwolle, LL 125 m/50 g) in**
  - Mercury (Fb 074), 40 g
  - Jet Black (Fb 110), Rest
  - Snow White (Fb 106), Rest
- **Sicherheitsaugen ø 8 mm**
- **Häkelnadel 2,5 mm**
- **Füllwatte**
- **Wollnadel**

Höhe
17,5 cm

So wird's gemacht:

Es wird, wenn nicht anders angegeben, in Spiral-Rd gehäkelt. Häkle die Arme, Beine und Ohren zuerst, denn diese werden eingehäkelt. Den Faden der Gliedmaßen kannst du direkt vernähen oder im Anschluss im Körper einhäkeln. Denke schon beim Häkeln daran, die Teile nach und nach mit Watte auszustopfen, wenn nicht anders angegeben.

Beine (2x, in Mercury)

1. Rd: 6 fM in einen Fadenring.
2. Rd: 6x 1 M zun [12].
3. Rd: *1 fM, 1 M zun*, von * bis * noch 5x wdh [18].
4. Rd: *1 fM, 1 M zun, 1 fM*, von * bis * noch 5x wdh [24].
5.–6. Rd: 24 fM häkeln.
7. Rd: 6 fM, 3x 1 M abn, 12 fM [21].
8. Rd: *5 fM, 1 M abn*, von * bis * noch 2x wdh [18].
9. Rd: *2 fM, 1 M abn, 2 fM*, von * bis * noch 2x wdh [15].
10.–11. Rd: 15 fM häkeln.
12. Rd: *3 fM, 1 M abn*, von * bis * noch 2x wdh [12].
13.–16. Rd: 12 fM häkeln.

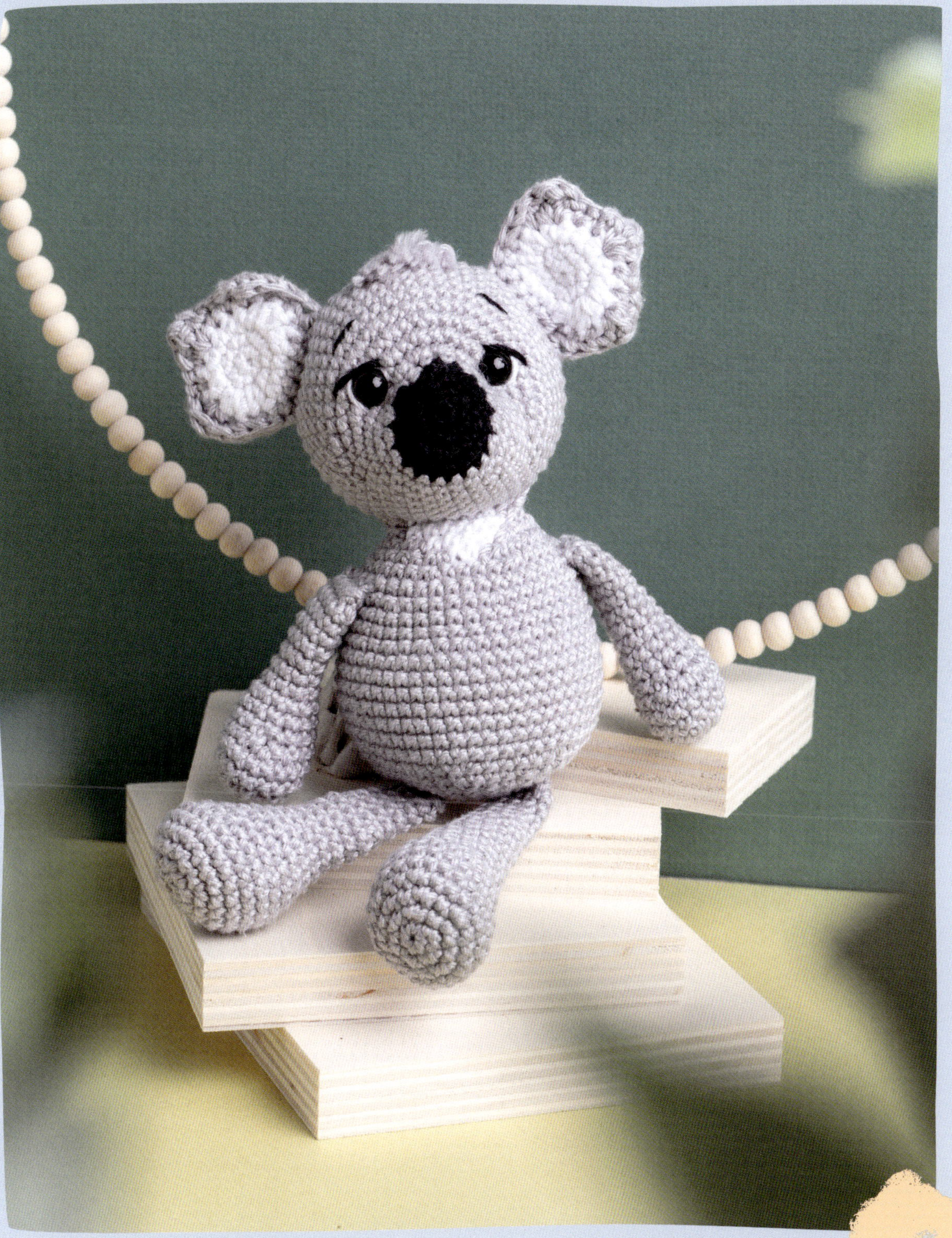

Stopfe das untere Drittel mit Füllwatte aus.
17. Rd: *1 fM, 1 M abn, 1 fM*, von * bis * noch 2x wdh [9].
18.–21. Rd: 9 fM häkeln.
22. R: 1 Lm, gegenüberliegende Seiten mit 4 fM zusammenhäkeln.
Faden abschneiden.

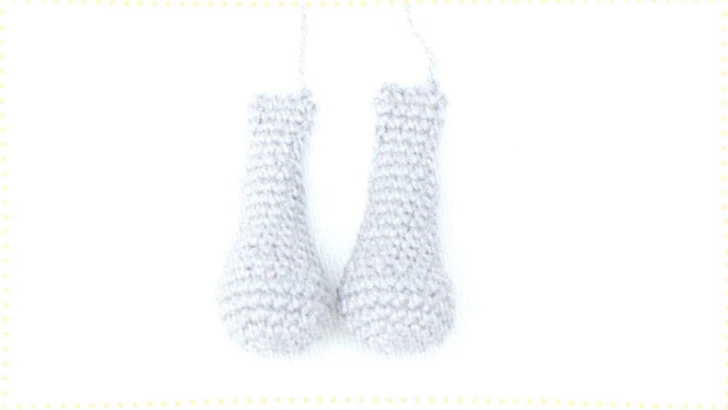

Arme (2x, in Mercury)

1. Rd: 6 fM in einen Fadenring.
2. Rd: 6x 1 M zun [12].
3. Rd: *1 fM, 1 M zun*, von * bis * noch 5x wdh [18].
4.–5. Rd: 18 fM häkeln.
6. Rd: 3 fM, 3x 1 M abn, 9 fM [15].
7. Rd: *3 fM, 1 M abn*, von * bis * noch 2x wdh [12].
8.–9. Rd: 12 fM häkeln.
Stopfe das untere Drittel mit Füllwatte aus.
10. Rd: *1 fM, 1 M abn, 1 fM*, von * bis * noch 2x wdh [9].
11.–16. Rd: 9 fM häkeln.
17. R: 1 fM, 1 Lm, gegenüberliegende Seiten mit 4 fM zusammenhäkeln.
Faden abschneiden.

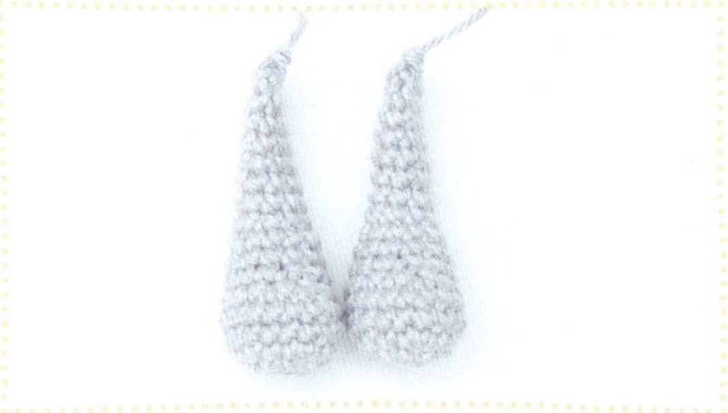

Ohren (2x, in Snow White und Mercury)

Die Ohren bestehen aus je 2 Teilen, die zusammengehäkelt werden.
Beginne mit Snow White.
1. Rd: 6 fM in einen Fadenring.
2. Rd: 6x 1 M zun [12].
3. Rd: 1 hStb zun, 1 Stb zun, 1 hStb zun, 3 hStb, 1 hStb zun, 1 Stb zun, 1 hStb zun, 3 fM [18].
Schneide den Faden ab und beende die Rd unsichtbar.
Häkle das 2. Teil in Mercury und wdh die 1.–3. Rd.
Lege die Rückseiten aneinander und häkle beide Teile wie folgt zusammen:
4. Rd: 1 fM, 2 hStb, *(1 Stb + 1 DStb + 1 Stb) in 1 M, 2 fM*, von * bis * noch 1x wdh, (1 Stb + 1 DStb + 1 Stb) in 1 M, 2 hStb, 6 fM [24].
Schneide den Faden ab und beende die Rd unsichtbar.

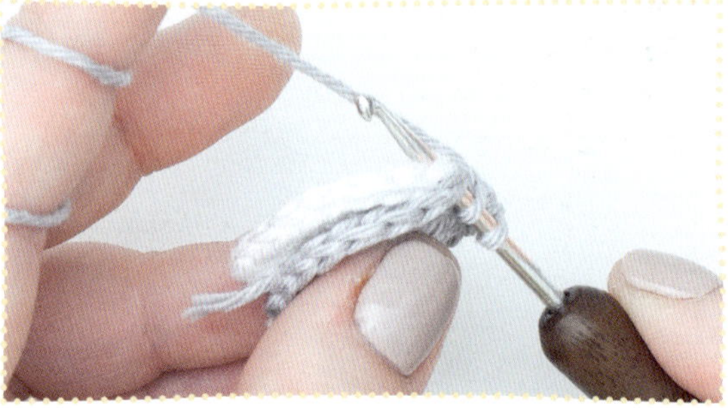

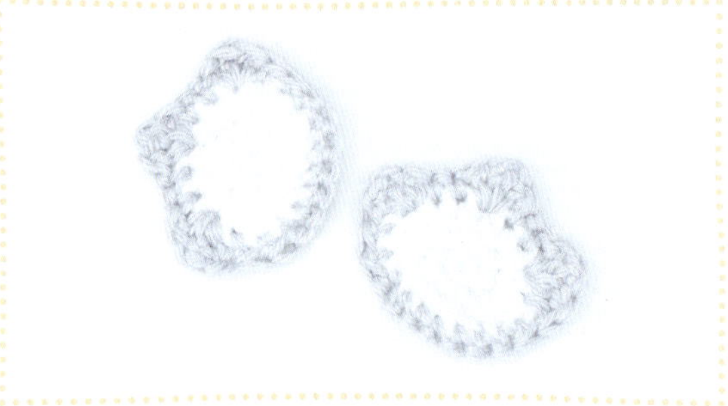

Kopf (in Jet Black und Mercury)

Beginne mit Jet Black.
1. Rd: 6 fM in einen Fadenring.
2. Rd: 6x 1 M zun [12].
3. Rd: *3x 1 M zun, 3 fM*, noch 1x wdh [18].
4. Rd: 18 fM häkeln.
Fb-Wechsel zu Mercury.
5. Rd: 2 fM, Fb-Wechsel zu Jet Black, 2 fM, Fb-Wechsel zu Mercury, 2 fM, 3x 1 M zun, 6 fM, 3x 1 M zun [24].
6. Rd: 24 fM häkeln.
7. Rd: 6x 1 M zun, 18 fM [30].
8. Rd: *1 fM, 1 M zun*, von * bis * noch 5x wdh, 18 fM [36].
9. Rd: *1 M zun, 2 fM*, von * bis * noch 5x wdh, 18 fM [42].
10. Rd: 24 fM, 3x 1 M zun, 12 fM, 3x 1 M zun [48].
11.–13. Rd: 48 fM häkeln.
In den nächsten Rd bereitest du den Teil vor, von dem aus später der Körper gehäkelt wird.
14. Rd: 33 fM, 8 fM ihM, 7 fM [48].
15. Rd: 32 fM, 1 fM ihM, 8 fM, 1 fM ihM, 6 fM [48].
16. Rd: 33 fM, 8 fM ihM, 7 fM [48].
In der nächsten Rd werden die Ohren eingehäkelt.
17. Rd: 1 fM, 7 fM mit dem 1. Ohr, 10 fM, 7 fM mit dem 2. Ohr, 23 fM [48].

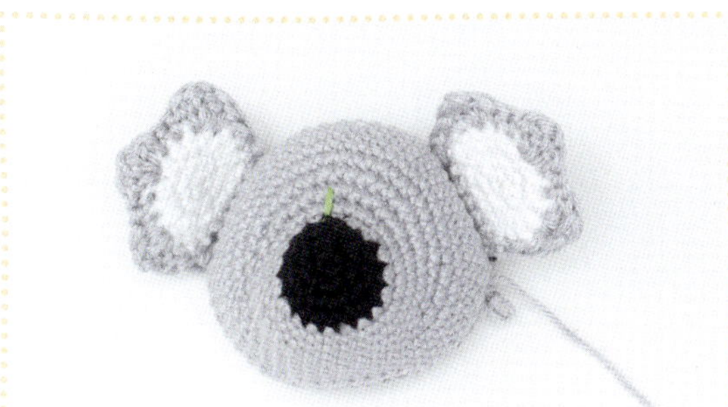

18.–19. Rd: 48 fM häkeln.
Setze die Sicherheitsaugen zwischen der 8. und 9. Rd mit einem Abstand von 10 M ein.
20. Rd: *3 fM, 1 M abn, 3 fM*, von * bis * noch 5x wdh [42].
21. Rd: *5 fM, 1 M abn*, von * bis * noch 5x wdh [36].
22. Rd: *2 fM, 1 M abn, 2 fM*, von * bis * noch 5x wdh [30].
23. Rd: *3 fM, 1 M abn*, von * bis * noch 5x wdh [24].
Stopfe den Kopf mit Füllwatte aus.
24. Rd: *1 fM, 1 M abn, 1 fM*, von * bis * noch 5x wdh [18].
25. Rd: *1 fM, 1 M abn*, von * bis * noch 5x wdh [12].
26. Rd: 6x 1 M abn [6].
Schneide den Faden ab, ziehe ihn durch die verbliebenen vorderen M-Glieder und vernähe den Restfaden. Vertiefe die Augen.

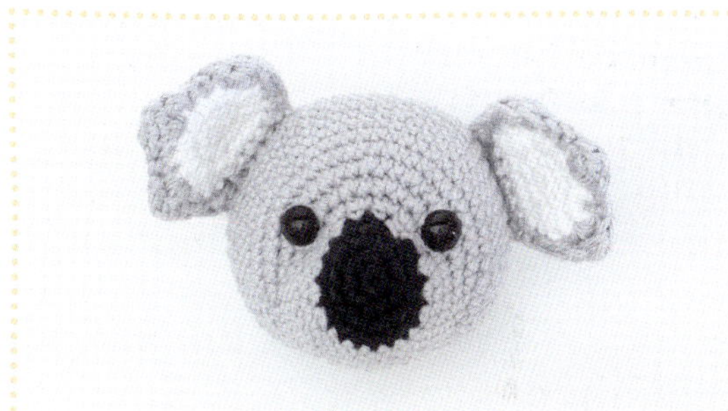

Körper (in Snow White und Mercury)

Du beginnst an der Mitte des Rückens, den Körper zu häkeln.
Schlage, von rechts gezählt, im 5. vorderen M-Glied der 16. Rd neu an.
1. Rd: 4 fM ivM der 16. Rd, 1 fM ivM der 15. Rd, 1 fM ivM der 14. Rd, Fb-Wechsel zu Snow White, 6 fM, Fb-Wechsel zu Mercury, 1 fM, 1 fM ivM der 15. Rd, 4 fM ivM der 16. Rd [18].

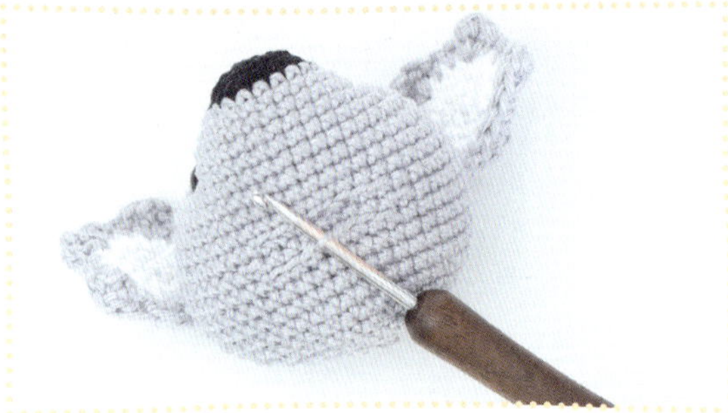

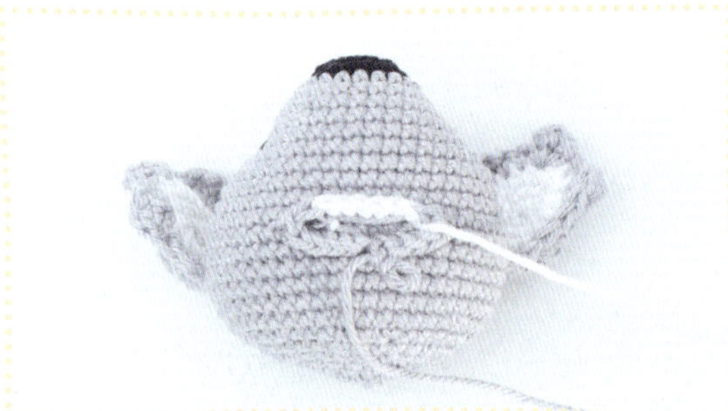

2. Rd: 6 fM, Fb-Wechsel zu Snow White, 6 fM, Fb-Wechsel zu Mercury, 6 fM.
3. Rd: *1 fM, 1 M zun, 1 fM*, von * bis * noch 1x wdh, 1 M zun, Fb-Wechsel zu Snow White, 4 fM, Fb-Wechsel zu Mercury, 1 M zun, *1 fM, 1 M zun, 1 fM*, von * bis * noch 1x wdh [24].
4. Rd: *3 fM, 1 M zun*, von * bis * noch 1x wdh, 2 fM, 1 M zun, Fb-Wechsel zu Snow White, 2 fM, Fb-Wechsel zu Mercury, 1 M zun, 2 fM, *3 fM, 1 M zun*, von * bis * noch 1x wdh [30].
5. Rd: *2 fM, 1 M zun, 2 fM*, von * bis * noch 5x wdh [36].
In der nächsten Rd werden die Arme kopfüber eingehäkelt.
6. Rd: 7 fM, 4 fM mit dem 1. Arm, 14 fM, 4 fM mit dem 2. Arm, 7 fM [36].
7. Rd: *5 fM, 1 M zun*, von * bis * noch 5x wdh [42].

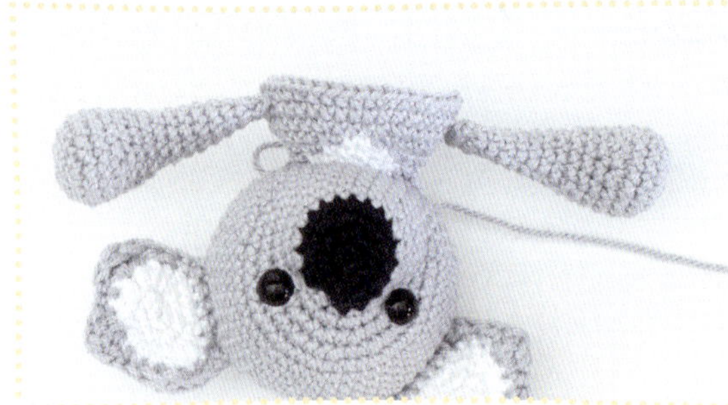

8.–9. Rd: 42 fM häkeln.
10. Rd: 15 fM, *1 M zun, 1 fM*, von * bis * noch 2x wdh, *1 fM, 1 M zun*, von * bis * noch 2x wdh, 15 fM [48].
11.–17. Rd: 48 fM häkeln.
18. Rd: *3 fM, 1 M abn, 3 fM*, von * bis * noch 5x wdh [42].
19. Rd: *5 fM, 1 M abn*, von * bis * noch 5x wdh [36].
20. Rd: *2 fM, 1 M abn, 2 fM*, von * bis * noch 5x wdh [30].
21. Rd: *3 fM, 1 M abn*, von * bis * noch 5x wdh [24].
In der nächsten Rd werden die Beine kopfüber eingehäkelt.
22. Rd: 7 fM, 4 fM mit dem 1. Bein, 6 fM, 4 fM mit dem 2. Bein, 3 fM [24].

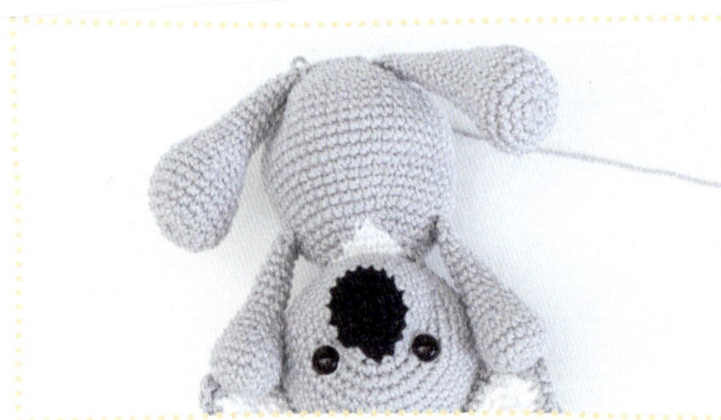

Vergiss nicht, den Körper auszustopfen.
23. Rd: 12x 1 M abn [12].
24. Rd: 6x 1 M abn [6].
Schneide den Faden ab, ziehe ihn durch die verbliebenen vorderen M-Glieder und vernähe den Restfaden.

Details (in Snow White und Jet Black)

An die Sicherheitsaugen stickst du Augenweiß in Snow White und einen Wimpernkranz in Jet Black. Sticke die Augenbrauen 3 Rd oberhalb der Augen über 2 M Breite.

TIPP **Für eine dezentere Gestaltung kannst du das Garn in der Hälfte spalten.**

Knüpfe 5 Haarsträhnen in Mercury in der 15. Rd des Kopfes mittig an. Kürze die Fäden auf die gewünschte Länge und kämme sie etwas auf.

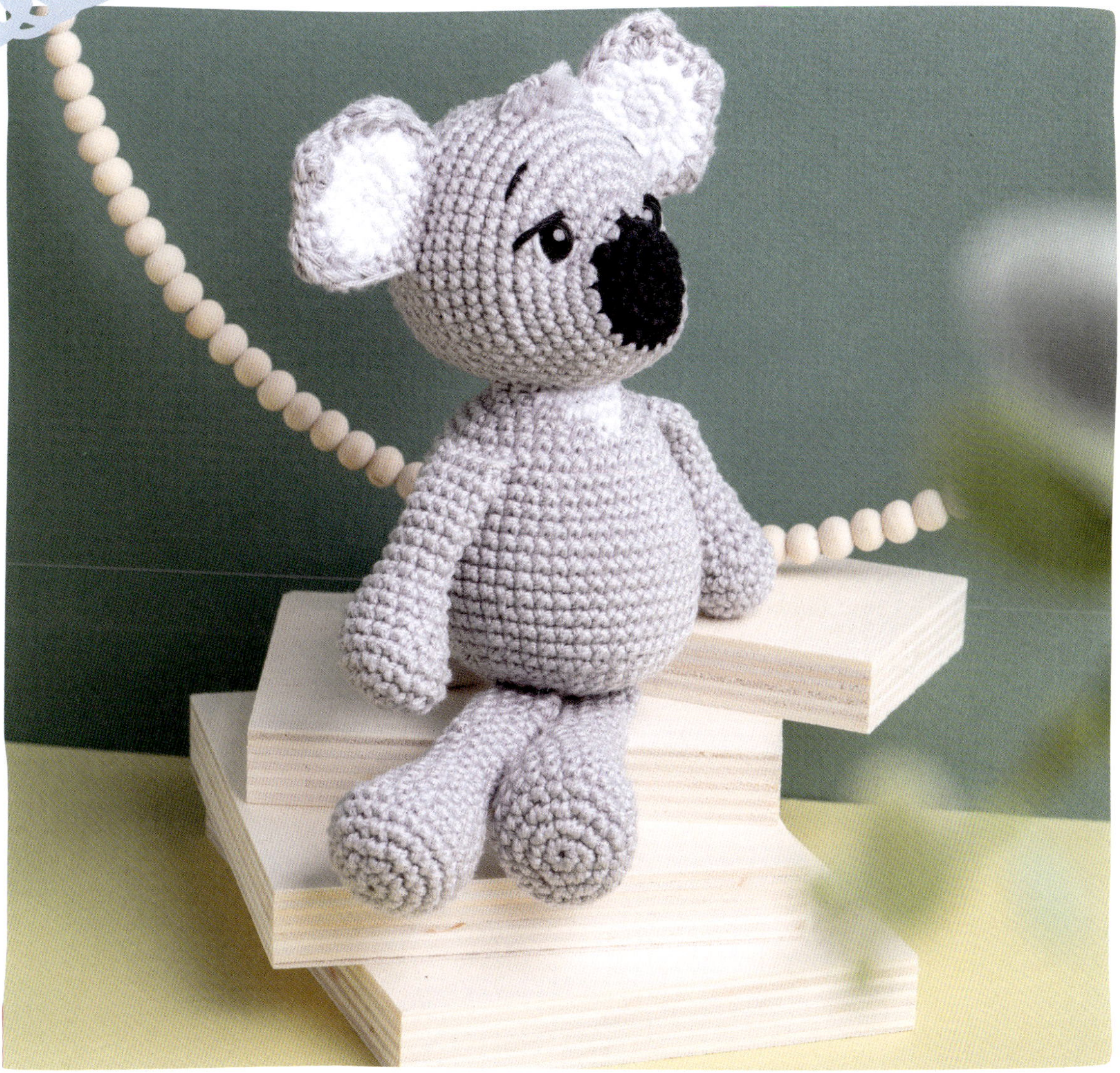

Elefant Trudi

Das benötigst du:

Material

- **Scheepjes Catona (100 % Baumwolle, LL 125 m/50 g) in**
  - Champagne (Fb 248), 45 g
  - Old Lace (Fb 130), Rest
  - Jet Black (Fb 110), Rest
  - Snow White (Fb 106), Rest
- **Sicherheitsaugen ø 8 mm**
- **Häkelnadel 2,5 mm**
- **Füllwatte**
- **Wollnadel**

Höhe
16 cm

So wird's gemacht:

Es wird, wenn nicht anders angegeben, in Spiral-Rd gehäkelt. Häkle die Arme, Beine und Ohren zuerst, denn diese werden eingehäkelt. Den Faden der Gliedmaßen kannst du direkt vernähen oder im Anschluss im Körper einhäkeln. Denke schon beim Häkeln daran, die Teile nach und nach mit Watte auszustopfen, wenn nicht anders angegeben.

Beine (2x, in Champagne und Old Lace)

Beginne mit Champagne.
1. Rd: 6 fM in einen Fadenring.
2. Rd: 6x 1 M zun [12].
3. Rd: *1 fM, 1 M zun*, von * bis * noch 5x wdh [18].
4. Rd: *1 fM, 1 M zun, 1 fM*, von * bis * noch 5x wdh [24].
5. Rd: ihM: 5 fM, *Fb-Wechsel zu Old Lace, 1 N aus 3 Stb, Fb-Wechsel zu Champagne, 2 fM*, von * bis * noch 2x wdh, 10 fM [24].
6. Rd: 24 fM häkeln.
7. Rd: 6 fM, 3x 1 M abn, 12 fM [21].
8.–9. Rd: 21 fM häkeln.
10. Rd: *5 fM, 1 M abn*, von * bis * noch 2x wdh [18].

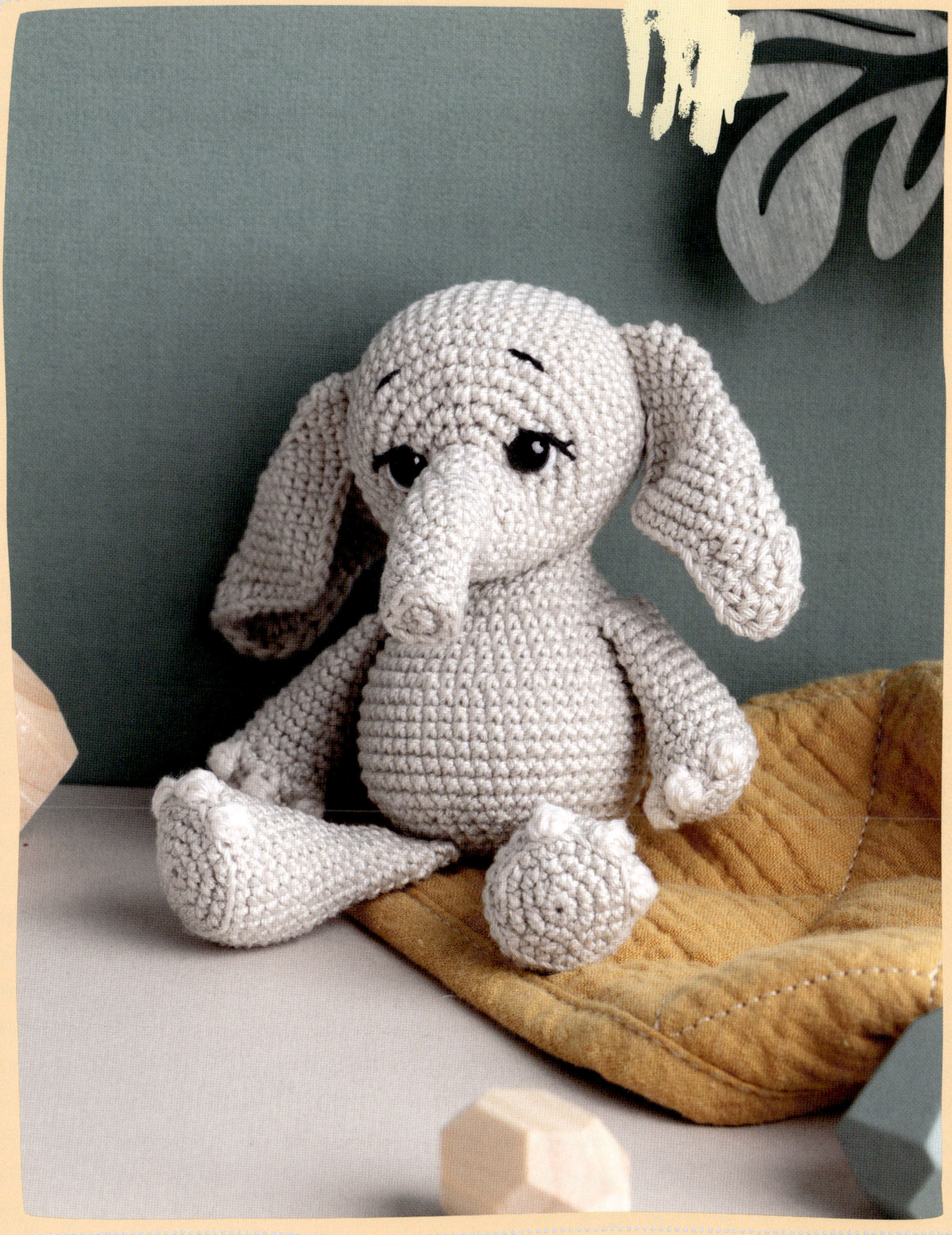

11. Rd: 18 fM häkeln.
12. Rd: *2 fM, 1 M abn, 2 fM*, von * bis * noch 2x wdh [15].
13.–14. Rd: 15 fM häkeln.
15. Rd: *3 fM, 1 M abn*, von * bis * noch 2x wdh [12].
16.–19. Rd: 12 fM häkeln.
Stopfe das untere Drittel mit Füllwatte aus.
20. Rd: *1 fM, 1 M abn, 1 fM*, von * bis * noch 2x wdh [9].
21. Rd: 9 fM häkeln.
22. R: 1 Lm, gegenüberliegende Seiten mit 4 fM zusammenhäkeln.
Faden abschneiden.

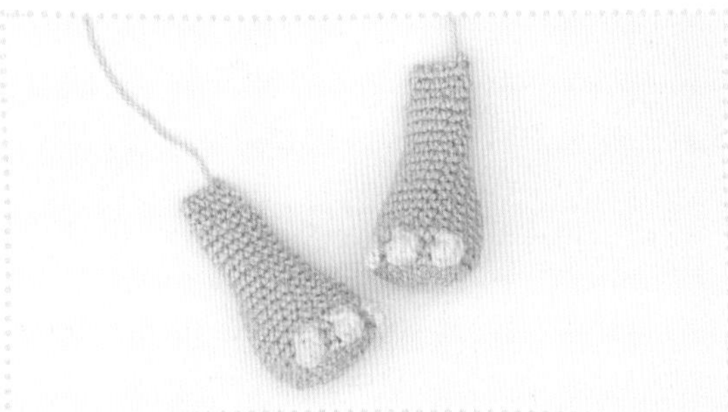

Arme (2x, in Champagne und Old Lace)

Beginne mit Champagne.
1. Rd: 6 fM in einen Fadenring.
2. Rd: 6x 1 M zun [12].
3. Rd: *1 fM, 1 M zun*, von * bis * noch 5x wdh [18].
4. Rd: ihM: 4 fM, *Fb-Wechsel zu Old Lace, 1 N aus 3 Stb, Fb-Wechsel zu Champagne, 2 fM*, von * bis * noch 2x wdh, 5 fM [18].
5. Rd: 18 fM häkeln.
6. Rd: 5 fM, 3x 1 M abn, 7 fM [15].
7.–8. Rd: 15 fM häkeln.
9. Rd: *3 fM, 1 M abn*, von * bis * noch 2x wdh [12].
10.–13. Rd: 12 fM häkeln.
Stopfe das untere Drittel mit Füllwatte aus.
14. Rd: *1 fM, 1 M abn, 1 fM*, von * bis * noch 2x wdh [9].
15.–16. Rd: 9 fM häkeln.
17. R: 2 fM, 1 Lm, gegenüberliegende Seiten mit 4 fM zusammenhäkeln.

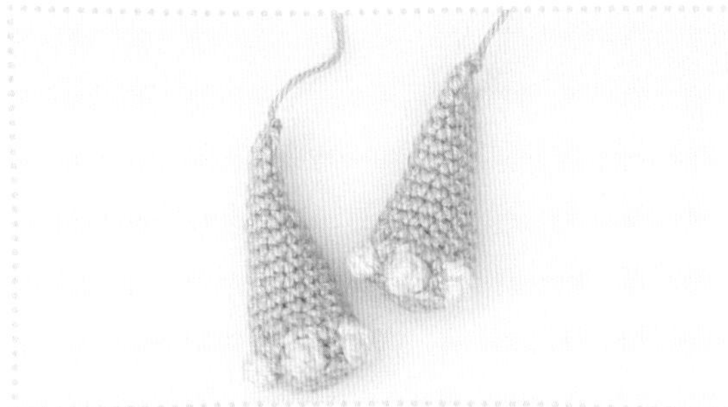

Ohren (2x, in Champagne)

1. Rd: 6 fM in einen Fadenring.
2. Rd: 6x 1 M zun [12].
3. Rd: *2 fM, (1 fM + 1 Lm + 1 fM) in 1 M*, noch 3x wdh [16 + 4 Lm].
Die Zun in den folgenden Rd werden immer in die Lm der Vor-Rd gehäkelt.
4. Rd: *3 fM, 1 fM + 1 Lm + 1 fM in Lm, 1 fM*, von * bis * noch 3x wdh [24 + 4 Lm].
5. Rd: *4 fM, 1 fM + 1 Lm + 1 fM in Lm, 2 fM*, von * bis * noch 3x wdh [32 +4 Lm].
6. Rd: *5 fM, 1 fM + 1 Lm + 1 fM in Lm, 3 fM*, von * bis * noch 3x wdh [40 + 4 Lm].
7. Rd: 6 fM, 1 fM in Lm, 6 fM, 2 hStb, 2 Stb, 2 DStb in Lm, 2 Stb, 2 hStb, 6 fM, 1 fM in Lm, 10 fM, 1 fM in Lm, 4 fM [45].
8. Rd: 13 fM, 4 hStb, 2x 1 Stb zun, 4 hStb, 22 fM [47].
Zähle von deiner aktuellen M aus 10 M zurück und markiere dir diese mit einem MM. Falte das Ohr in der Hälfte der letzten 10 M. So erhältst du die M, die zusammengehäkelt werden. Die 1. fM der 9. R häkelst du durch die markierte M und die letzte M der 8. Rd.
9. R: 1 Lm, wenden, gegenüberliegende M mit 5 fM zusammenhäkeln.
Faden abschneiden.

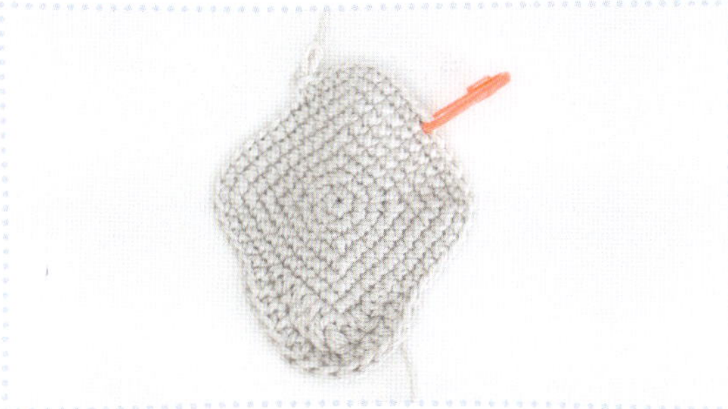

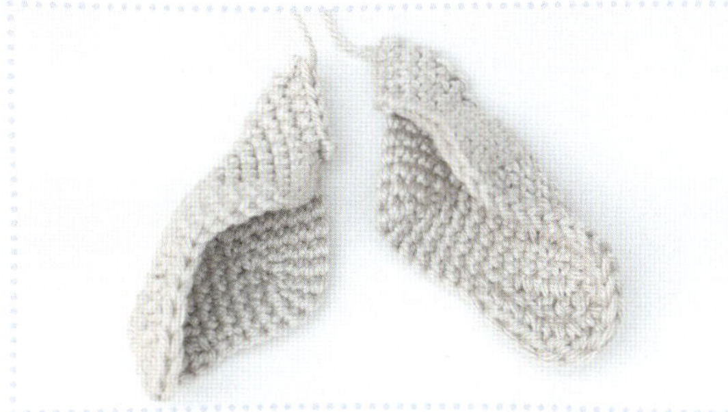

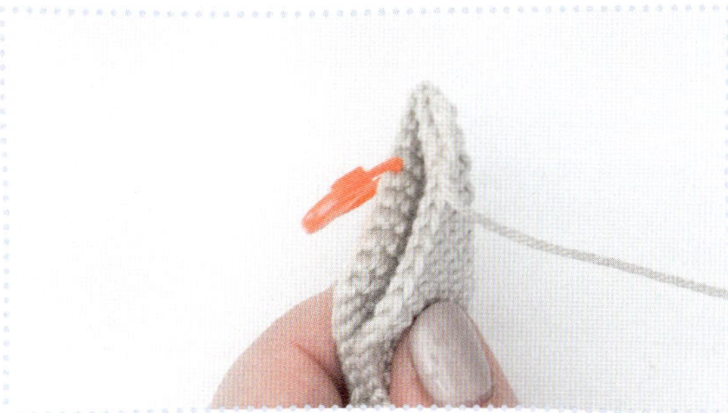

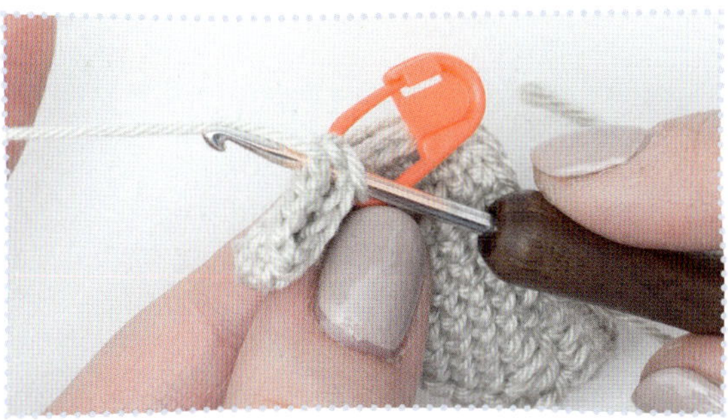

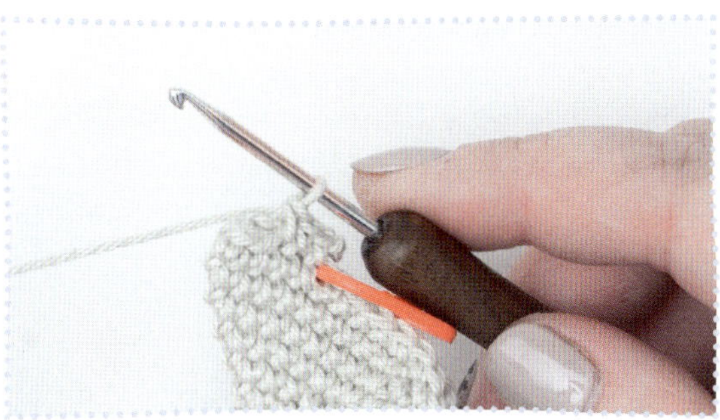

Kopf (in Champagne)

1. Rd: 5 fM in einen Fadenring.
2. Rd: 5x 1 M zun [10].
3. Rd: 10 Km ivM.
4. Rd: 10 fM ihM der Vor-Rd.
5.–7. Rd: 10 fM häkeln.
8. Rd: 4 fM, 2x 1 M zun, 2 fM, 1 M abn [11].
9.–11. Rd: 11 fM häkeln.
12. Rd: 2x 1 M zun, 2 fM, 2x 1 M abn, 3 fM [11].
Im Folgenden werden immer nur einzelne M ihM gehäkelt, die in den folgenden Rd ivM behäkelt werden, damit die Biegung beim Rüssel entsteht. Siehe dazu auch die Erklärung auf Seite 20.
13. Rd: 3fM ihM, 8 fM [11].
14. Rd: 3 fM ivM der Vor-Rd, 8 fM [11].
15. Rd: 4 fM ihM, 7 fM [11].
16. Rd: 4 fM ivM der Vor-Rd, 2fM, 2x 1 M zun, 3 fM [13].
17. Rd: 5 fM ihM, 5 fM, 2x 1 M zun, 1 fM [15].
18. Rd: 15 fM häkeln.
19. Rd: 1 fM ivM der 17. Rd, 3x 1 fM ivM der 17. Rd zun, 1 fM ivM der 17. Rd, 2 fM, 6 fM ihM, 2 fM [18].
20. Rd: 10 fM, 6x 1 M ivM der Vor-Rd zun, 2 fM [24].
21. Rd: 10 fM, *1 fM, 1 M zun*, von * bis * noch 5x wdh, 2 fM [30].
22. Rd: 10 fM, *1 M zun, 2 fM*, von * bis * noch 5x wdh, 2 fM [36].
23. Rd: 10 fM, *3 fM, 1 M zun*, von * bis * noch 5x wdh, 2 fM [42].
24. Rd: 10 fM, *1 M zun, 4 fM*, von * bis * noch 5x wdh, 2 fM [48].

25.–27. Rd: 48 fM häkeln.
In den nächsten Rd bereitest du den Teil vor, von dem aus später der Körper gehäkelt wird.
28. Rd: 1 fM, 9 fM ihM, 38 fM [48].
29. Rd: 1 fM ihM, 9 fM, 1 fM ihM, 37 fM [48].
30. Rd: 1 fM, 9 fM ihM, 38 fM [48].
Setze die Sicherheitsaugen zwischen der 21. und 22. Rd mit einem Abstand von 10 M ein. In der nächsten Rd werden die Ohren eingehäkelt. Hierbei häkelst du insgesamt 7 M ein – die 5 zusammengehäkelten M und 2 direkt davorliegende, die beim Einhäkeln in deine Richtung zeigen.
Hinweis: Wenn du den Kopf von vorne ansiehst, sind die Hinterseiten der Ohren mit 2 M mehr befestigt als die Vorderseiten.
31. Rd: 14 fM, 7 fM mit dem 1. Ohr, 17 fM, 7 fM mit dem 2. Ohr, 3 fM [48].

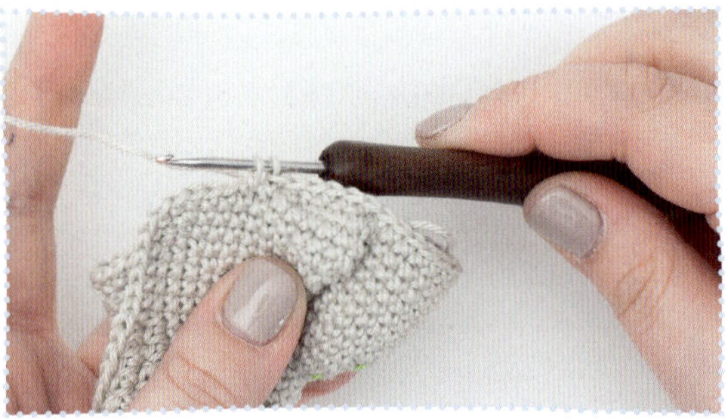

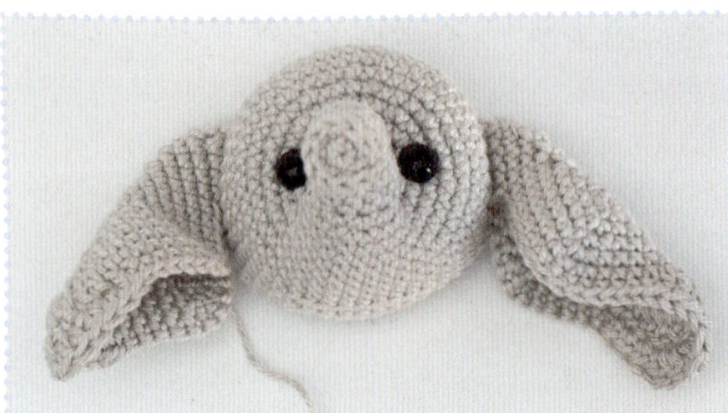

32.–33. Rd: 48 fM häkeln.
34. Rd: *3 fM, 1 M abn, 3 fM*, von * bis * noch 5x wdh [42].
35. Rd: *5 fM, 1 M abn*, von * bis * noch 5x wdh [36].
36. Rd: *2 fM, 1 M abn, 2 fM*, von * bis * noch 5x wdh [30].
Vergiss nicht, den Kopf auszustopfen. Im hinteren Teil des Rüssels am Kopfende muss sich nur ein wenig Füllwatte befinden, der restliche Rüssel muss nicht ausgestopft werden.
37. Rd: *3 fM, 1 M abn*, von * bis * noch 5x wdh [24].
38. Rd: *1 fM, 1 M abn, 1 fM*, von * bis * noch 5x wdh [18].
39. Rd: *1 fM, 1 M abn*, von * bis * noch 5x wdh [12].
40. Rd: 6x 1 M abn [6].
Schneide den Faden ab, ziehe ihn durch die verbliebenen vorderen M-Glieder und vernähe den Restfaden. Vertiefe die Augen.

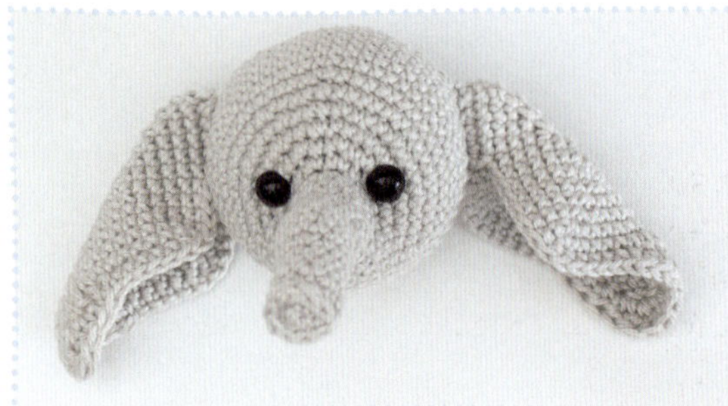

Körper (in Champagne)

Du beginnst an der Mitte des Rückens, den Körper zu häkeln.
Schlage, von rechts gezählt, im 6. vorderen M-Glied der 30. Rd des Kopfes neu an.
1. Rd: 4 fM ivM der 30. Rd des Kopfes, 1 fM ivM der 29. Rd des Kopfes, 9 fM ivM der 28. Rd des Kopfes, 1 fM ivM der 29. Rd des Kopfes, 5 fM ivM der 30. Rd des Kopfes [20].

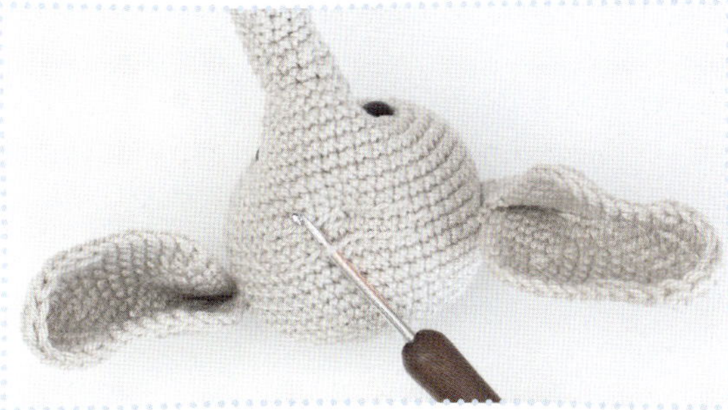

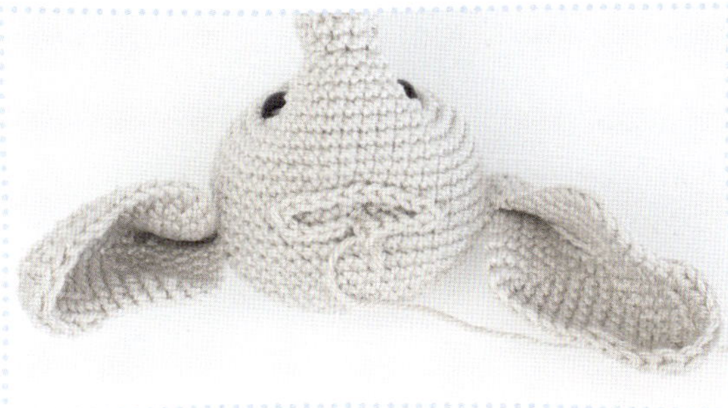

2. Rd: 20 fM häkeln.
3. Rd: *2 fM, 1 M zun, 2 fM*, von * bis * noch 3x wdh [24].
4. Rd: *3 fM, 1 M zun*, von * bis * noch 5x wdh [30].
5. Rd: *2 fM, 1 M zun, 2 fM*, von * bis * noch 5x wdh [36].
In der nächsten Rd werden die Arme kopfüber eingehäkelt.
6. Rd: 7 fM, 4 fM mit dem 1. Arm, 14 fM, 4 fM mit dem 2. Arm, 7 fM [36].
7. Rd: *5 fM, 1 M zun*, von * bis * noch 5x wdh [42].
8.–9. Rd: 42 fM häkeln.
10. Rd: 15 fM, *1 M zun, 1 fM*, von * bis * noch 2x wdh, *1 fM, 1 M zun*, von * bis * noch 2x wdh, 15 fM [48].
11.–17. Rd: 48 fM häkeln.
18. Rd: 15 fM, *1 M abn, 1 fM*, von * bis * noch 2x wdh, *1 fM, 1 M abn*, von * bis * noch 2x wdh, 15 fM [42].
19. Rd: *5 fM, 1 M abn*, von * bis * noch 5x wdh [36].
20. Rd: 1 fM, 8 Lm, ab der 2. M von der Nadel 7 Km zurück, 1 fM, 1 M abn, *4 fM, 1 M abn*, von * bis * noch 4x wdh, 2 fM [30].
In der nächsten Rd werden die Beine kopfüber eingehäkelt.
21. Rd: 10 fM, 4 fM mit dem 1. Bein, 3 fM, 4 fM mit dem 2. Bein, 9 fM [30].

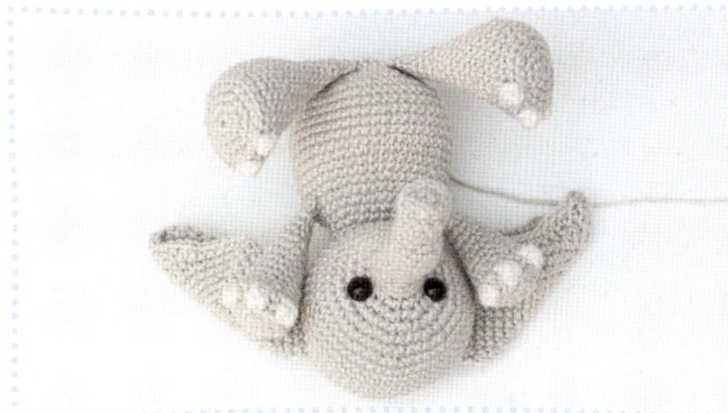

Vergiss nicht, den Körper auszustopfen.
22. Rd: *3 fM, 1 M abn*, von * bis * noch 5x wdh [24].
23. Rd: 12x 1 M abn [12].
24. Rd: 6x 1 M abn [6].
Schneide den Faden ab, ziehe ihn durch die verbliebenen vorderen M-Glieder und vernähe den Restfaden.

Details (in Snow White und Jet Black)

An die Sicherheitsaugen stickst du Augenweiß in Snow White und einen doppelten Wimpernkranz in Jet Black. Sticke die Augenbrauen 3 Rd oberhalb der Augen über 2 M Breite.

TIPP **Für eine dezentere Gestaltung kannst du das Garn in der Hälfte spalten.**

Schwein Nala

Das benötigst du:

Material

- **Scheepjes Catona (100 % Baumwolle, LL 125 m/50 g) in**
  - Marshmallow (Fb 518), 40 g
  - Jet Black (Fb 110), Rest
  - Snow White (Fb 106), Rest
- **Sicherheitsaugen ø 8 mm**
- **Häkelnadel 2,5 mm**
- **Füllwatte**
- **Wollnadel**

Höhe
16 cm

So wird's gemacht:

Es wird, wenn nicht anders angegeben, in Spiral-Rd gehäkelt. Häkle die Arme, Beine und Ohren zuerst, denn diese werden eingehäkelt. Den Faden der Gliedmaßen kannst du direkt vernähen oder im Anschluss im Körper einhäkeln. Denke schon beim Häkeln daran, die Teile nach und nach mit Watte auszustopfen, wenn nicht anders angegeben.

Beine (2x, in Marshmallow)

1. Rd: 6 fM in einen Fadenring.
2. Rd: 6x 1 M zun [12].
3. Rd: *1 fM, 1 M zun*, von * bis * noch 5x wdh [18].
4. Rd: *1 fM, 1 M zun, 1 fM*, von * bis * noch 5x wdh [24].
5. Rd: 24 fM ihM häkeln.
6. Rd: 24 fM häkeln.
7. Rd: *3 fM, 1 M abn, 3 fM*, von * bis * noch 2x wdh [21].
8. Rd: 21 fM häkeln.
9. Rd: *5 fM, 1 M abn*, von * bis * noch 2x wdh [18].
10.–11. Rd: 18 fM häkeln.
12. Rd: *2 fM, 1 M abn, 2 fM*, von * bis * noch 2x wdh [15].
13.–14. Rd: 15 fM häkeln.

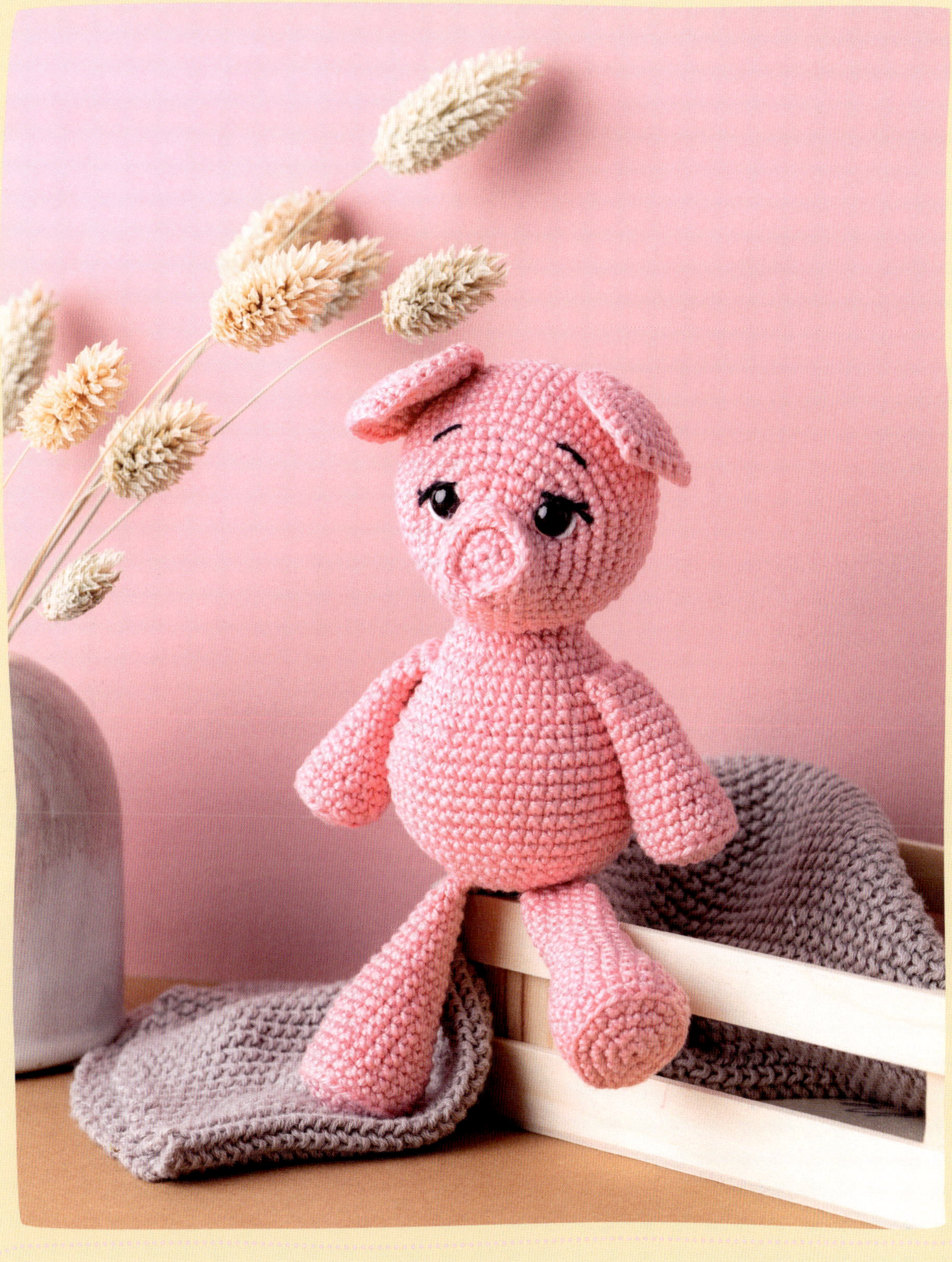

15. Rd: *3 fM, 1 M abn*, von * bis * noch 2x wdh [12].
16.–20. Rd: 12 fM häkeln.
Stopfe das untere Drittel mit Füllwatte aus.
21. Rd: *1 fM, 1 M abn, 1 fM*, von * bis * noch 2x wdh [9].
22. R: 1 Lm, gegenüberliegende Seiten mit 4 fM zusammenhäkeln.
Faden abschneiden.

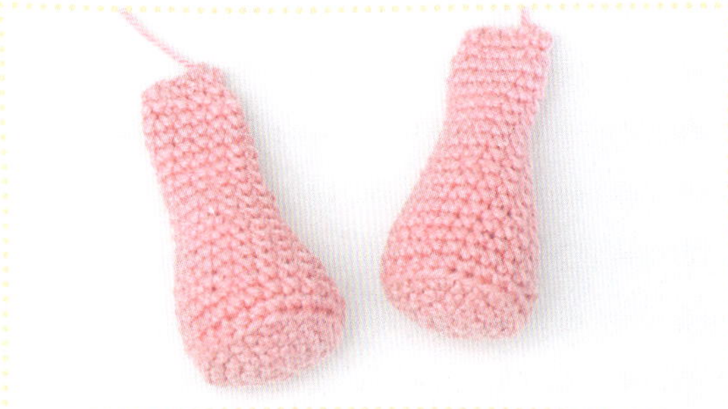

Arme (2x, in Marshmallow)

1. Rd: 6 fM in einen Fadenring.
2. Rd: 6x 1 M zun [12].
3. Rd: *1 fM, 1 M zun*, von * bis * noch 5x wdh [18].
4. Rd: 18 fM ihM häkeln.
5. Rd: 18 fM häkeln.
6. Rd: *2 fM, 1 M abn, 2 fM*, von * bis * noch 2x wdh [15].
7.–8. Rd: 15 fM häkeln.
9. Rd: *3 fM, 1 M abn*, von * bis * noch 2x wdh [12].
10.–13. Rd: 12 fM häkeln [12].
Stopfe das untere Drittel mit Füllwatte aus.
14. Rd: *1 fM, 1 M abn, 1 fM*, von * bis * noch 2x wdh [9].
15.–16. Rd: 9 fM häkeln.
17. R: 1 Lm, gegenüberliegende Seiten mit 4 fM zusammenhäkeln. Faden abschneiden.

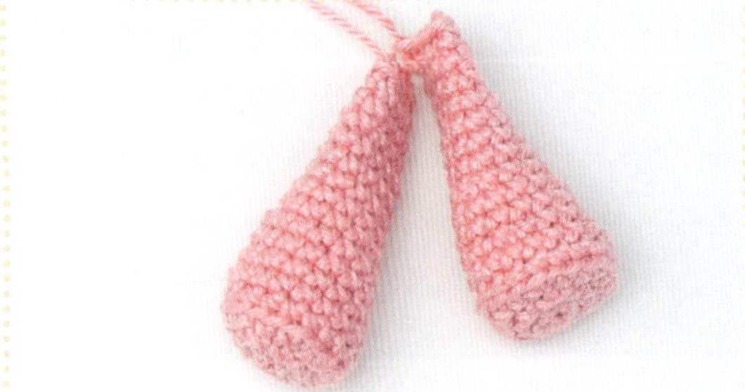

Ohren (2x, in Marshmallow)

Das Ohr besteht aus 2 Teilen, die später zusammengehäkelt werden.
1. Rd: 6 fM in einen Fadenring.
2. Rd: *1 fM, 3 fM in 1 M*, von * bis * noch 2x wdh [12].
3. Rd: 2 fM, *3 fM in 1 M, 3 fM*, von * bis * noch 1x wdh, 3 fM in 1 M, 1 fM [18].
4. Rd: 3 fM, *3 fM in 1 M, 5 fM*, von * bis * noch 1x wdh, 3 fM in 1 M, 2 fM [24].
Faden abschneiden. Rd unsichtbar beenden und den Faden vernähen.
Häkle die 1.–4. Rd erneut, schneide den Faden nicht ab und häkle die Ohren wie folgt zusammen.
5. Rd: 12 fM, (1 fM + 1 Lm + 1 fM) in 1 M, 11 fM [25 + 1 Lm].
Schneide den Faden ab, beende die Rd unsichtbar und vernähe den Faden.

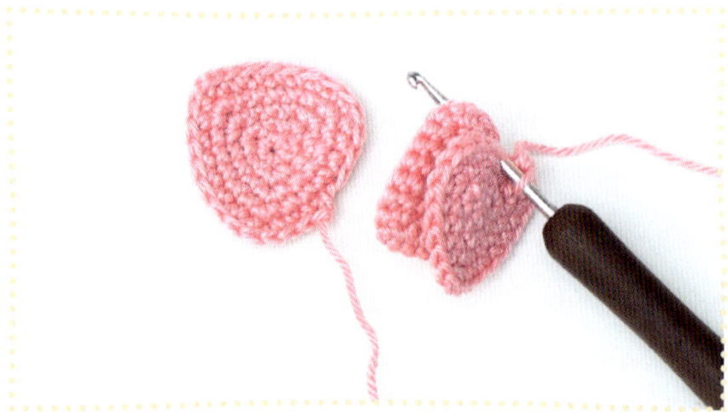

Kopf (in Marshmallow)

1. Rd: 6 fM in einen Fadenring.
2. Rd: *3 fM in 1 M, 1 fM*, von * bis * noch 2x wdh [12].
3. Rd: *1 fM, 3 fM in 1 M, 2 fM*, von * bis * noch 2x wdh [18].
4. Rd: 18 Km ivM.
5. Rd: 18 fM ihM der Vor-Rd.
6. Rd: 5 fM, 3x 1 M zun, 1 fM, 3x 1 M zun, 6 fM [24].
7. Rd: 5 fM, *1 fM, 1 M zun*, von * bis * noch 2x wdh, 1 fM, *1 M zun, 1 fM*, von * bis * noch 2x wdh, 6 fM [30].
8. Rd: 5 fM, *1 M zun, 2 fM*, von * bis * noch 2x wdh, 1 fM, *2 fM, 1 M zun*, von * bis * noch 2x wdh, 6 fM [36].

9. Rd: 6 fM, *3 fM, 1 M zun*, von * bis * noch 5x wdh, 6 fM [42].
10. Rd: 6 fM, *1 M zun, 4 fM*, von * bis * noch 5x wdh, 6 fM [48].
11.–13. Rd: 48 fM häkeln.
In den nächsten Rd bereitest du den Teil vor, von dem aus später der Körper gehäkelt wird.
14. Rd: 45 fM, 3 fM ihM [48].
15. Rd: 5 fM ihM, 39 fM, 1 fM ihM, 3 fM [48].
16. Rd: 5 fM, 1 fM ihM, 39 fM, 3 fM ihM [48].
In der nächsten Rd werden die Ohren eingehäkelt.
17. Rd: 5 fM ihM, 10 fM, 7 fM mit dem 1. Ohr, 7 fM, 7 fM mit dem 2. Ohr, 12 fM [48].
18.–19. Rd: 48 fM häkeln.
Setze die Sicherheitsaugen zwischen der 7. und 8. Rd mit einem Abstand von 9 M ein.

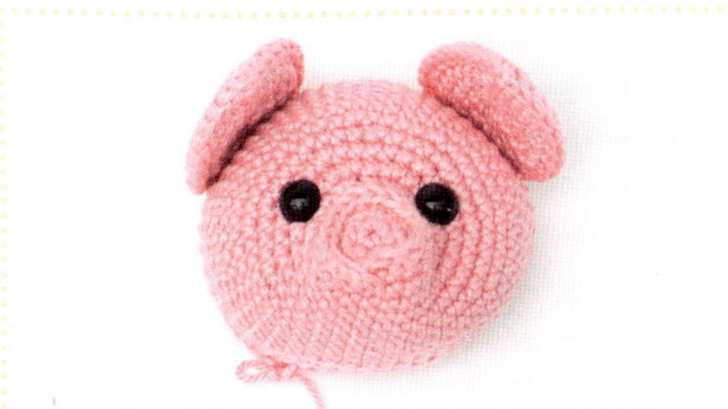

20. Rd: *3 fM, 1 M abn, 3 fM*, von * bis * noch 5x wdh [42].
21. Rd: *5 fM, 1 M abn*, von * bis * noch 5x wdh [36].
22. Rd: *2 fM, 1 M abn, 2 fM*, von * bis * noch 5x wdh [30].
23. Rd: *3 fM, 1 M abn*, von * bis * noch 5x wdh [24].
Vergiss nicht, den Kopf mit Füllwatte auszustopfen.
24. Rd: *1 fM, 1 M abn, 1 fM*, von * bis * noch 5x wdh [18].
25. Rd: *1 fM, 1 M abn*, von * bis 5x wdh [12].
26. Rd: 6x 1 M abn [6].
Schneide den Faden ab, ziehe ihn durch die verbliebenen vorderen M-Glieder und vernähe den Restfaden. Vertiefe die Augen.

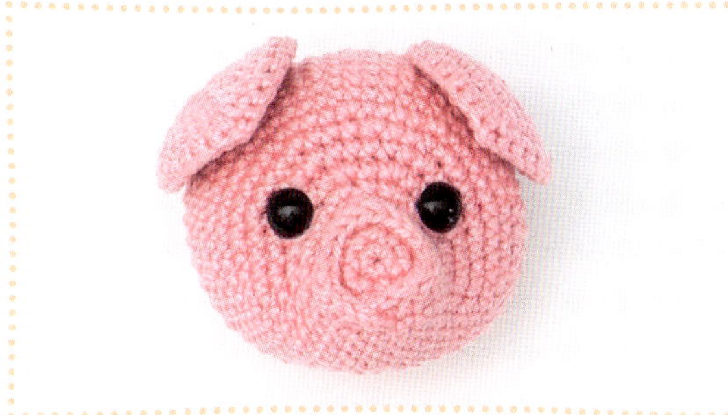

Körper (in Marshmallow)

Du beginnst an der Mitte des Rückens, den Körper zu häkeln.
Schlage im 5. vorderen M-Glied (von rechts gezählt) der 17. Rd des Kopfes neu an.
1. Rd: 4 fM ivM der 16. und 17. Rd des Kopfes, 1 fM ivM der 15. Rd des Kopfes, 8 fM ivM der 14. und 15. Rd des Kopfes, 1 fM ivM der 16. Rd des Kopfes, 4 fM ivM der 17. Rd des Kopfes [18].

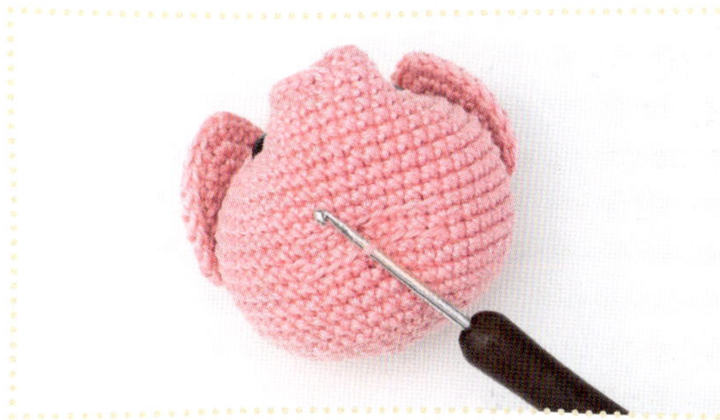

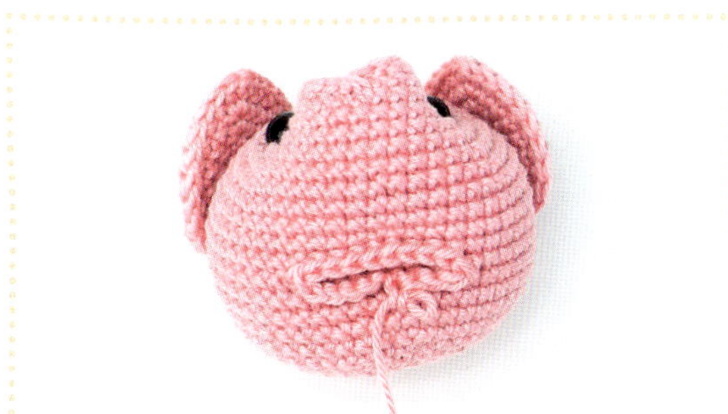

2. Rd: 18 fM häkeln.
3. Rd: *1 fM, 1 M zun, 1 fM*, von * bis * noch 5x wdh [24].

4. Rd: *3 fM, 1 M zun*, von * bis * noch 5x wdh [30].
5. Rd: *2 fM, 1 M zun, 2 fM*, von * bis * noch 5x wdh [36].
In der nächsten Rd werden die Arme kopfüber eingehäkelt.
6. Rd: 7 fM, 4 fM mit dem 1. Arm, 14 fM, 4 fM mit dem 2. Arm, 7 fM [36].
7. Rd: *5 fM, 1 M zun*, von * bis * noch 5x wdh [42].

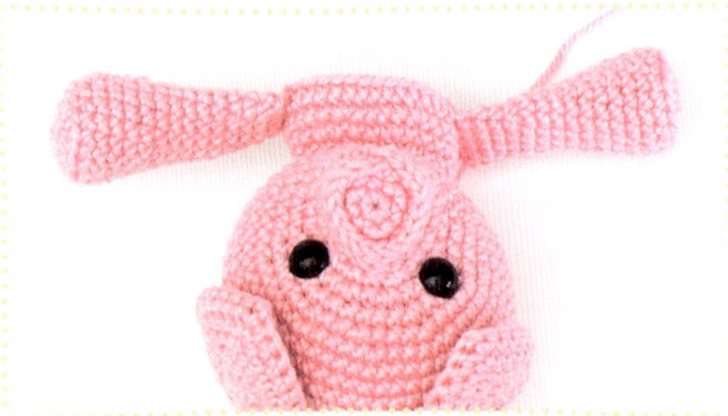

8.–9. Rd: 42 fM häkeln.
10. Rd: 12 fM, *1 fM, 1 M zun, 1 fM*, von * bis * noch 5x wdh, 12 fM [48].
11.–17. Rd: 48 fM häkeln.
18. Rd: *3 fM, 1 M abn, 3 fM*, von * bis * noch 5x wdh [42].
19. Rd: *5 fM, 1 M abn*, von * bis * noch 5x wdh [36].
20. Rd: *2 fM, 1 M abn, 2 fM*, von * bis * noch 5x wdh [30].
21. Rd: *3 fM, 1 M abn*, von * bis * noch 5x wdh [24].
In der nächsten Rd wird der Schwanz gehäkelt, und die Beine werden kopfüber eingehäkelt.
Vergiss nicht, den Körper auszustopfen.
22. Rd: 1 fM, 10 Lm, ab der 2. M von der Nadel 9x 1 M zun, 7 fM, 4 fM mit dem 1. Bein, 4 fM, 4 fM mit dem 2. Bein, 4 fM.

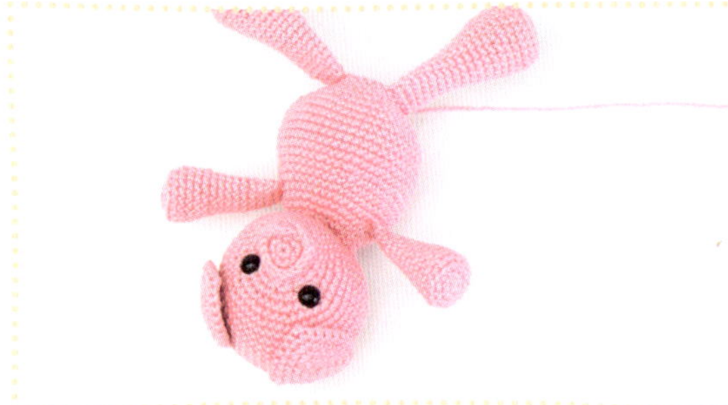

23. Rd: 12x 1 M abn [12].
24. Rd: 6x 1 M abn [6].
Schneide den Faden ab, ziehe ihn durch die verbliebenen vorderen M-Glieder und vernähe den Restfaden.

Details (in Snow White und Jet Black)

An die Sicherheitsaugen stickst du Augenweiß in Snow White und einen doppelten Wimpernkranz in Jet Black. Sticke die Augenbrauen 3 Rd oberhalb der Augen über 2 M Breite.

TIPP **Für eine dezentere Gestaltung kannst du das Garn in der Hälfte spalten.**

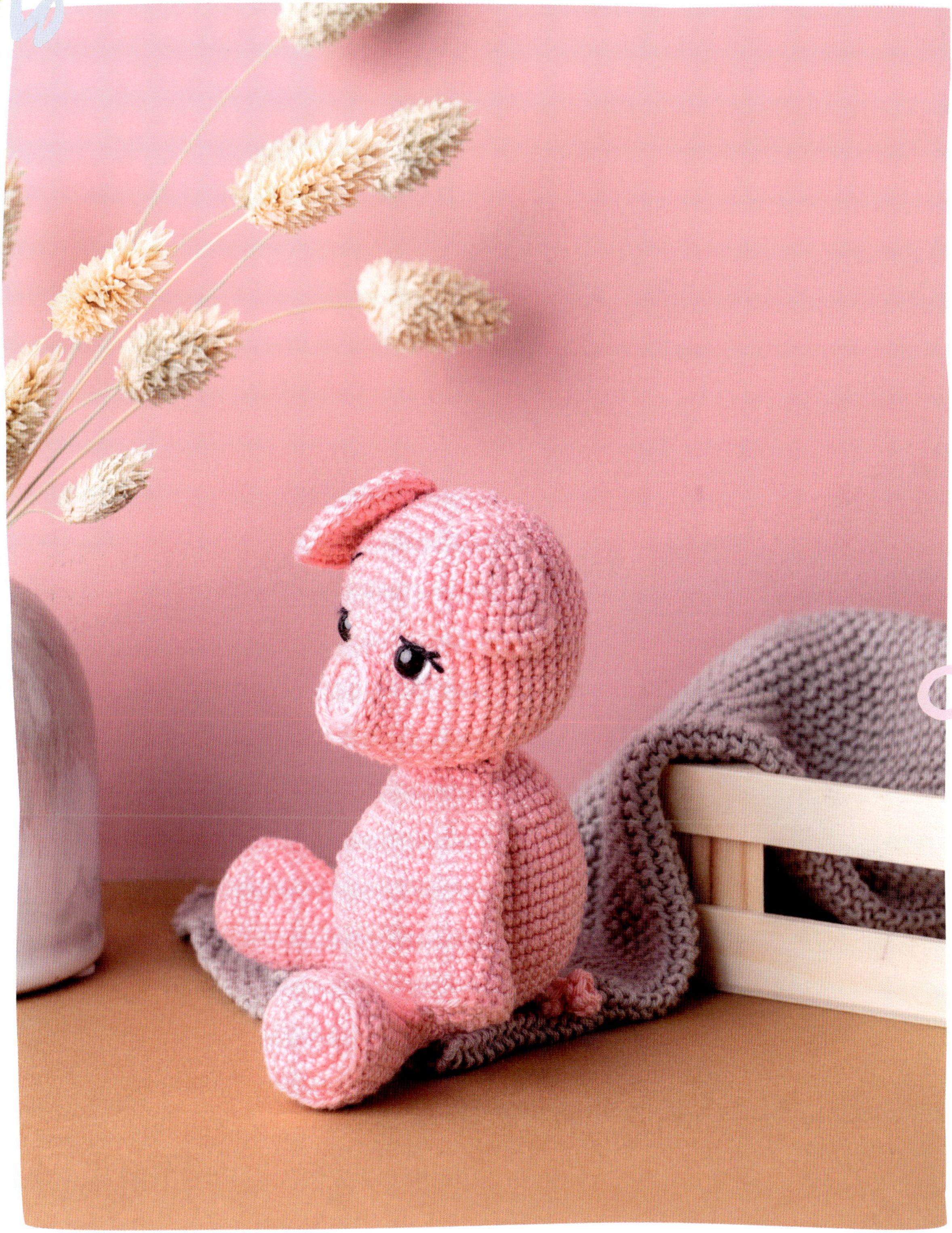

Schaf Fanni

Das benötigst du:

Material

- **Scheepjes Catona (100 % Baumwolle, LL 125 m/50 g) in**
  - Soft Beige (Fb 406), 25 g
  - Bridal White (Fb 105), 40 g
  - Jet Black (Fb 110), Rest
  - Snow White (Fb 106), Rest
- **Sicherheitsaugen ø 8 mm**
- **Häkelnadel 2,5 mm**
- **Füllwatte**
- **Wollnadel**

Höhe
18 cm

So wird's gemacht:

Es wird, wenn nicht anders angegeben, in Spiral-Rd gehäkelt. Häkle die Arme, Beine und Ohren zuerst, denn diese werden eingehäkelt. Den Faden der Gliedmaßen kannst du direkt vernähen oder im Anschluss im Körper einhäkeln. Denke schon beim Häkeln daran, die Teile nach und nach mit Watte auszustopfen, wenn nicht anders angegeben.

Beine (2x, in Soft Beige)

1. Rd: 6 fM in einen Fadenring [6].
2. Rd: 6x 1 M zun [12].
3. Rd: *1 fM, 1 M zun*, von * bis * noch 5x wdh [18].
4. Rd: *1 fM, 1 M zun, 1 fM*, von * bis * noch 5x wdh [24].
5. Rd: 24 fM ihM häkeln.
6. Rd: 24 fM häkeln.
7. Rd: 7 fM, 3x 1 M abn, 11 fM [21].
8. Rd: *5 fM, 1 M abn*, von * bis * noch 2x wdh [18].
9. Rd: *2 fM, 1 M abn, 2 fM*, von * bis * noch 2x wdh [15].
10.–11. Rd: 15 fM häkeln.
12. Rd: *3 fM, 1 M abn*, von * bis * noch 2x wdh [12].
13.–16. Rd: 12 fM häkeln.
Stopfe das untere Drittel mit Füllwatte aus.

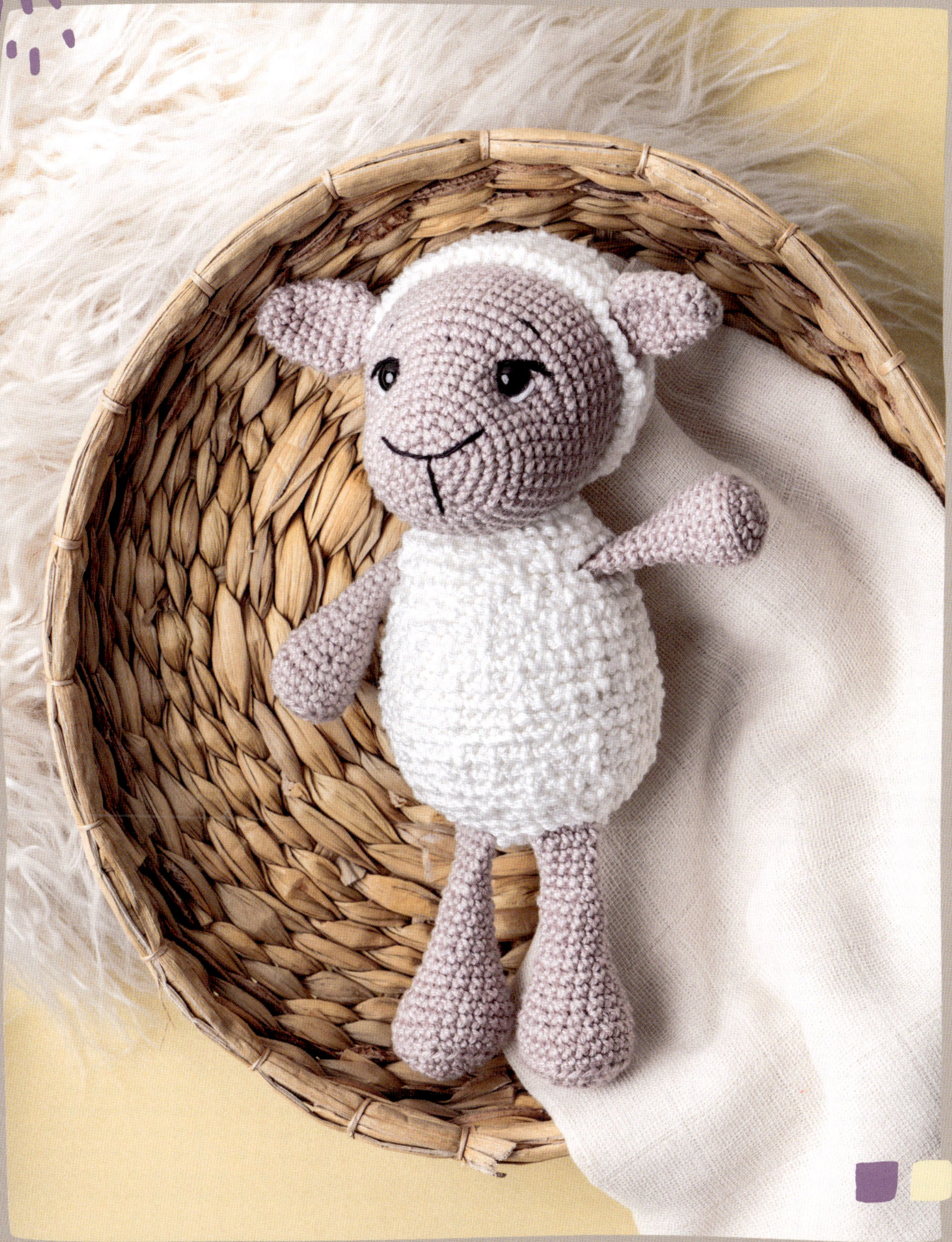

17. Rd: *1 fM, 1 M abn, 1 fM*, von * bis * noch 2x wdh [9].
18.–21. Rd: 9 fM häkeln.
22. R: 1 Lm, gegenüberliegende Seiten mit 4 fM zusammenhäkeln.
Faden abschneiden.

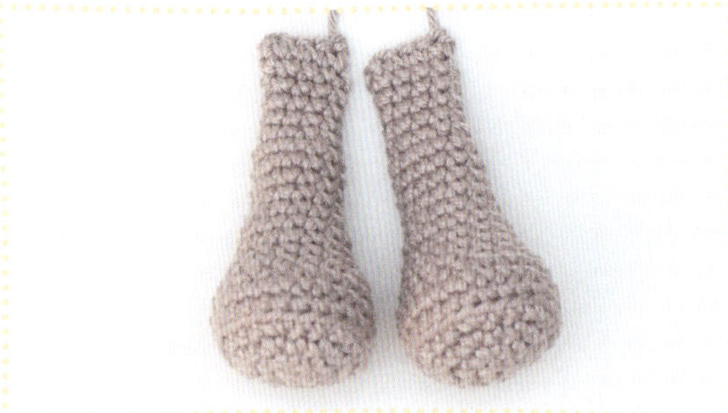

Arme (2x, in Soft Beige)

1. Rd: 6 fM in einen Fadenring.
2. Rd: 6x 1 M zun [12].
3. Rd: *1 fM, 1 M zun*, von * bis * noch 5x wdh [18].
4. Rd: 18 fM ihM häkeln.
5. Rd: 18 fM häkeln.
6. Rd: 4 fM, 3x 1 M abn, 8 fM [15].
7. Rd: *3 fM, 1 M abn*, von * bis * noch 2x wdh [12].
8.–9. Rd: 12 fM häkeln.
Stopfe das untere Drittel mit Füllwatte aus.
10. Rd: *1 fM, 1 M abn, 1 fM*, von * bis * noch 2x wdh [9].
11.–16. Rd: 9 fM häkeln.
17. R: 1 fM, 1 Lm, gegenüberliegende Seiten mit 4 fM zusammenhäkeln.
Faden abschneiden.

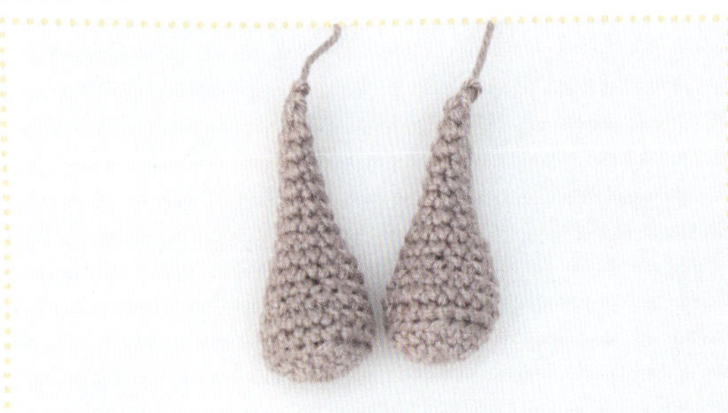

Ohren (2x, in Soft Beige)

1. Rd: 6 fM in einen Fadenring [6].
2. Rd: *1 fM, 1 M zun*, von * bis * noch 2x wdh [9].
3. Rd: 9 fM häkeln.
4. Rd: *1 fM, 1 M zun, 1 fM*, von * bis * noch 2x wdh [12].
5.–6. Rd: 12 fM häkeln.
7. Rd: *1 fM, 1 M zun, 1 fM*, von * bis * noch 3x wdh [16].
8. Rd: 16 fM häkeln.
9. Rd: 8x 1 M abn [8].
10. Rd: *1 fM, 1 M abn, 1 fM*, von * bis * noch 1x wdh [6].
11. R: 1 Lm, gegenüberliegende Seiten mit 3 fM zusammenhäkeln.
Faden abschneiden.

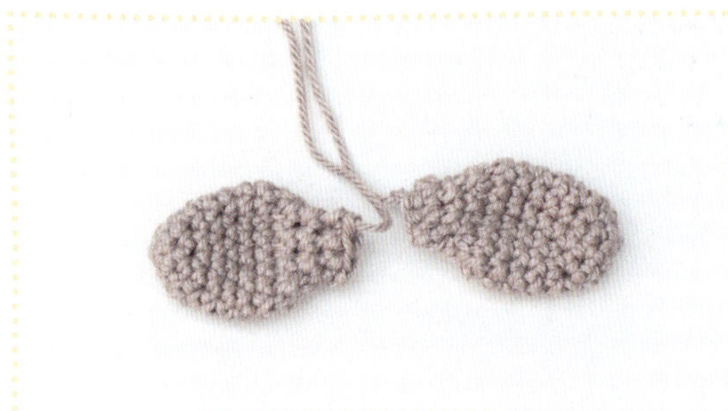

Kopf (in Soft Beige und Bridal White)

Beginne mit Soft Beige.
1. Rd: 6 fM in einen Fadenring.
2. Rd: 6x 1 M zun [12].
3. Rd: *1 fM, 1 M zun*, von * bis * noch 5x wdh [18].
4. Rd: *1 fM, 1 M zun, 1 fM*, von * bis * noch 5x wdh [24].
5. Rd: *3 fM, 1 M zun*, von * bis * noch 5x wdh [30].
6. Rd: 30 fM häkeln.
7. Rd: *2 fM, 1 M zun, 2 fM*, von * bis * noch 5x wdh [36].
8.–9. Rd: 36 fM häkeln.

10. Rd: 10 fM, 4x 1 M zun, 22 fM [40].
11. Rd: 8 fM, 2x 1 M zun, 8 fM, 2x 1 M zun, 20 fM [44].
12. Rd: 6 fM, 2x 1 M zun, 16 fM, 2x 1 M zun, 18 fM [48].
13.–15. Rd: 48 fM häkeln.
In den nächsten Rd bereitest du den Teil vor, von dem aus später der Körper gehäkelt wird.
16. Rd: 39 fM, 8 fM ihM, 1 fM [48].
17. Rd: 38 fM, 1 fM ihM, 8 fM, 1 fM ihM [48].
18. Rd: 39 fM, 8 fM ihM, 1 fM [48].
Fb-Wechsel zu Bridal White.
19. Rd: 48 fM häkeln.
Setze die Sicherheitsaugen zwischen der 10. und 11. Rd mit einem Abstand von 10 M ein.
In der nächsten Rd werden die Ohren eingehäkelt. Ab der folgenden Rd wird nur in die hinteren M-Glieder gehäkelt, auch beim Einhäkeln.
20. Rd: ihM: 7 fM, 3 fM mit dem 1. Ohr, 18 fM, 3 fM mit dem 2. Ohr, 17 fM [48].
21.–22. Rd: 48 fM ihM häkeln.

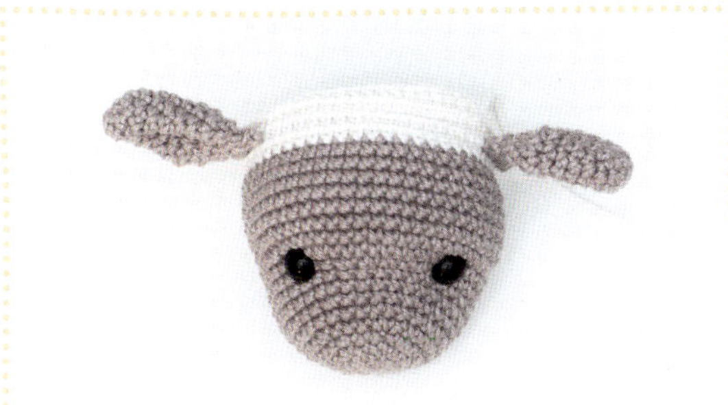

23. Rd: ihM: *3 fM, 1 M abn, 3 fM*, von * bis * noch 5x wdh [42].
24. Rd: ihM: *5 fM, 1 M abn*, von * bis * noch 5x wdh [36].
25. Rd: ihM: *2 fM, 1 M abn, 2 fM*, von * bis * noch 5x wdh [30].
26. Rd: ihM: *3 fM, 1 M abn*, von * bis * noch 5x wdh [24].
Vergiss nicht, den Kopf auszustopfen.
27. Rd: ihM: *1 fM, 1 M abn, 1 fM*, von * bis * noch 5x wdh [18].
28. Rd: ihM: *1 fM, 1 M abn*, von * bis * noch 5x wdh [12].
29. Rd: ihM: 6x 1 M abn [6].
Schneide den Faden ab, ziehe ihn durch die verbliebenen vorderen M-Glieder und vernähe den Restfaden. Vertiefe die Augen.

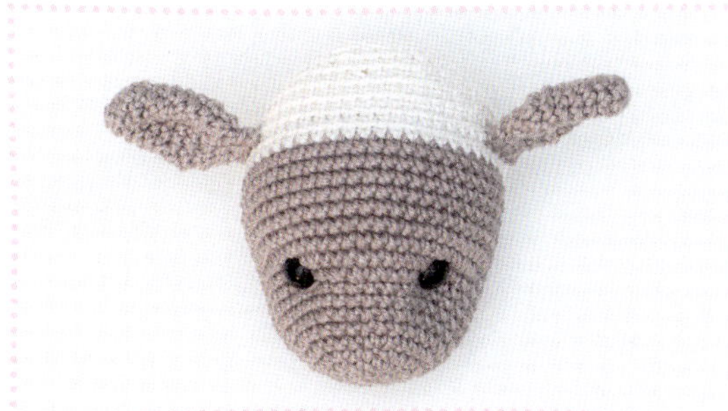

Fell am Kopf (in Bridal White)

Schlage am 1. weißen vorderen M-Glied neu an und häkle 1 Km. Wdh die Abfolge von 2 Lm und 1 Km, bis alle vorderen M-Glieder behäkelt sind. Ende mit 1 Km. Schneide den Faden ab und vernähe Anfangs- und Endfaden.

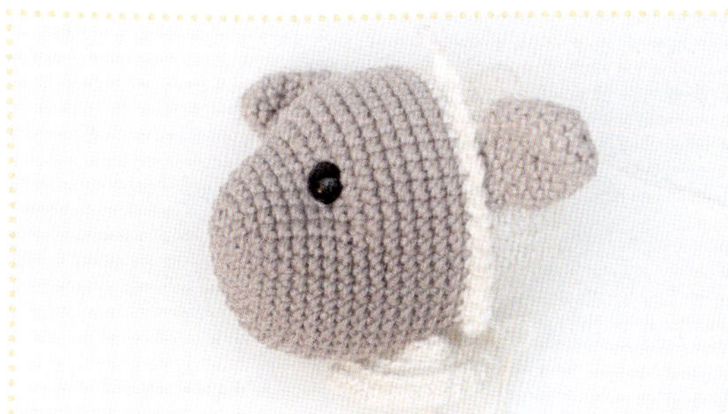

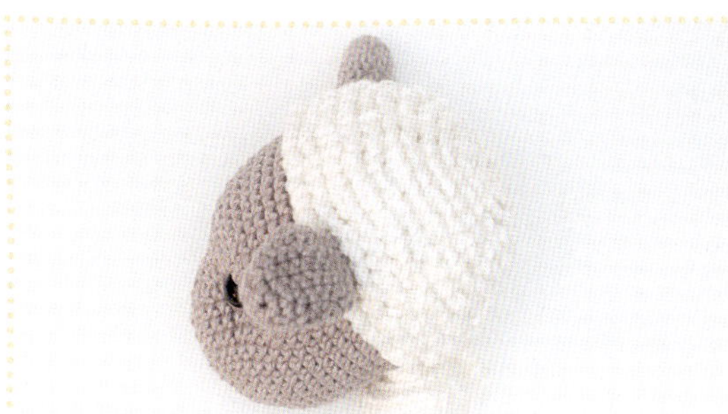

Körper (in Bridal White)

Du beginnst an der Mitte des Rückens, den Körper zu häkeln.
Schlage im von rechts gezählten 5. vorderen M-Glied der 18. Rd des Kopfes neu an.
1. Rd: 4 fM ivM der 18. Rd des Kopfes, 1 fM ivM der 17. Rd des Kopfes, 8 fM ivM der 16. Rd des Kopfes, 1 fM ivM der 17. Rd des Kopfes, 4 fM ivM der 18. Rd des Kopfes [18].

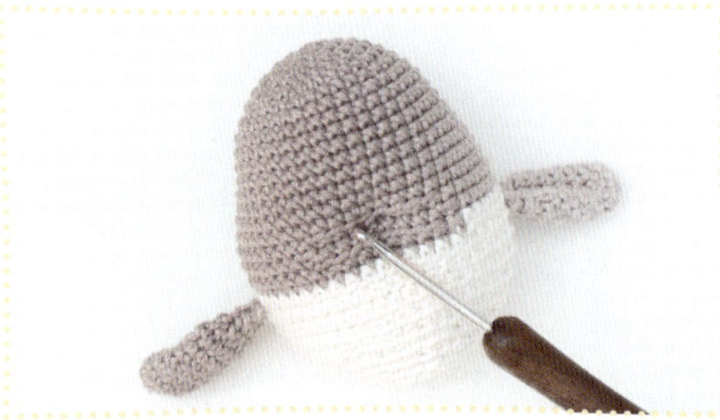

2. Rd: 18 fM häkeln.
Ab der folgenden Rd wird nur ihM gehäkelt, auch beim Einhäkeln.
3. Rd: ihM: *1 fM, 1 M zun, 1 fM*, von * bis * noch 5x wdh [24].
4. Rd: ihM: *3 fM, 1 M zun*, von * bis * noch 5x wdh [30].
5. Rd: ihM: *2 fM, 1 M zun, 2 fM*, von * bis * noch 5x wdh [36].
In der nächsten Rd werden die Arme kopfüber eingehäkelt.
6. Rd: ihM: 7 fM, 4 fM mit dem 1. Arm, 14 fM, 4 fM mit dem 2. Arm, 7 fM [36].

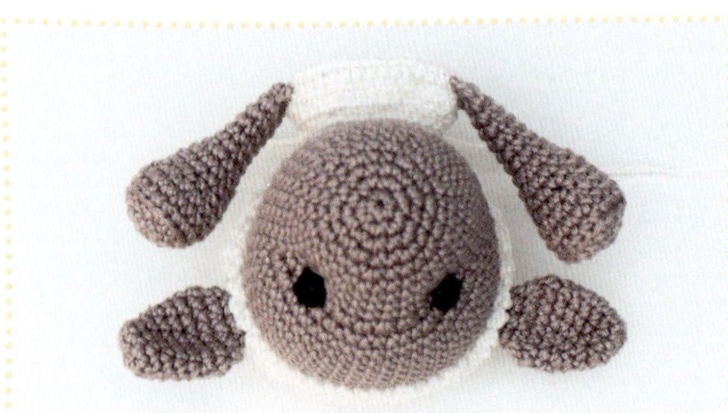

7. Rd: ihM: *5 fM, 1 M zun*, von * bis * noch 5x wdh [42].
8.–9. Rd: 42 fM ihM häkeln.
10. Rd: ihM: *3 fM, 1 M zun, 3 fM*, von * bis * noch 5x wdh [48].
11.–17. Rd: 48 fM ihM.
18. Rd: ihM: *3 fM, 1 M abn, 3 fM*, von * bis * noch 5x wdh [42].
19. Rd: ihM: *5 fM, 1 M abn*, von * bis * noch 5x wdh [36].
20. Rd: ihM: *2 fM, 1 M abn, 2 fM*, von * bis * noch 5x wdh [30].
21. Rd: ihM: *3 fM, 1 M abn*, von * bis * noch 5x wdh [24].
In der nächsten Rd werden die Beine kopfüber eingehäkelt. Vergiss nicht, den Körper mit Füllwatte auszustopfen.
22. Rd: ihM: 7 fM, 4 fM mit dem 1. Bein, 3 fM, 4 fM mit dem 2. Bein, 6 fM [24].

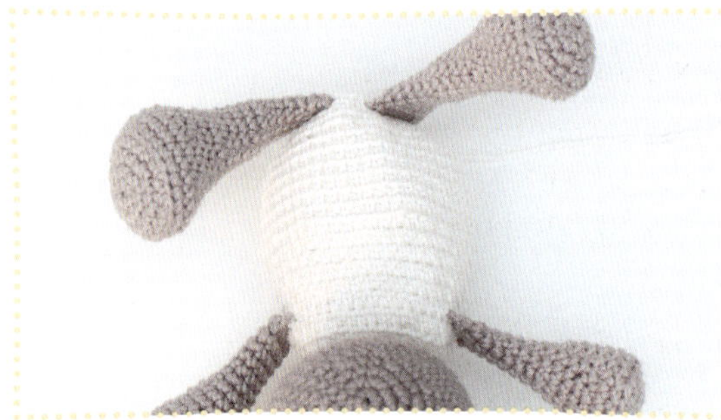

23. Rd: ihM: 12x 1 M abn [12].
24. Rd: ihM: 6x 1 M abn [6].
Schneide den Faden ab, ziehe ihn durch die verbliebenen hinteren M-Glieder und vernähe den Restfaden.

Fell am Körper (in Bridal White)

Schlage am 1. vorderen M-Glied vom Körper neu an und häkle 1 Km. Wdh die Abfolge von 2 Lm und 1 Km, bis alle vorderen M-Glieder behäkelt sind. Ende mit 1 Km. In den 4 vorderen M-Gliedern direkt unter den Armen häkelst du nur Km. Schneide den Faden ab und vernähe Anfangs- und Endfaden.

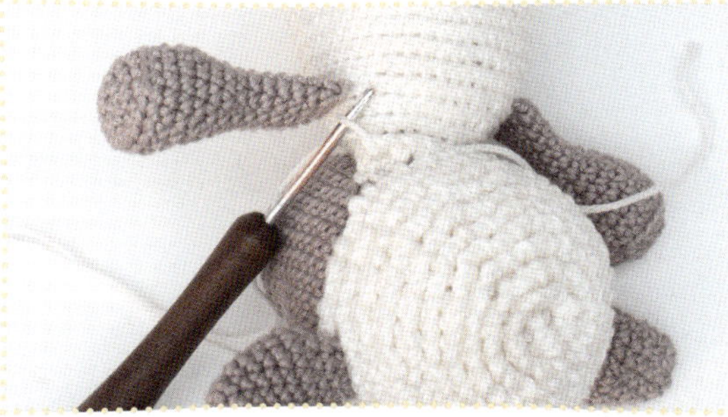

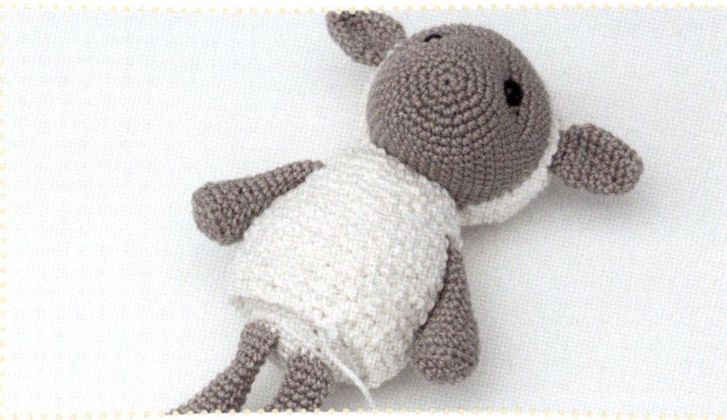

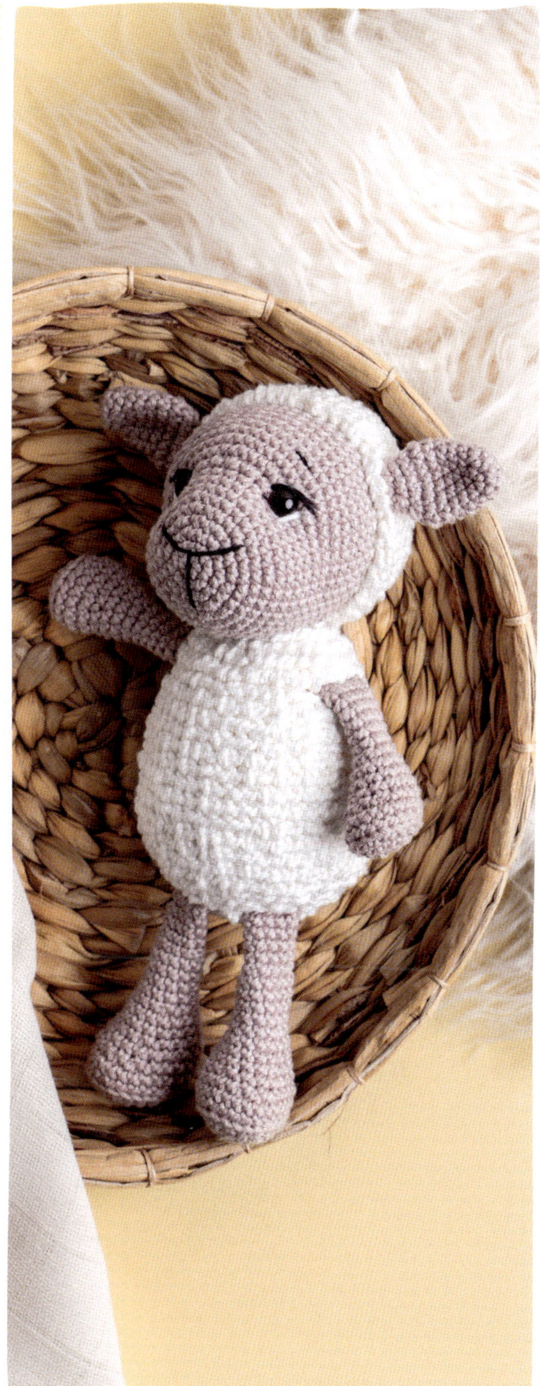

Details (in Snow White und Jet Black)

An die Sicherheitsaugen stickst du Augenweiß in Snow White und einen doppelten Wimpernkranz in Jet Black. Sticke die Augenbrauen 3 Rd oberhalb der Augen über 2 M Breite.

TIPP **Für eine dezentere Gestaltung kannst du das Garn in der Hälfte spalten.**

Die Nase stickst du in Jet Black als ein breites Y bis über die 5. Rd.

Pferd Dana

Das benötigst du:

Material

- **Scheepjes Catona (100 % Baumwolle, LL 125 m/50 g) in**
  - Hazelnut (Fb 503), 40 g
  - Moon Rock (Fb 254), 10 g
  - Jet Black (Fb 110), Rest
  - Snow White (Fb 106), Rest
- **Sicherheitsaugen ø 8 mm**
- **Häkelnadel 2,5 mm**
- **Füllwatte**
- **Wollnadel**
- **Stecknadeln**

Höhe
18 cm

So wird's gemacht:

Es wird, wenn nicht anders angegeben, in Spiral-Rd gehäkelt. Häkle die Arme, Beine und Ohren zuerst, denn diese werden eingehäkelt. Den Faden der Gliedmaßen kannst du direkt vernähen oder im Anschluss im Körper einhäkeln. Denke schon beim Häkeln daran, die Teile nach und nach mit Watte auszustopfen, wenn nicht anders angegeben.

Beine (2x, in Moon Rock und Hazelnut)

Beginne mit Moon Rock.
1. Rd: 6 fM in einen Fadenring.
2. Rd: 6x 1 M zun [12].
3. Rd: *1 fM, 1 M zun, 1 fM*, von * bis * noch 3x wdh [16].
4. Rd: *3 fM, 1 M zun*, von * bis * noch 3x wdh [20].
5. Rd: 20 Km ivM häkeln.
6. Rd: 20 fM ihM der Vor-Rd.
7.–8. Rd: 20 fM häkeln.
Fb-Wechsel zu Hazelnut.
9. Rd: ihM: *4 fM, 1 M abn, 4 fM*, von * bis * noch 1x wdh [18].
10.–11. Rd: 18 fM häkeln.
12. Rd: *7 fM, 1 M abn*, von * bis * noch 1x wdh [16].
13. Rd: 16 fM häkeln.

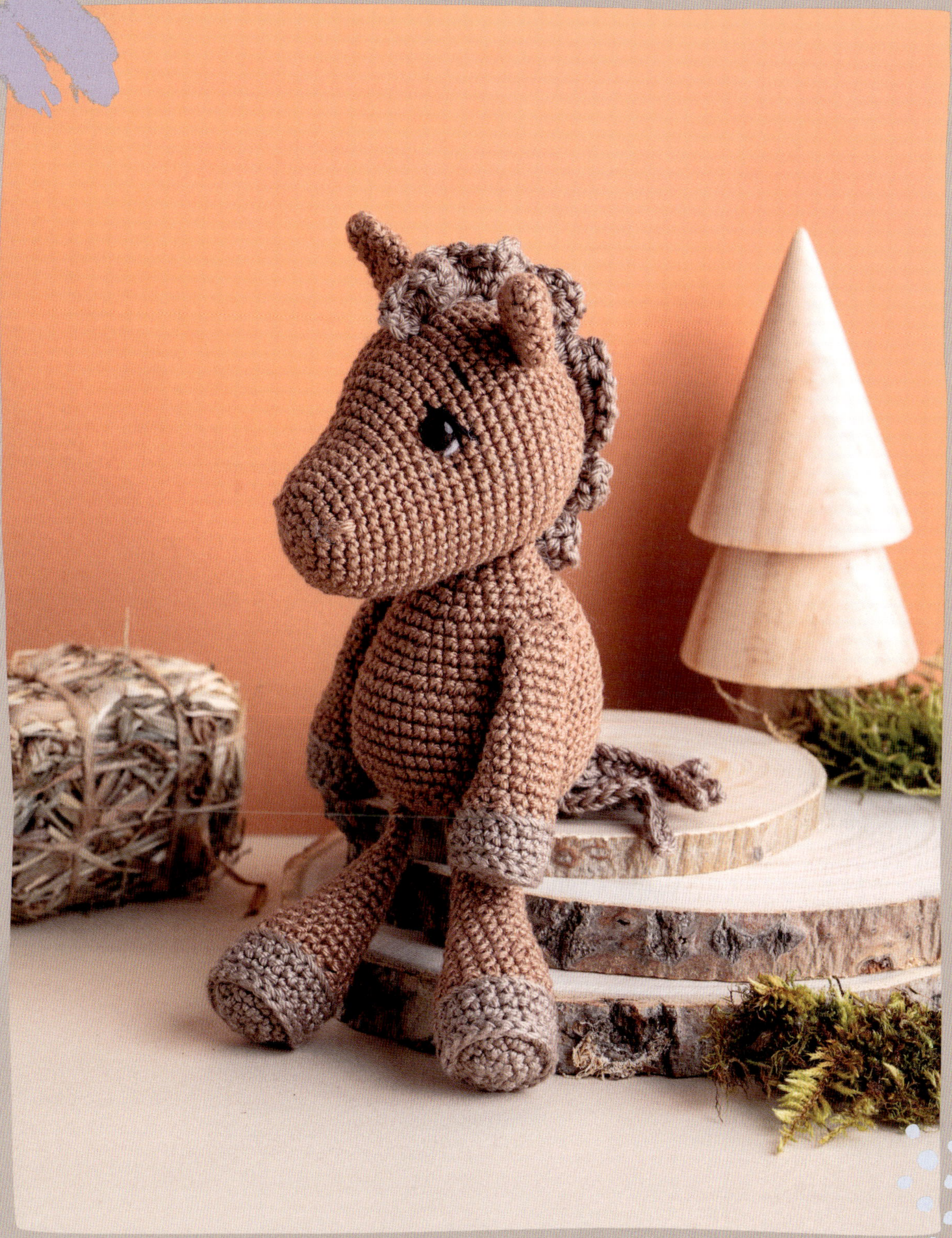

14. Rd: *3 fM, 1 M abn, 3 fM*, von * bis * noch 1x wdh [14].
15.–16. Rd: 14 fM häkeln.
17. Rd: *5 fM, 1 M abn*, von * bis * noch 1x wdh [12].
18.–19. Rd: 12 fM häkeln.
Stopfe das untere Drittel mit Füllwatte aus.
20. Rd: *2 fM, 1 M abn, 2 fM*, von * bis * noch 1x wdh [10].
21.–22. Rd: 10 fM häkeln.
23. Rd: *3 fM, 1 M abn*, von * bis * noch 1x wdh [8].
24. R: 1 Lm, gegenüberliegende Seiten mit 4 fM zusammenhäkeln.
Faden abschneiden.

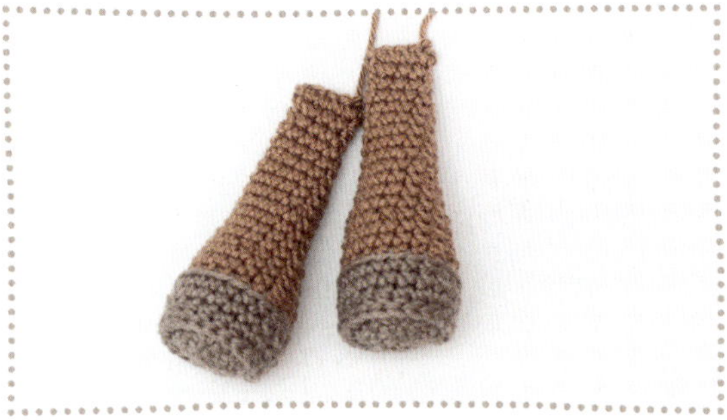

Arme (2x, in Moon Rock und Hazelnut)

Beginne mit Moon Rock.
1. Rd: 6 fM in einen Fadenring.
2. Rd: 6x 1 M zun [12].
3. Rd: *1 fM, 1 M zun, 1 fM*, von * bis * noch 3x wdh [16].
4. Rd: 16 Km ivM häkeln.
5. Rd: 16 fM ihM der Vor-Rd.
6.–7. Rd: 16 fM häkeln.
Fb-Wechsel zu Hazelnut.
8. Rd: ihM: *3 fM, 1 M abn, 3 fM*, von * bis * noch 1x wdh [14].
9.–10. Rd: 14 fM häkeln.
11. Rd: *5 fM, 1 M abn*, von * bis * noch 1x wdh [12].
12.–14. Rd: 12 fM häkeln.
Stopfe das untere Drittel mit Füllwatte aus.
15. Rd: *2 fM, 1 M abn, 2 fM*, von * bis * noch 1x wdh [10].
16.–18. Rd: 10 fM häkeln.
19. Rd: *3 fM, 1 M abn*, von * bis * noch 1x wdh [8].
20. Rd: 8 fM häkeln.
21. R: 1 Lm, gegenüberliegende Seiten mit 4 fM zusammenhäkeln [4].
Faden abschneiden.

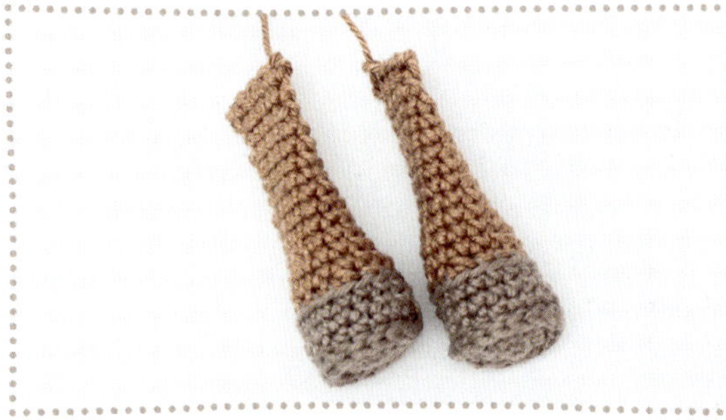

Ohren (2x, in Hazelnut)

1. Rd: 6 fM in einen Fadenring [6].
2. Rd: *1 fM, 1 M zun, 1 fM*, von * bis * noch 1x wdh [8].
3. Rd: 8 fM häkeln.
4. Rd: *3 fM, 1 M zun*, von * bis * noch 1x wdh [10].
5. Rd: *2 fM, 1 M zun, 2 fM*, von * bis * noch 1x wdh [12].
6.–7. Rd: 12 fM häkeln.
8. Rd: 6x 1 M abn [6].
9. R: 1 Lm, gegenüberliegende Seiten mit 3 fM zusammenhäkeln.
Faden abschneiden.

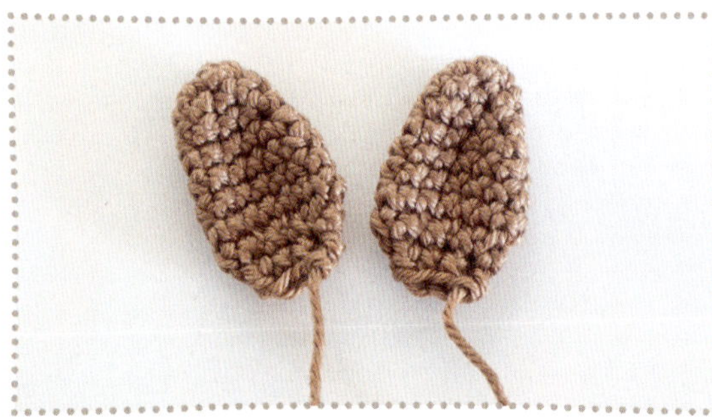

Kopf (in Hazelnut)

1. Rd: 6 fM in einen Fadenring.
2. Rd: 6x 1 M zun [12].
3. Rd: *1 fM, 1 M zun*, von * bis * noch 5x wdh [18].

4. Rd: *1 fM, 1 M zun, 1 fM*, von * bis * noch 5x wdh [24].
5. Rd: 24 fM häkeln.
6. Rd: *7 fM, 1 M zun*, von * bis * noch 2x wdh [27].
7. Rd: 27 fM häkeln.
8. Rd: *4 fM, 1 M zun, 4 fM*, von * bis * noch 2x wdh [30].
9. Rd: 30 fM häkeln.
10. Rd: 6 fM, 3x 1 M zun, 21 fM [33].
11. Rd: 33 fM häkeln.
12. Rd: 6 fM, 1 M zun, 4 fM, 1 M zun, 21 fM [35].
13. Rd: 8 fM, 4x 1 M zun, 23 fM [39].
14. Rd: *6 fM, 1 M zun, 6 fM*, von * bis * noch 2x wdh [42].
15. Rd: 42 fM häkeln.
16. Rd: *3 fM, 1 M zun, 3 fM*, von * bis * noch 5x wdh [48].
17.–18. Rd: 48 fM häkeln.
In den nächsten Rd bereitest du den Teil vor, von dem aus später der Körper gehäkelt wird.
19. Rd: 36 fM, 8 fM ihM, 4 fM [48].
20. Rd: 35 fM, 1 fM ihM, 8 fM, 1 fM ihM, 3 fM [48].
21. Rd: 36 fM, 8 fM ihM, 4 fM [48].
In der nächsten Rd werden die Ohren eingehäkelt.
22. Rd: 9 fM, 3 fM mit dem 1. Ohr, 8 fM, 3 fM mit dem 2. Ohr, 25 fM [48].
23. Rd: 48 fM häkeln.
24. Rd: *3 fM, 1 M abn, 3 fM*, von * bis * noch 5x wdh [42].
Setze die Sicherheitsaugen zwischen der 14. und 15. Rd mit einem Abstand von 12 M ein.

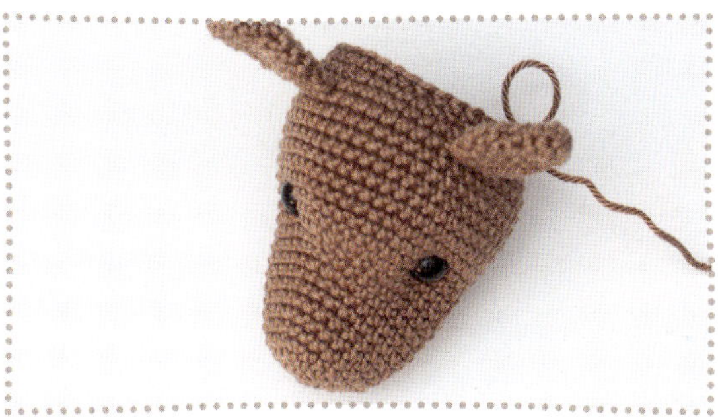

25. Rd: *5 fM, 1 M abn*, von * bis * noch 5x wdh [36].
26. Rd: *2 fM, 1 M abn, 2 fM*, von * bis * noch 5x wdh [30].
27. Rd: *3 fM, 1 M abn*, von * bis * noch 5x wdh [24].
Vergiss nicht, den Kopf mit Füllwatte auszustopfen.
28. Rd: *1 fM, 1 M abn, 1 fM*, von * bis * noch 5x wdh [18].
29. Rd: *1 fM, 1 M abn*, von * bis * noch 5x wdh [12].
30. Rd: 6x 1 M abn [6].
Schneide den Faden ab, ziehe ihn durch die verbliebenen vorderen M-Glieder und vernähe den Restfaden. Vertiefe die Augen.

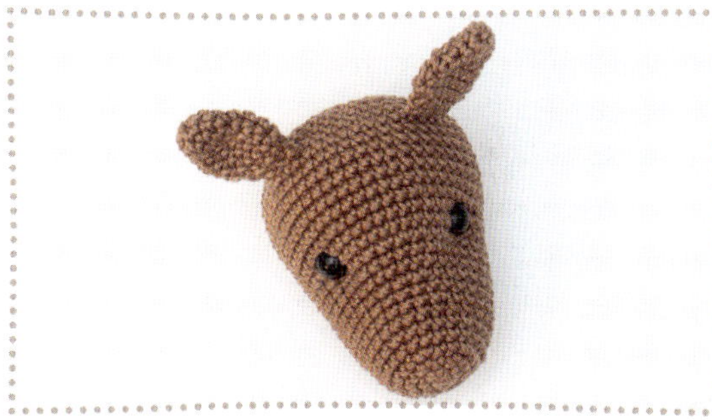

Körper (in Hazelnut)

Du beginnst an der Mitte des Rückens, den Körper zu häkeln.
Schlage im 5. vorderen M-Glied der 21. Rd des Kopfes neu an.
1. Rd: 4 fM ivM der 21. Rd des Kopfes, 1 fM ivM der 20. Rd des Kopfes, 8 fM ivM der 19. Rd des Kopfes, 1 fM ivM der 20. Rd des Kopfes, 4 fM ivM der 21. Rd des Kopfes [18].

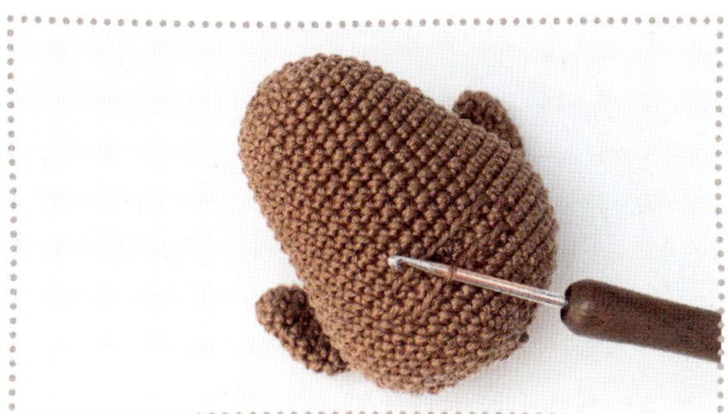

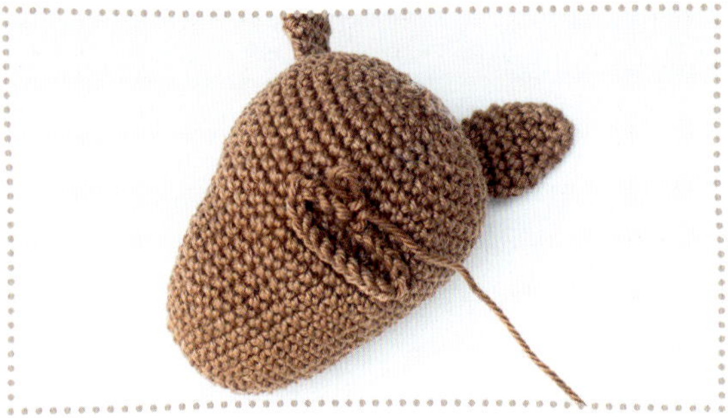

2.–3. Rd: 18 fM häkeln.
4. Rd: *1 fM, 1 M zun, 1 fM*, von * bis * noch 5x wdh [24].
5. Rd: *3 fM, 1 M zun*, von * bis * noch 5x wdh [30].
6. Rd: *2 fM, 1 M zun, 2 fM*, von * bis * noch 5x wdh [36].
In der nächsten Rd werden die Arme kopfüber eingehäkelt.
7. Rd: 8 fM, 4 fM mit dem 1. Arm, 12 fM, 4 fM mit dem 2. Arm, 8 fM [36].

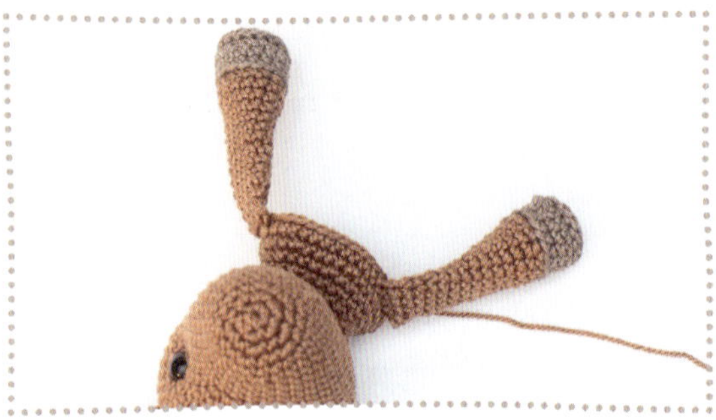

8. Rd: *5 fM, 1 M zun*, von * bis * noch 5x wdh [42].
9.–10. Rd: 42 fM häkeln.
11. Rd: 15 fM, *1 M zun, 1 fM*, von * bis * noch 2x wdh, *1 fM, 1 M zun*, von * bis * noch 2x wdh, 15 fM [48].
12.–17. Rd: 48 fM häkeln.
18. Rd: *3 fM, 1 M abn, 3 fM*, von * bis * noch 5x wdh [42].
19. Rd: *5 fM, 1 M abn*, von * bis * noch 5x wdh [36].
In den nächsten beiden Rd häkelst du ein paar M ihM, an diese wird später der Schweif gehäkelt.
20. Rd: 1 fM, 1 fM ihM, 1 M abn, *4 fM, 1 M abn*, von * bis * noch 4x wdh, 2 fM [30].
21. Rd: 3 fM ihM, 1 M abn, *3 fM, 1 M abn*, von * bis * noch 4x wdh [24].
In der nächsten Rd werden die Beine kopfüber eingehäkelt.
22. Rd: 8 fM, 4 fM mit dem 1. Bein, 4 fM, 4 fM mit dem 2. Bein, 4 fM [24].

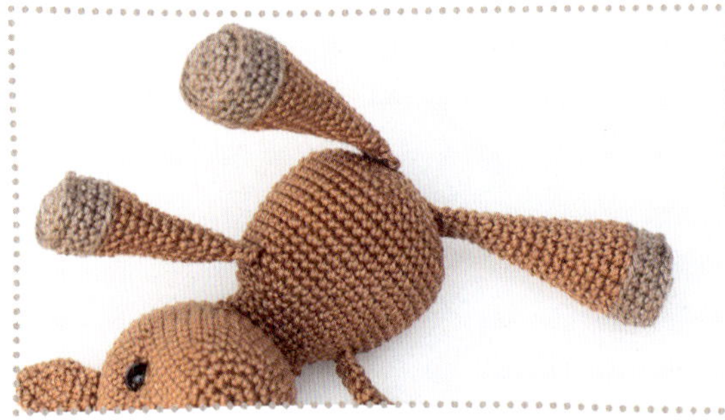

Vergiss nicht, den Körper mit Füllwatte auszustopfen.
23. Rd: 12x 1 M abn [12].
24. Rd: 6x 1 M abn [6].
Schneide den Faden ab, ziehe ihn durch die verbliebenen vorderen M-Glieder und vernähe den Restfaden.

Mähne (in Moon Rock)

Markiere die Mitte der 18. Rd am Kopf mit einer Stecknadel. Platziere weitere Stecknadeln über den Hinterkopf bis zur 4. Rd des Körpers. Die Mähne wird direkt angehäkelt. Es wird in R gehäkelt.

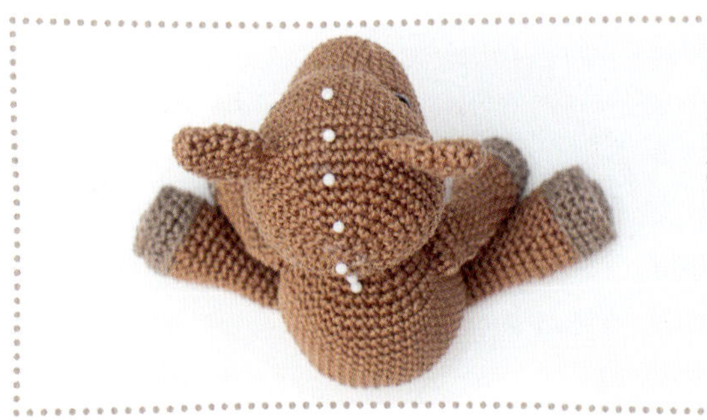

Schlage an der ersten Stecknadel am Kopf neu an.
1. R: Häkle entlang der Stecknadeln um jede M 1 fM [27].

Es ist nicht schlimm, wenn du mehr oder weniger M hast, häkle die folgenden R mit deiner M-Anzahl weiter.

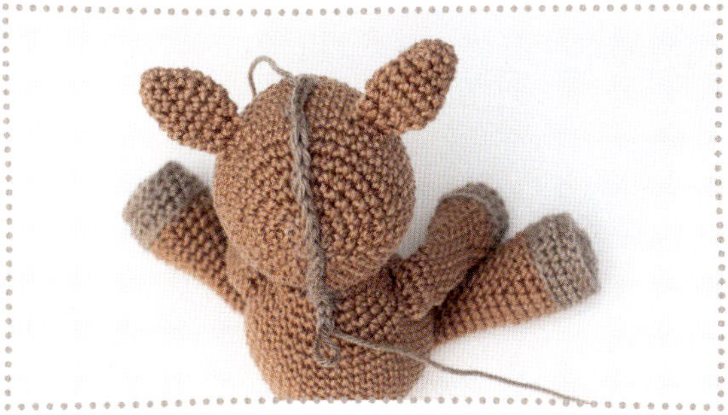

2. R: 1 Wende-Lm, 27x 1 hStb zun [54].
3. R: 1 Wende-Lm, *1 Km, 2 Lm, 1 Km*, von * bis * noch 26x wdh [54 + 54 Lm].
Schneide den Faden ab und vernähe Anfangs- und Endfaden.

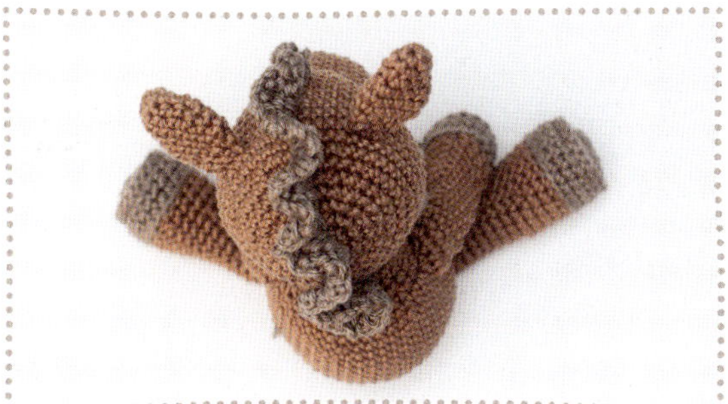

Schweif (in Moon Rock)

Für den Schweif hast du am Rücken 4 M-Glieder nicht behäkelt. Schlage am mittleren der 3 in einer R liegenden, vorderen M-Glieder neu an. Es wird in R gehäkelt.
1. R: *13 Lm, ab der 2. M von der Nadel, 5 fM, 4 hStb, 3 Stb*, 1 Km ivM der M, von der aus gestartet wurde, von * bis * noch 1x wdh, Km in links liegendes M-Glied.
2. R: 12 Lm, ab 2. M von der Nadel, 4 fM, 4 hStb, 3 Stb, 1 Km in rechts darüberliegendes vorderes M-Glied.
3. R: 13 Lm, ab der 2. M von der Nadel, 5 fM, 4 hStb, 3 Stb, 1 Km in links darunterliegendes vorderes M-Glied.
4. R: 12 Lm, ab der 2. M von der Nadel, 4 fM, 4 hStb, 3 Stb, 1 Km in links danebenliegendes vorderes M-Glied.
Schneide den Faden ab und vernähe Anfangs- und Endfaden.

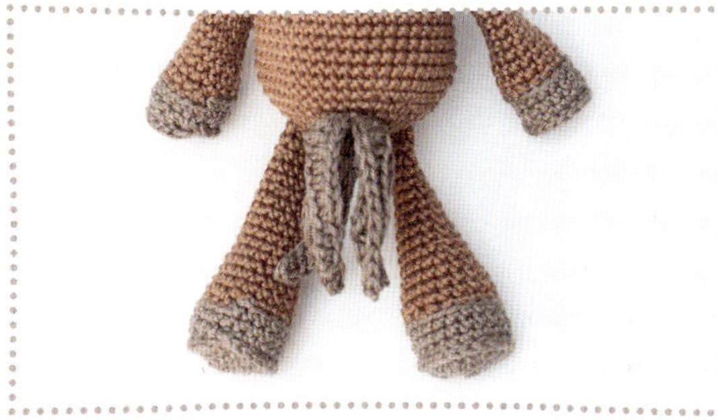

Details (in Hazelnut, Snow White und Jet Black)

An die Sicherheitsaugen stickst du Augenweiß in Snow White und einen doppelten Wimpernkranz in Jet Black. Sticke die Augenbrauen 3 Rd oberhalb der Augen über 2 M Breite.

TIPP Für eine dezentere Gestaltung kannst du das Garn in der Hälfte spalten.

Sticke die Nüstern in Hazelnut über der 4. und 5. Rd mit 2–3 Stichen auf.

Ente Emil

Das benötigst du:

Material

- Scheepjes Catona (100 % Baumwolle, LL 125 m/50 g) in
  - Old Lace (Fb 130), 30 g
  - Primrose (Fb 522), 10 g
  - Jet Black (Fb 110), Rest
  - Snow White (Fb 106), Rest
- Sicherheitsaugen Ø 8 mm
- Häkelnadel 2,5 mm
- Füllwatte
- Wollnadel

Höhe 17 cm

So wird's gemacht:

Es wird, wenn nicht anders angegeben, in Spiral-Rd gehäkelt. Häkle die Flügel, Beine und den Schnabel zuerst, denn diese werden eingehäkelt. Den Faden der Gliedmaßen kannst du direkt vernähen oder im Anschluss im Körper einhäkeln. Denke schon beim Häkeln daran, die Teile nach und nach mit Watte auszustopfen, wenn nicht anders angegeben.

Beine (2x, in Primrose)

Schlage 7 Lm an, beginne in der 2. M von der Nadel. Häkle um die Lm-Kette herum.
1. Rd: 5 fM, 3 fM in 1 M, 4 fM, 1 M zun [14].
2. Rd: 1 M zun, 4 fM, 3x 1 M zun, 4 fM, 2x 1 M zun [20].
3. Rd: 1 M zun, 5 fM, *1 fM, 1 M zun*, von * bis * noch 2x wdh, 4 fM, *1 M zun, 1 fM*, von * bis * noch 1x wdh [26].
4. Rd: 26 fM häkeln.
5. Rd: 16 fM, 2x 1 M abn, 6 fM [24].
6. Rd: *10 fM, 1 M abn*, von * bis * noch 1x wdh [22].
7. Rd: 1 M abn, 7 fM, 2x 1 M abn, 7 fM, 1 M abn [18].
8.–9. Rd: 18 fM häkeln.
10. Rd: 2 fM, 4 fM ihM, 3 fM, 4x 1 M abn, 1 fM [14].

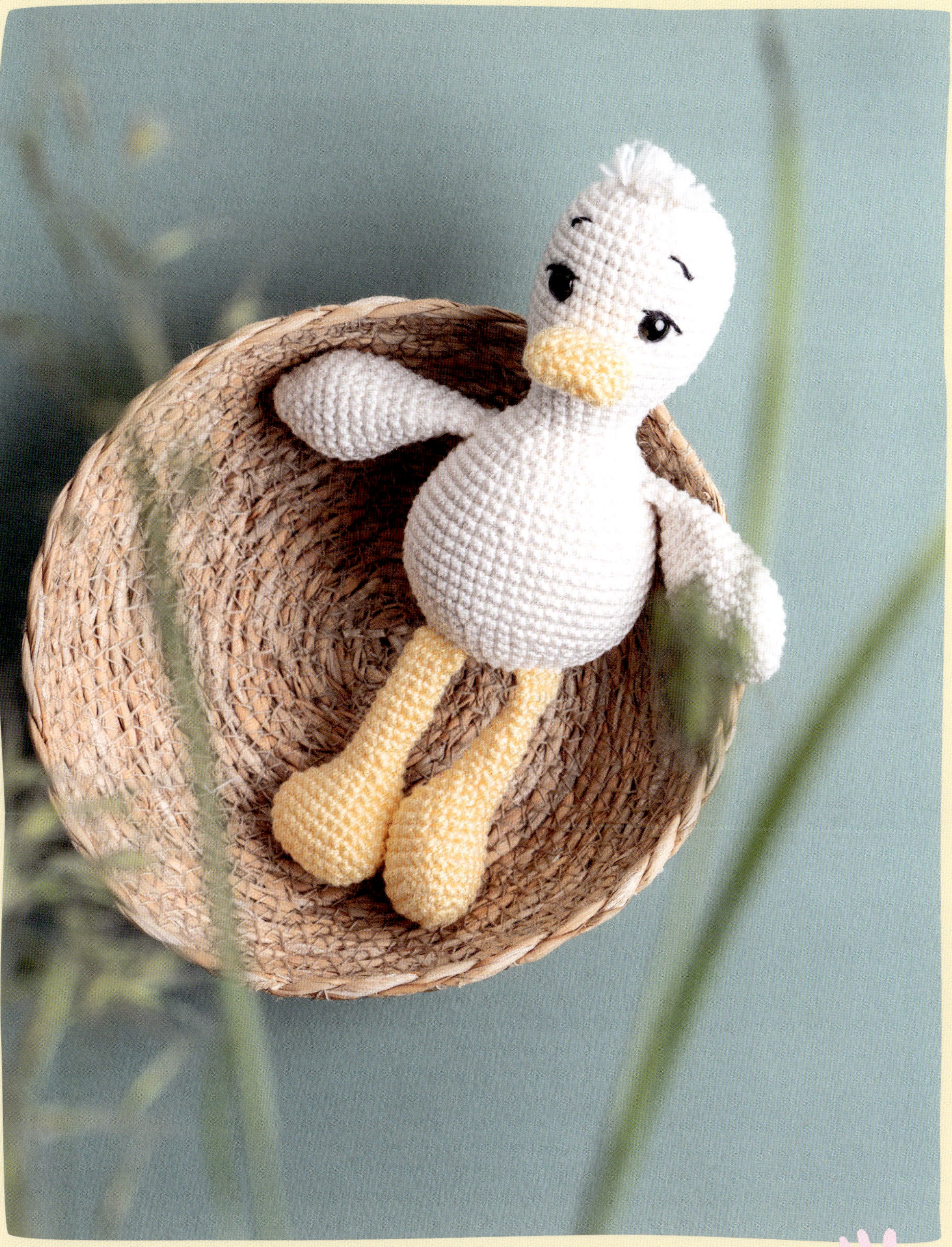

11. Rd: 2 fM, 4 fM ivM der Vor-Rd, 3 fM, 2x 1 M abn, 1 fM [12].

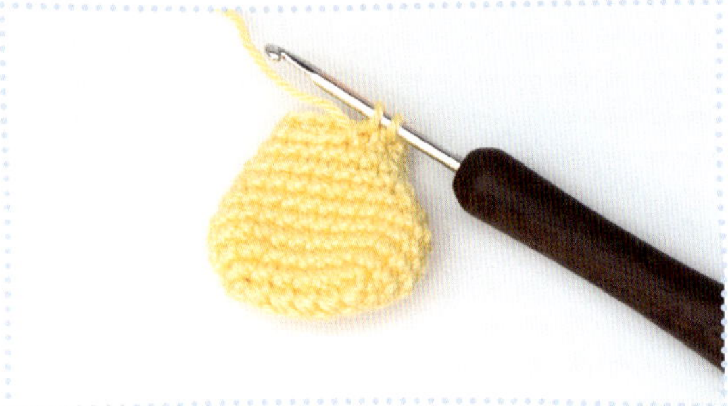

12. Rd: 2 fM, 4 fM ihM, 2 fM, 2x 1 M abn [10].
13. Rd: 2 fM, 4 fM ivM der Vor-Rd, 4 fM [10].
Stopfe den Fuß mit Füllwatte aus.
14.–17. Rd: 10 fM häkeln.
18. Rd: *3 fM, 1 M abn*, von * bis * noch 1x wdh [8].
19.–21. Rd: 8 fM häkeln.
22. R: 1 Lm, gegenüberliegende Seiten mit 4 fM zusammenhäkeln.
Faden abschneiden.

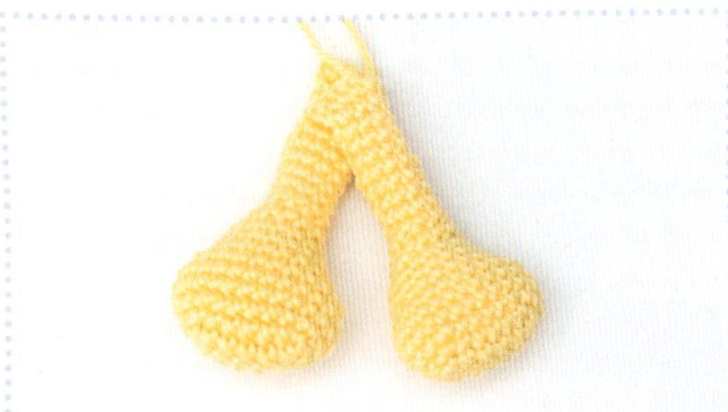

Flügel (2x, in Old Lace)

1. Rd: 6 fM in einen Fadenring.
2. Rd: *1 fM, 1 M zun*, von * bis * noch 2x wdh [9].
3. Rd: *1 fM, 1 M zun, 1 fM*, von * bis * noch 2x wdh [12].
4. Rd: *3 fM, 1 M zun*, von * bis * noch 2x wdh [15].
5. Rd: *2 fM, 1 M zun, 2 fM*, von * bis * noch 2x wdh [18].
6. Rd: *5 fM, 1 M zun*, von * bis * noch 2x wdh [21].
7. Rd: *3 fM, 1 M zun, 3 fM*, von * bis * noch 2x wdh [24].
8.–9. Rd: 24 fM häkeln.
10. Rd: *2 fM, 1 M abn, 2 fM*, von * bis * noch 3x wdh [20].
11. Rd: 20 fM häkeln.
12. Rd: *3 fM, 1 M abn*, von * bis * noch 3x wdh [16].
13.–14. Rd: 16 fM häkeln.
15. Rd: *1 fM, 1 M abn, 1 fM*, von * bis * noch 3x wdh [12].
16. Rd: *1 fM, 1 M abn*, von * bis * noch 3x wdh [8].
17. Rd: 8 fM häkeln.
18. R: 1 Lm, gegenüberliegende Seiten mit 4 fM zusammenhäkeln.
Faden abschneiden.

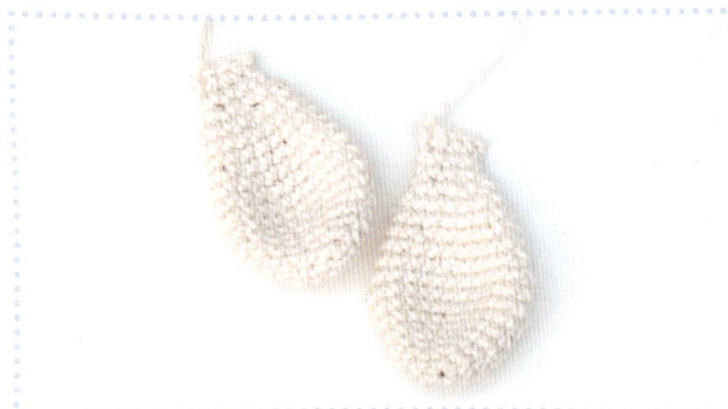

Schnabel (in Primrose)

Schlage 6 Lm an, beginne in der 2. M ab der Nadel und häkle um die Lm-Kette herum.
1. Rd: 4 fM, 3 fM in 1 M, 3 fM, 1 M zun [12].
2. Rd: 1 M zun, 3 fM, 3x 1 M zun, 3 fM, 2x 1 M zun [18].
3. Rd: 18 fM häkeln.
4. Rd: 7 fM, 1 M abn, 7 fM, 1 M abn [16].
5. Rd: 1 M abn, 4 fM, 2x 1 M abn, 4 fM, 1 M abn [12].
6. Rd: 12 fM häkeln.
Schneide den Faden ab. Beende die Rd unsichtbar und vernähe den Faden. Stopfe etwas Füllwatte in den Schnabel.

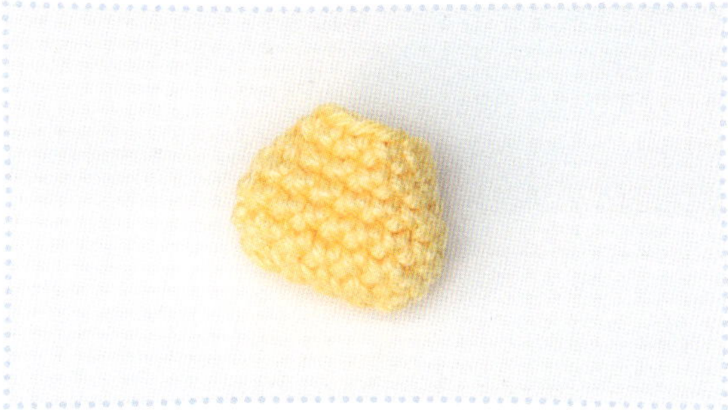

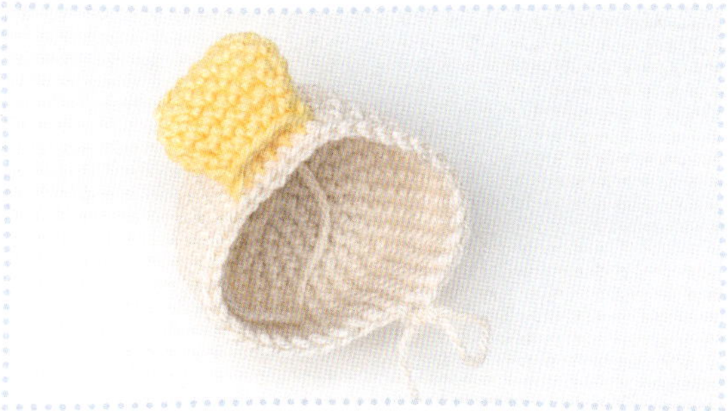

Kopf (in Old Lace)

1. Rd: 6 fM in einen Fadenring.
2. Rd: 6x 1 M zun [12].
3. Rd: *1 fM, 1 M zun*, von * bis * noch 5x wdh [18].
4. Rd: *1 fM, 1 M zun, 1 fM*, von * bis * noch 5x wdh [24].
5. Rd: *3 fM, 1 M zun*, von * bis * noch 5x wdh [30].
6. Rd: 30 fM häkeln.
7. Rd: *2 fM, 1 M zun, 2 fM*, von * bis * noch 5x wdh [36].
8.–14. Rd: 36 fM häkeln.
In den nächsten 2 Rd wird der Schnabel eingehäkelt. Falte den Schnabel so, dass auf beiden Seiten je 6 M liegen. Lege den Schnabel mit der Öffnung an die Öffnung des Kopfes. In der 1. Rd häkelst du die M ein, die direkt am Kopf liegen, in der 2. Rd die restlichen M.
15. Rd: 15 fM, 6 fM mit dem Schnabel, 15 fM [36].
16. Rd: 15 fM, 6 fM mit dem Schnabel, 15 fM [36].

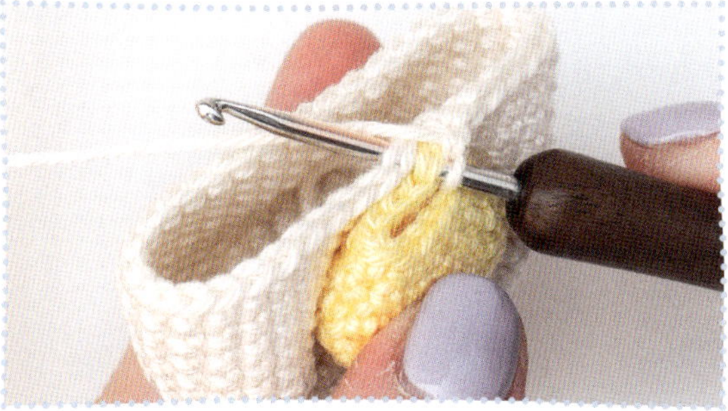

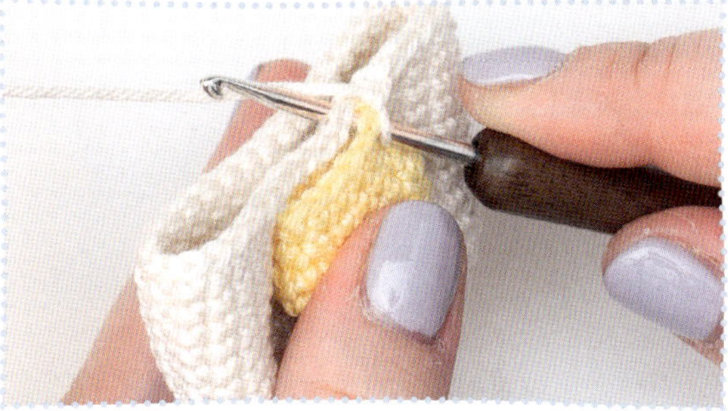

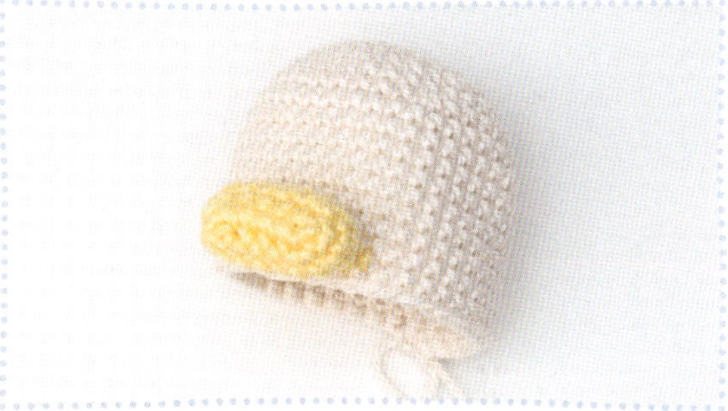

17. Rd: 36 fM häkeln.
Setze die Sicherheitsaugen zwischen der 12. und 13. Rd mit einem Abstand von 5 M ein. Der Schnabel liegt in der Mitte zwischen den Augen.
18. Rd: *2 fM, 1 M abn, 2 fM*, von * bis * noch 5x wdh [30].
19. Rd: 30 fM häkeln.
20. Rd: *3 fM, 1 M abn*, von * bis * noch 5x wdh [24].
21. Rd: *2 fM, 1 M abn, 2 fM*, von * bis * noch 3x wdh [20].

22.–24. Rd: 20 fM häkeln.
Stopfe den Kopf mit Füllwatte aus. Schneide den Faden nicht ab. Es geht direkt mit dem Körper weiter.

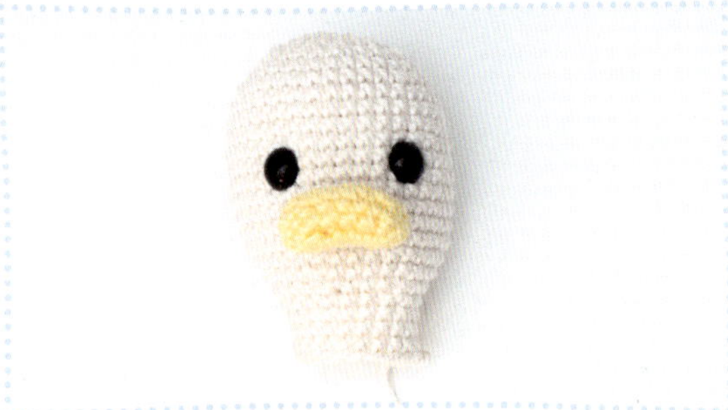

Körper (in Old Lace)

1. Rd: *2 fM, 1 M zun, 2 fM*, von * bis * noch 3x wdh [24].
2. Rd: *3 fM, 1 M zun*, von * bis * noch 5x wdh [30].
3. Rd: *2 fM, 1 M zun, 2 fM*, von * bis * noch 5x wdh [36].
In der nächsten Rd werden die Flügel kopfüber eingehäkelt.
4. Rd: 8 fM, 4 fM mit dem 1. Flügel, 16 fM, 4 fM mit dem 2. Flügel, 4 fM [36].

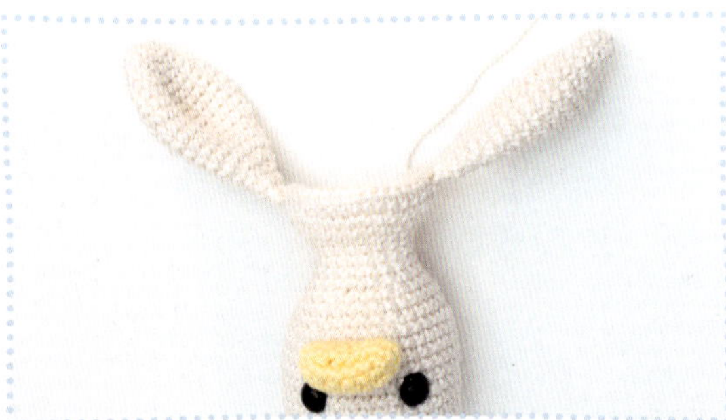

5. Rd: *5 fM, 1 M zun*, von * bis * noch 5x wdh [42].
6.–7. Rd: 42 fM häkeln.
8. Rd: *3 fM, 1 M zun, 3 fM*, von * bis * noch 5x wdh [48].
9.–12. Rd: 48 fM häkeln.
In den nächsten beiden Rd häkelst du mehrere M in 1 M. Achte darauf, dass diese mittig am Rücken liegen; sie bilden das Schwänzchen.
13. Rd: 4 fM, 3 fM in 1 M, 43 fM [50].
14. Rd: 5 fM, 3 fM in 1 M, 44 fM [52].
15. Rd: 52 fM häkeln.
16. Rd: 19 fM, *1 fM, 1 M abn, 1 fM*, von * bis * noch 5x wdh, 9 fM [46].
17. Rd: 2x 1 M abn, 5 fM, 2x 1 M abn, 33 fM [42].
18. Rd: *5 fM, 1 M abn*, von * bis * noch 5x wdh [36].
19. Rd: *2 fM, 1 M abn, 2 fM*, von * bis * noch 5x wdh [30].
In der nächsten Rd werden die Beine kopfüber eingehäkelt.
20. Rd: 12 fM, 4 fM mit dem 1. Bein, 4 fM, 4 fM mit dem 2. Bein, 6 fM [30].

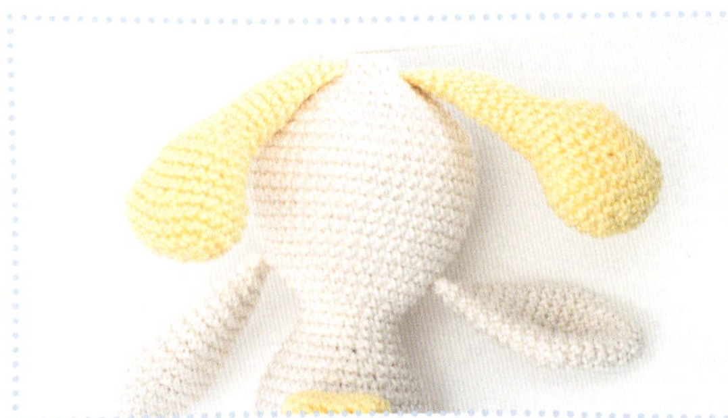

21. Rd: *3 fM, 1 M abn*, von * bis * noch 5x wdh [24].
Vergiss nicht, den Körper mit Füllwatte auszustopfen.
22. Rd: 12x 1 M abn [12].
23. Rd: 6x 1 M abn [6].
Schneide den Faden ab und ziehe ihn durch die verbliebenen vorderen M-Glieder und vernähe ihn.

Details (in Snow White und Jet Black)

An die Sicherheitsaugen stickst du Augenweiß in Snow White und einen einfachen Wimpernkranz in Jet Black. Sticke die Augenbrauen 4 Rd oberhalb der Augen über 2 M Breite.

TIPP Für eine dezentere Gestaltung kannst du das Garn in der Hälfte spalten.

Knüpfe ein paar Strähnen um die 4. Rd des Kopfes und kürze sie auf die gewünschte Länge.

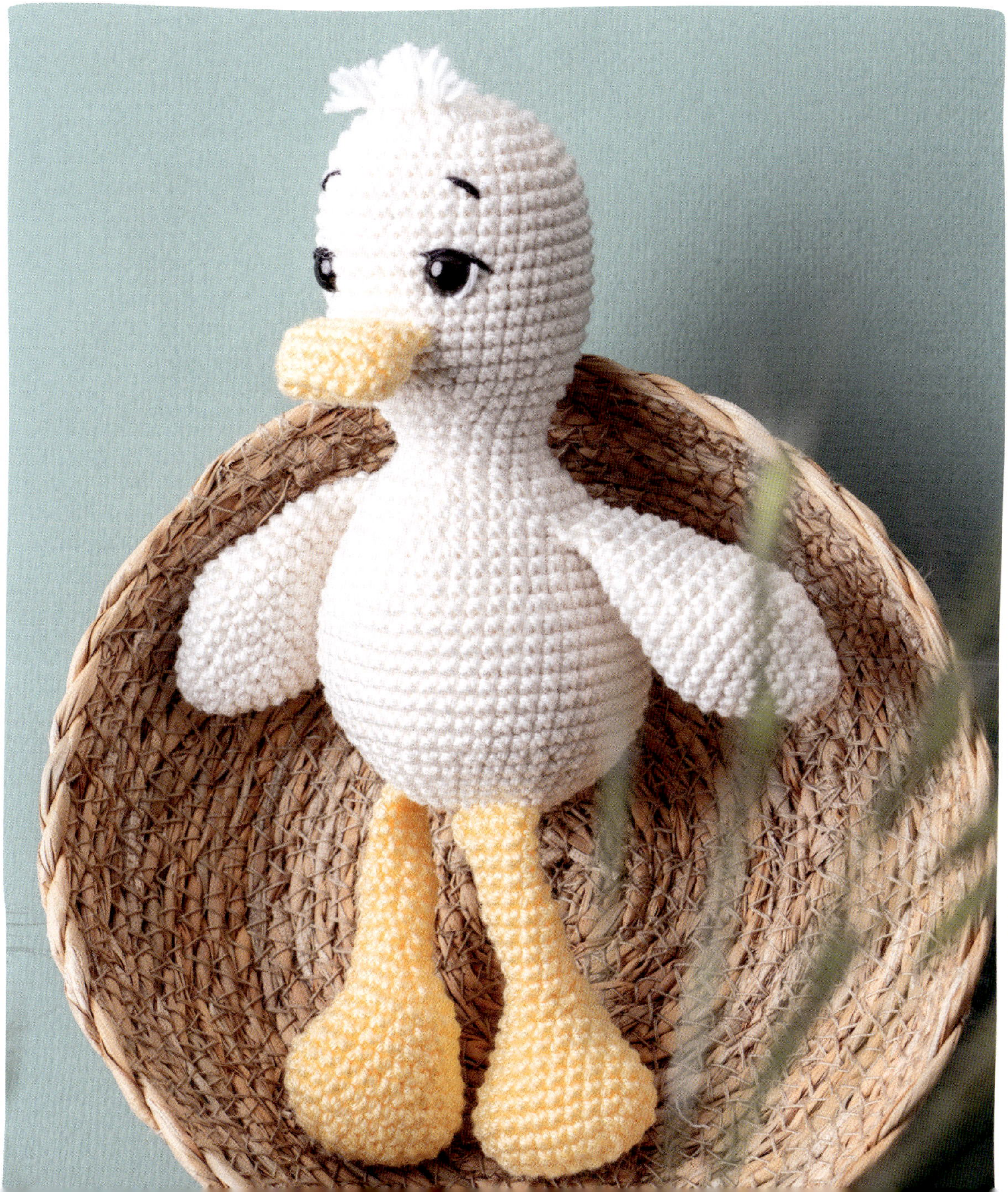

Löwe Esra

Das benötigst du:

Material

- Scheepjes Catona (100 % Baumwolle, LL 125 m/50 g) in
  - Topaz (Fb 179), 40 g
  - Hazelnut (Fb 503), 35 g
  - Jet Black (Fb 110), Rest
  - Snow White (Fb 106), Rest
- Sicherheitsaugen ø 8 mm
- Häkelnadel 2,5 mm
- Füllwatte
- Wollnadel

Höhe
17,5 cm

So wird's gemacht:

Es wird, wenn nicht anders angegeben, in Spiral-Rd gehäkelt. Häkle die Beine, Arme und die Ohren zuerst, denn diese werden eingehäkelt. Den Faden der Gliedmaßen kannst du direkt vernähen oder im Anschluss im Körper einhäkeln. Denke schon beim Häkeln daran, die Teile nach und nach mit Watte auszustopfen, wenn nicht anders angegeben.

Beine (2x, in Topaz)

1. Rd: 6 fM in einen Fadenring.
2. Rd: 6x 1 M zun [12].
3. Rd: *1 fM, 1 M zun*, von * bis * noch 5x wdh [18].
4. Rd: *1 fM, 1 M zun, 1 fM*, von * bis * noch 5x wdh [24].
5.–6. Rd: 24 fM häkeln.
7. Rd: 6 fM, 3x 1 M abn, 12 fM [21].
8. Rd: *5 fM, 1 M abn*, von * bis * noch 2x wdh [18].
9. Rd: *2 fM, 1 M abn, 2 fM*, von * bis * noch 2x wdh [15].
10.–11. Rd: 15 fM häkeln.
12. Rd: *3 fM, 1 M abn*, von * bis * noch 2x wdh [12].
13.–16. Rd: 12 fM häkeln.
Stopfe das untere Drittel mit Füllwatte aus.

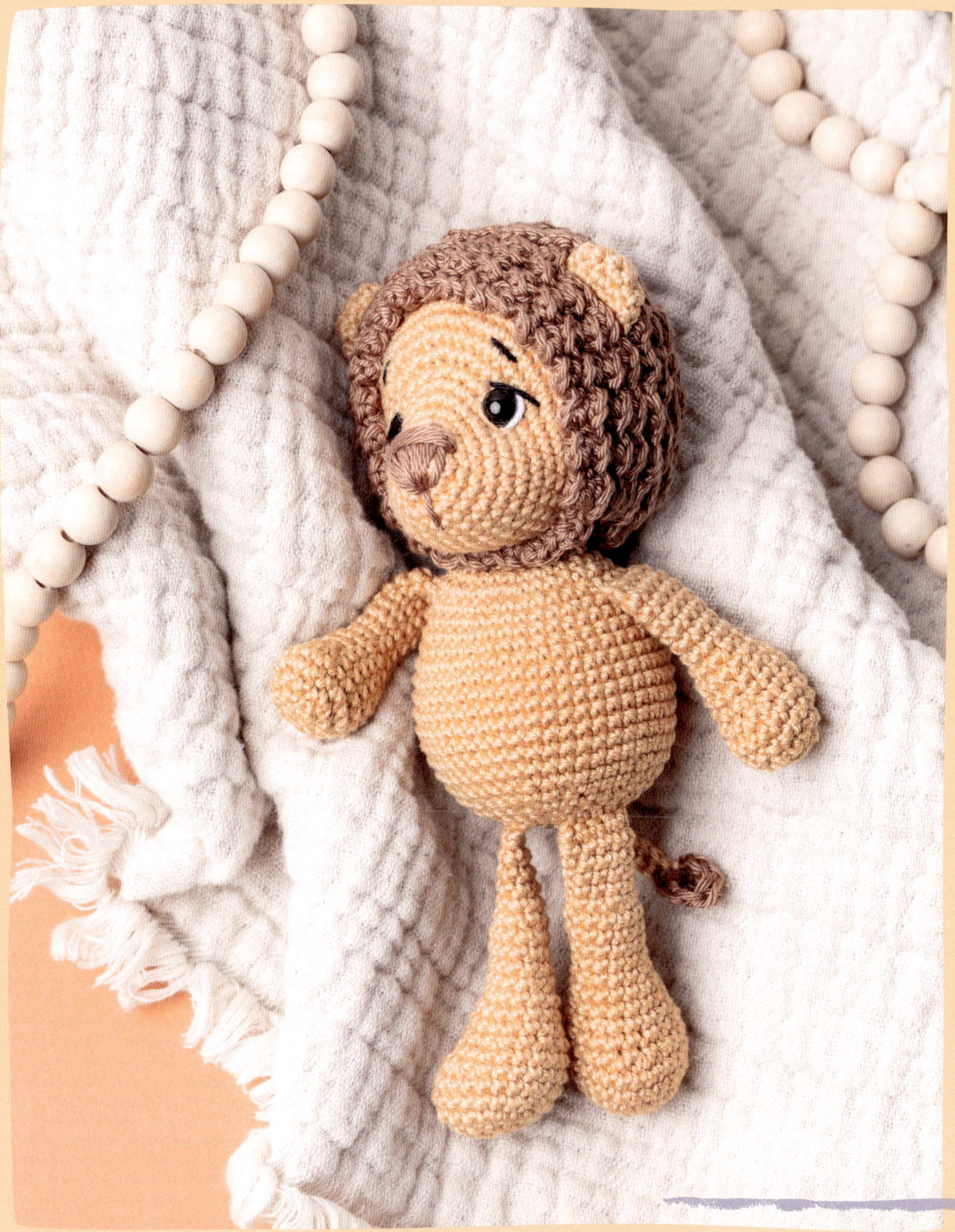

17. Rd: *1 fM, 1 M abn, 1 fM*, von * bis * noch 2x wdh [9].
18.–21. Rd: 9 fM häkeln.
22. R: 1 Lm, gegenüberliegende Seiten mit 4 fM zusammenhäkeln.
Faden abschneiden.

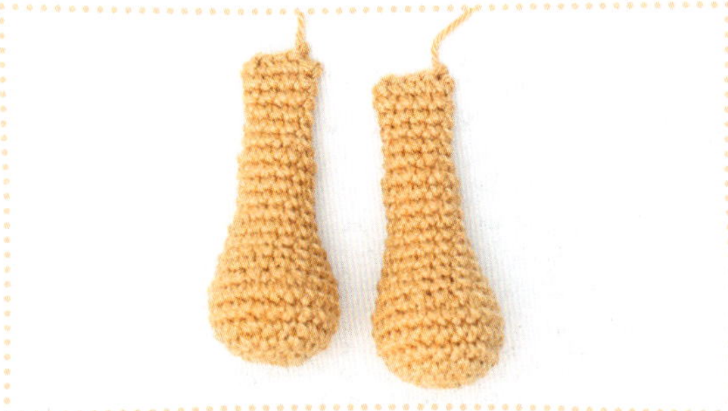

Arme (2x, in Topaz)

1. Rd: 6 fM in einen Fadenring.
2. Rd: 6x 1 M zun [12].
3. Rd: *1 fM, 1 M zun*, von * bis * noch 5x wdh [18].
4.–5. Rd: 18 fM häkeln.
6. Rd: 3 fM, 3x 1 M abn, 9 fM [15].
7. Rd: *3 fM, 1 M abn*, von * bis * noch 2x wdh [12].
8.–9. Rd: 12 fM häkeln.
Stopfe das untere Drittel mit Füllwatte aus.
10. Rd: *1 fM, 1 M abn, 1 fM*, von * bis * noch 2x wdh [9].
11.–16. Rd: 9 fM häkeln.
17. R: 1 fM, 1 Lm, gegenüberliegende Seiten mit 4 fM zusammenhäkeln.
Faden abschneiden.

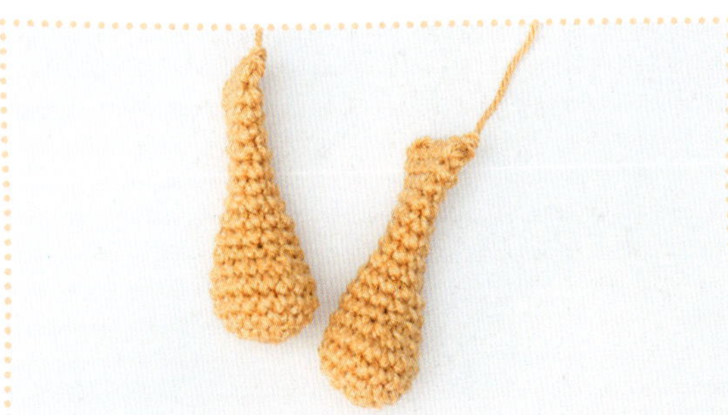

Ohren (2x, in Topaz)

1. Rd: 6 fM in einen Fadenring.
2. Rd: 6x 1 M zun [12].
3. Rd: 12 fM häkeln.
4. Rd: *1 fM, 1 M abn*, von * bis * noch 3x wdh [8].
5. R: 1 Lm, gegenüberliegende Seiten mit 4 fM zusammenhäkeln.
Faden abschneiden.

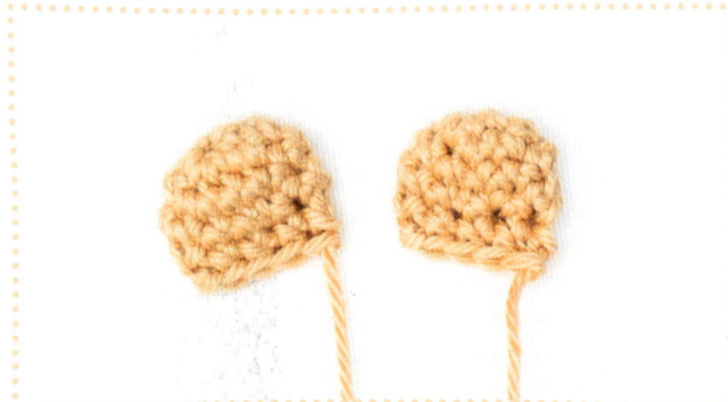

Kopf (in Topaz)

1. Rd: 6 fM in einen Fadenring.
2. Rd: 6x 1 M zun [12].
3. Rd: *1 fM, 1 M zun*, von * bis * noch 5x wdh [18].
4. Rd: 18 fM häkeln.
5. Rd: 1 fM, *1 M zun, 1 fM*, von * bis * noch 5x wdh, 5 fM [24].
6. Rd: 1 fM, *2 fM, 1 M zun*, von * bis * noch 5x wdh, 5 fM [30].
7. Rd: 30 fM häkeln.
8. Rd: 10 fM, 6x 1 M zun, 14 fM [36].
9. Rd: 10 fM, *1 fM, 1 M zun*, von * bis * noch 5x wdh, 14 fM [42].
10. Rd: 10 fM, *1 M zun, 2 fM*, von * bis * noch 5x wdh, 14 fM [48].
11.–12. Rd: 48 fM häkeln.
In den nächsten Rd bereitest du den Teil vor, von dem aus später der Körper sowie die Mähne gehäkelt werden.
13. Rd: 48 fM ihM häkeln.
14. Rd: 4 fM, 36 fM ihM, 2 fM, 6 fM ihM [48].
15. Rd: 2 fM ihM, 2 fM, 36 fM ihM, 1 fM, 1 fM ihM, 6 fM [48].

In der nächsten Rd häkelst du die Ohren ein.
16. Rd: 2 fM, 1 fM ihM, 1 fM, 8 fM ihM, 4 fM ihM mit dem 1. Ohr, 12 fM ihM, 4 fM ihM mit dem 2. Ohr, 8 fM ihM, 2 fM, 6 fM ihM [48].
17. Rd: 2 fM ihM, 2 fM, 36 fM ihM, 8 fM [48].
18-19. Rd: 48 fM ihM häkeln.
Setze die Sicherheitsaugen zwischen der 8. und 9. Rd mit einem Abstand von 10 M ein.

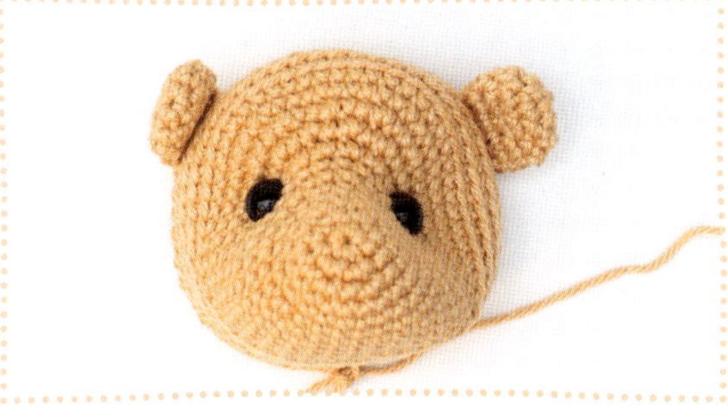

20. Rd: ihM: *3 fM, 1 M abn, 3 fM*, von * bis * noch 5x wdh [42].
21. Rd: ihM: *5 fM, 1 M abn*, von * bis * noch 5x wdh [36].
22. Rd: ihM: *2 fM, 1 M abn, 2 fM*, von * bis * noch 5x wdh [30].
23. Rd: ihM: *3 fM, 1 M abn*, von * bis * noch 5x wdh [24].
24. Rd: ihM: *1 fM, 1 M abn, 1 fM*, von * bis * noch 5x wdh [18].
Vergiss nicht, den Kopf mit Füllwatte auszustopfen.
25. Rd: ihM: *1 fM, 1 M abn*, von * bis * noch 5x wdh [12].
26. Rd: ihM: 6x 1 M abn [6].
Schneide den Faden ab, ziehe ihn durch die verbliebenen hinteren M-Glieder und vernähe den Faden. Vertiefe die Augen.

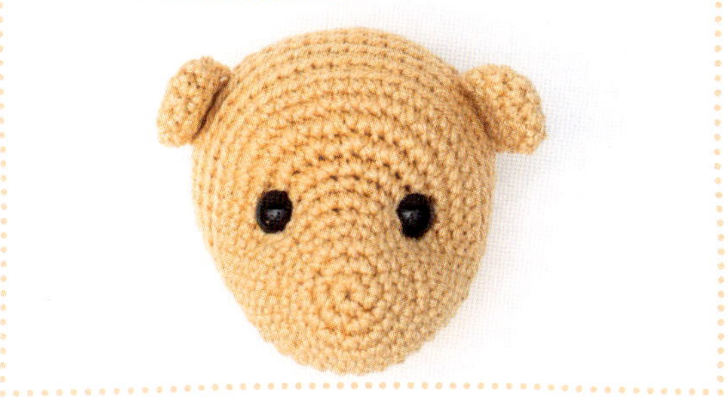

Körper (in Topaz)

Du beginnst an der Mitte des Rückens, den Körper zu häkeln. Schlage im 5. vorderen M-Glied der 16. und 17. Rd des Kopfes neu an.
1. Rd: 4 fM ivM der 16. und 17. Rd des Kopfes, 1 fM ivM der 15. Rd des Kopfes, 8 fM ivM der 14. und 15. Rd des Kopfes, 1 fM ivM der 16. Rd des Kopfes, 4 fM ivM der 16. und 17. Rd des Kopfes [18].

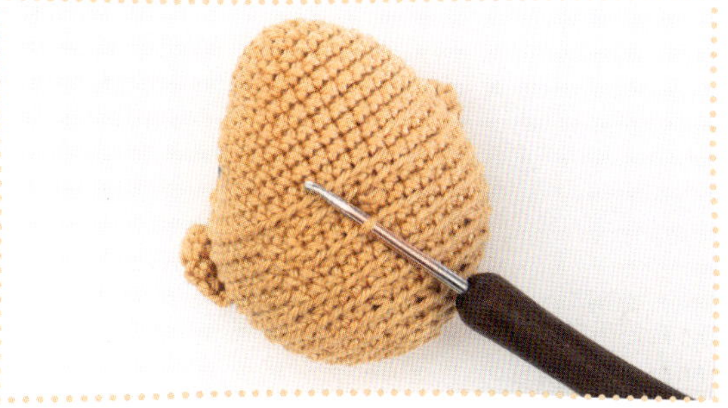

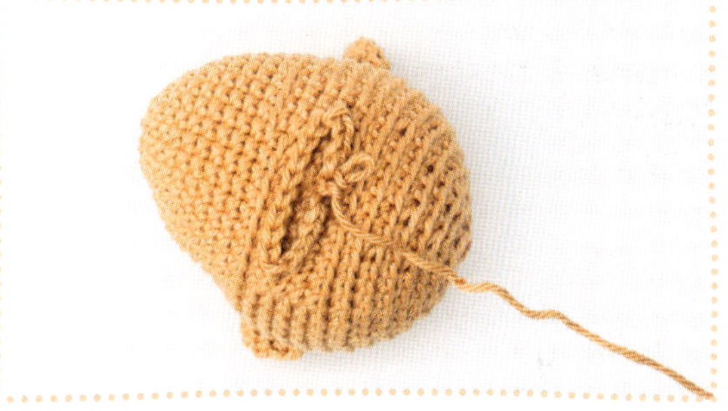

2. Rd: 18 fM häkeln.
3. Rd: *1 fM, 1 M zun, 1 fM*, von * bis * noch 5x wdh [24].
4. Rd: *3 fM, 1 M zun*, von * bis * noch 5x wdh [30].

TIPP **Häkle erst die Mähne (siehe Seite 98), bevor du an dem Körper weiterarbeitest. So kommst du ohne Probleme an alle vorderen M-Glieder.**

5. Rd: *2 fM, 1 M zun, 2 fM*, von * bis * noch 5x wdh [36].
In der nächsten Rd werden die Arme kopfüber eingehäkelt.

6. Rd: 7 fM, 4 fM mit dem 1. Arm, 14 fM, 4 fM mit dem 2. Arm, 7 fM [36].

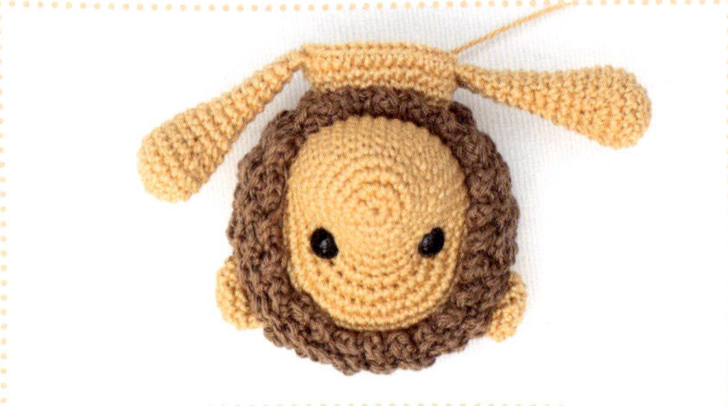

7. Rd: *5 fM, 1 M zun*, von * bis * noch 5x wdh [42].
8.–9. Rd: 42 fM häkeln.
10. Rd: 15 fM, *1 M zun, 1 fM*, von * bis * noch 2x wdh, *1 fM, 1 M zun*, von * bis * noch 2x wdh, 15 fM [48].
11.–17. Rd: 48 fM häkeln.
18. Rd: *3 fM, 1 M abn, 3 fM*, von * bis * noch 5x wdh [42].
19. Rd: *5 fM, 1 M abn*, von * bis * noch 5x wdh [36].
20. Rd: *2 fM, 1 M abn, 2 fM*, von * bis * noch 5x wdh [30].
21. Rd: *3 fM, 1 M abn*, von * bis * noch 5x wdh [24].
In der nächsten Rd wird der Schwanz gehäkelt und die Beine kopfüber eingearbeitet.
22. Rd: 2 fM, 8 Lm, Fb-Wechsel zu Hazelnut, 2 Lm, beginne in der 2. M von der Nadel, (1 hStb + 1 Stb + 1 DStb + 1 Stb + 1 hStb + 1 fM) in 1 M, Fb-Wechsel zu Topaz, 8 fM über die weiteren Lm, 7 fM, 4 fM mit dem 1. Bein, 3 fM, 4 fM mit dem 2. Bein, 4 fM [24 + 14 M für den Schwanz].

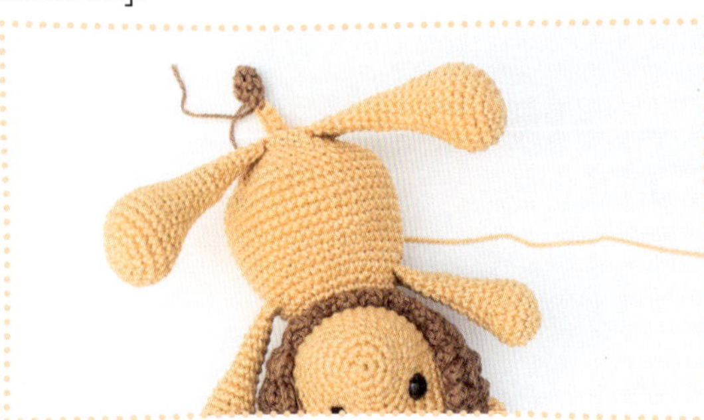

Vergiss nicht, den Körper mit Füllwatte auszustopfen. In der nächsten Rd klappst du den Schwanz in Richtung Rücken und häkelst die Abn an ihm vorbei.
23. Rd: 12x 1 M abn [12].
24. Rd: 6x 1 M abn [6].
Schneide den Faden ab, ziehe ihn durch die verbliebenen vorderen M-Glieder und vernähe den Restfaden. Vernähe auch die Fäden am Schwanz.

Mähne (in Hazelnut)

Beginne am 5. vorderen M-Glied der 13. Rd des Kopfes.

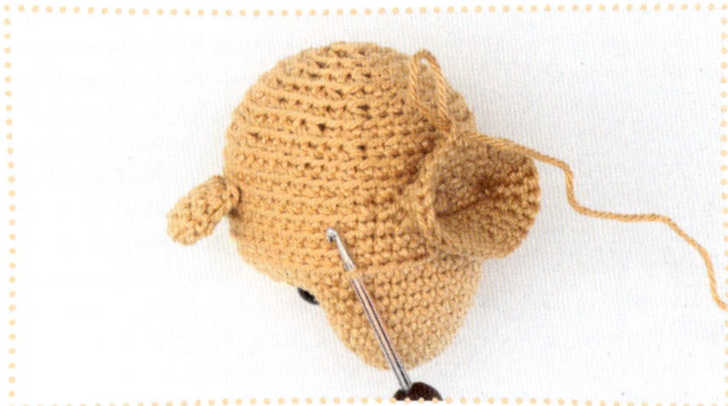

Nachdem du die Rd komplett behäkelt hast, werden die nächsten Rd des Kopfes in R behäkelt, bis wieder eine volle Rd kommt.
1. Rd: *(1 fM + 1 hStb) in 1 M, (1 hStb + 1 fM) in 1 M*, von * bis * noch 23x wdh.

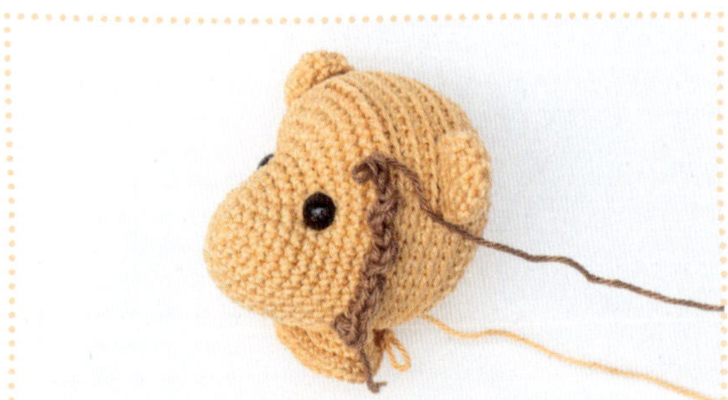

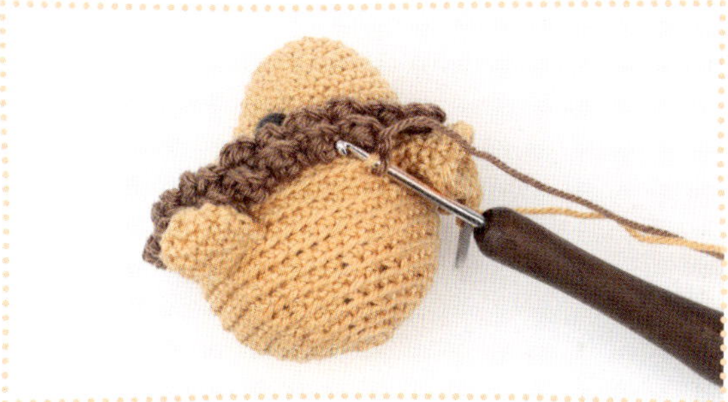

Häkle ivM der 14. Rd des Kopfes weiter. Es wird in R gehäkelt.

2. R: *(1 fM + 1 hStb) in 1 M, (1 hStb + 1 fM) in 1 M*, von * bis * noch 17x wdh.

Drehe den Kopf um 180° und häkle in der 15. Rd des Kopfes weiter.

3. R: *(1 fM + 1 hStb) in 1 M, (1 hStb + 1 fM) in 1 M*, von * bis * noch 17x wdh.

Drehe den Kopf um 180° und häkle in der 16. Rd des Kopfes weiter.

4. R: *(1 fM + 1 hStb) in 1 M, (1 hStb + 1 fM) in 1 M*, von * bis * noch 17x wdh.

Drehe den Kopf um 180° und häkle in der 17. Rd des Kopfes weiter.

5. R: *(1 hStb + 1 Stb) in 1 M, (1 Stb + 1 hStb) in 1 M*, von * bis * noch 17x wdh.

Drehe den Kopf um 180° und häkle in der 18. Rd des Kopfes weiter. Nun wird wieder in Rd gehäkelt. Beachte, dass du alle vorderen M-Glieder behäkelst, auch wenn zwischen den Rd hin und her gesprungen werden muss.

6. Rd: *(1 hStb + 1 Stb) in 1 M, (1 Stb + 1 hStb) in 1 M*, von * bis * noch 23x wdh.

Wdh die Abfolge von (1 hStb + 1 Stb) in 1 M und (1 Stb + 1 hStb) in 1 M immer weiter, bis alle vorderen M-Glieder behäkelt sind. Ende mit 1 Km in das letzte vordere M-Glied. Schneide den Faden ab und vernähe ihn.

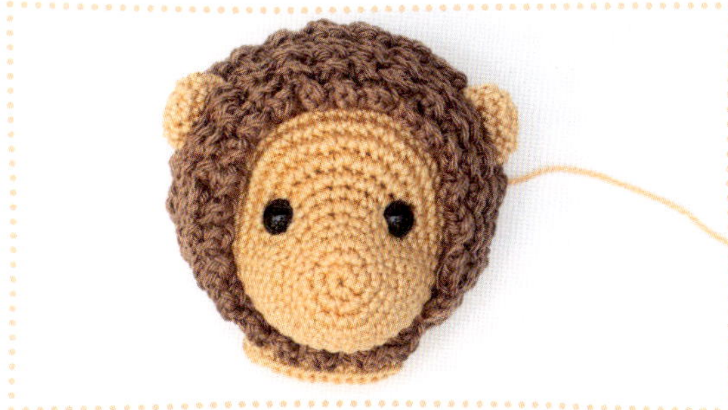

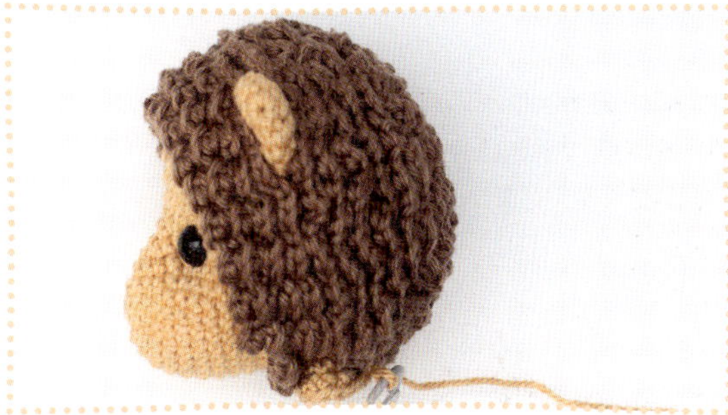

Details (in Snow White, Jet Black und Hazelnut)

An die Sicherheitsaugen stickst du Augenweiß in Snow White und einen einfachen Wimpernkranz in Jet Black. Sticke die Augenbrauen 2 Rd oberhalb der Augen über 2 M Breite.

TIPP Für eine dezentere Gestaltung kannst du das Garn in der Hälfte spalten.

Sticke die Nase in Hazelnut über der 1.–3. Rd auf sowie einen geraden Strich nach unten bis zur 4. Rd.

Pinguin Nils

Das benötigst du:

Material

- Scheepjes Catona (100 % Baumwolle, LL 125 m/50 g) in
  - Mercury (Fb 074) 25 g
  - Anthracite (Fb 501) 15 g
  - Snow White (Fb 106), Rest
  - Jet Black (Fb 110), Rest
- Sicherheitsaugen ø 8 mm
- Häkelnadel 2,5 mm
- Füllwatte
- Wollnadel

Höhe
11 cm

So wird's gemacht:

Es wird, wenn nicht anders angegeben, in Spiral-Rd gehäkelt. Häkle die Füße, Flügel und den Schnabel zuerst, denn diese werden eingehäkelt. Den Faden der Gliedmaßen kannst du direkt vernähen oder im Anschluss im Körper einhäkeln. Denke schon beim Häkeln daran, die Teile nach und nach mit Watte auszustopfen, wenn nicht anders angegeben.

Füße (2x, in Anthracite)

Schlage 7 Lm an, beginne in der 2. M von der Nadel aus. Es wird um die Lm-Kette herum gehäkelt.
1. Rd: 5 fM, 3 fM in 1 M, 4 fM, 1 M zun [14].
2. Rd: 1 M zun, 4 fM, 3x 1 M zun, 4 fM, 2x 1 M zun [20].
3. Rd: 20 fM häkeln.
4. Rd: *3 fM, 1 M abn*, von * bis * noch 3x wdh [16].
5. Rd: 16 fM häkeln.
6. Rd: *1 fM, 1 M abn, 1 fM*, von * bis * noch 3x wdh [12].
7. Rd: *1 fM, 1 M abn*, von *bis* 3x wdh [8].
Die Füße werden nicht mit Füllwatte ausgestopft.

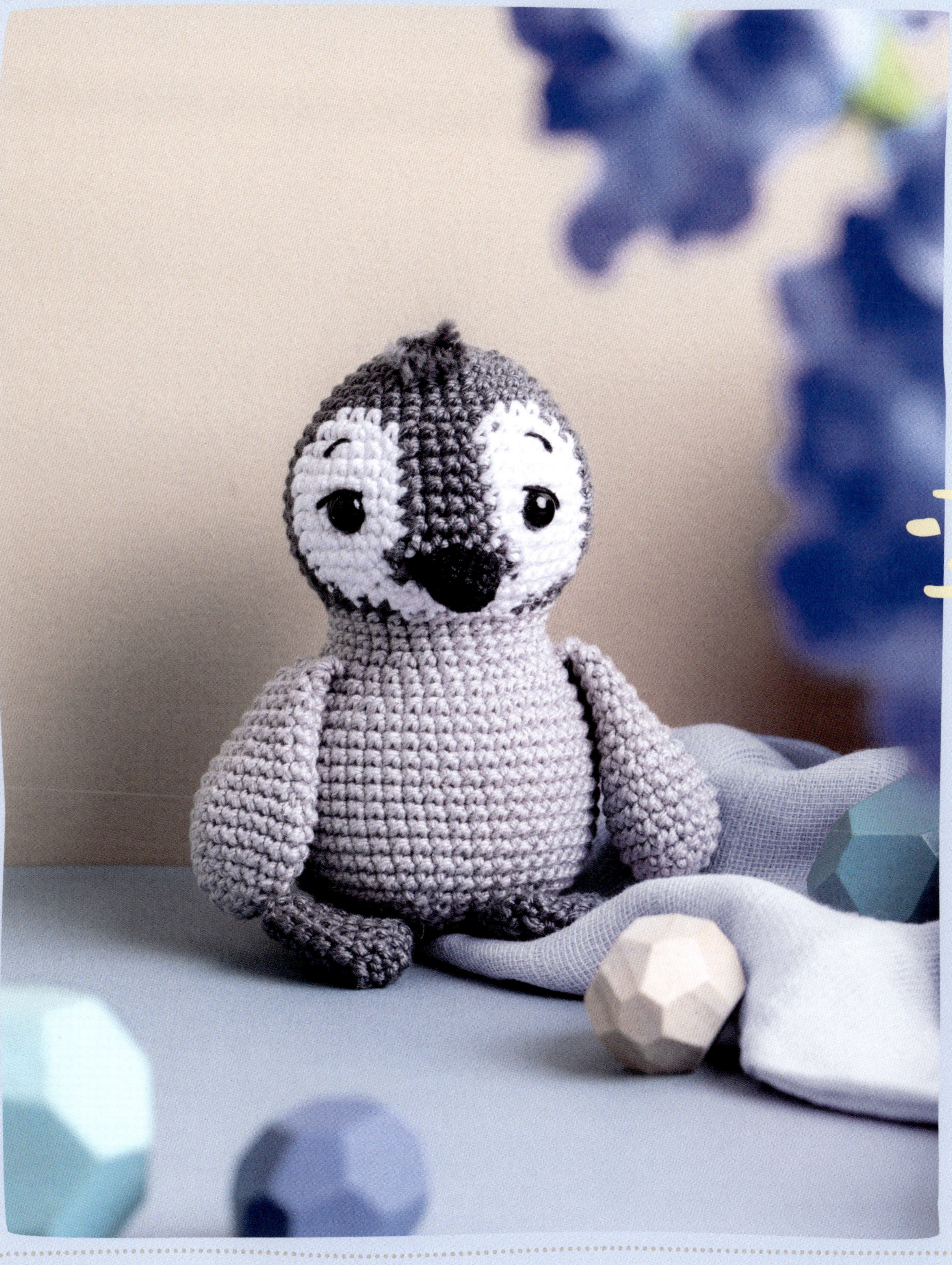

8. R: 1 Lm, gegenüberliegende Seiten mit 4 fM zusammenhäkeln.
Faden abschneiden.

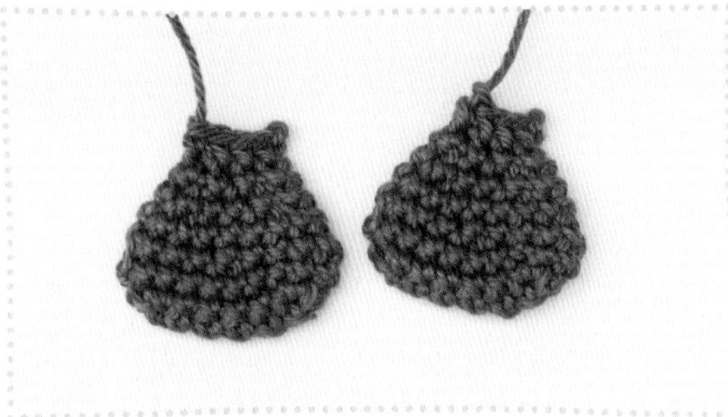

Flügel (2x, in Mercury)

1. Rd: 6 fM in einen Fadenring.
2. Rd: 6x 1 M zun [12].
3. Rd: *1 fM, 1 M zun*, von * bis * noch 5x wdh [18].
4. Rd: 18 fM häkeln.
5. Rd: *1 fM, 1 M zun, 1 fM*, von * bis * noch 5x wdh [24].
6.–8. Rd: 24 fM häkeln.
9. Rd: *2 fM, 1 M abn, 2 fM*, von * bis * noch 3x wdh [20].
10. Rd: 20 fM häkeln.
11. Rd: *3 fM, 1 M abn*, von * bis * noch 3x wdh [16].
12.–13. Rd: 16 fM häkeln.
14. Rd: *1 fM, 1 M abn, 1 fM*, von * bis * noch 3x wdh [12].
15. Rd: 12 fM häkeln.
16. Rd: *1 fM, 1 M abn*, von * bis * noch 3x wdh [8].
Die Flügel werden nicht mit Füllwatte ausgestopft.
17. R: 1 Lm, gegenüberliegende Seiten mit 4 fM zusammenhäkeln.
Faden abschneiden.

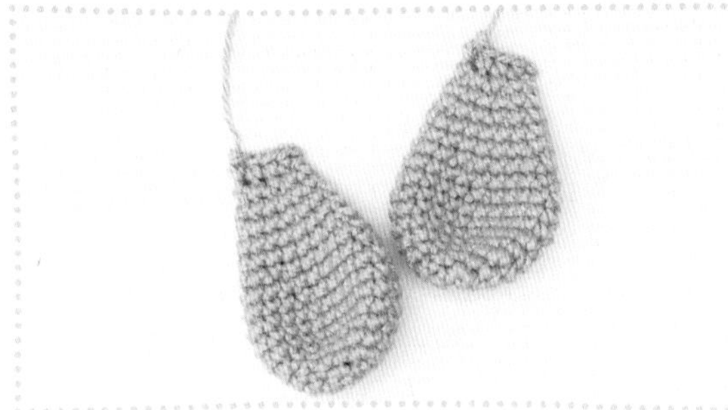

Schnabel (in Jet Black)

1. Rd: 6 fM in einen Fadenring.
2. Rd: *2 fM, 1 M zun*, von * bis * noch 1x wdh [8].
3.–4. Rd: 8 fM häkeln.
Schneide den Faden ab, beende die Rd unsichtbar und vernähe den Faden.

Kopf (in Anthracite, Snow White und Mercury)

Beginne in Anthracite.
1. Rd: 6 fM in einen Fadenring.
2. Rd: 6x 1 M zun [12].
3. Rd: *1 fM, 1 M zun*, von * bis * noch 5x wdh [18].
4. Rd: *1 fM, 1 M zun, 1 fM*, von * bis * noch 5x wdh [24].
5. Rd: *3 fM, 1 M zun*, von * bis * noch 5x wdh [30].
6. Rd: 30 fM häkeln.
7. Rd: *2 fM, 1 M zun, 2 fM*, von * bis * noch 5x wdh [36].
8. Rd: 36 fM häkeln.

9. Rd: *5 fM, 1 M zun*, von * bis * noch 1x wdh, Fb-Wechsel zu Snow White, 3 fM, Fb-Wechsel zu Anthracite, 2 fM, 1 M zun, 2 fM, Fb-Wechsel zu Snow White, 3 fM, Fb-Wechsel zu Anthracite, 1 M zun, *5 fM, 1 M zun*, von * bis * noch 1x wdh [42].
10. Rd: 3 fM, 1 M zun, 6 fM, 1 M zun, 2 fM, Fb-Wechsel zu Snow White, 2 fM, 1 M zun, 2 fM, Fb-Wechsel zu Anthracite, 4 fM, Fb-Wechsel zu Snow White, 2 fM, 1 M zun, 2 fM, Fb-Wechsel zu Anthracite, 2 fM, 1 M zun, 6 fM, 1 M zun, 5 fM [48].
11.–15. Rd: 14 fM, Fb-Wechsel zu Snow White, 7 fM, Fb-Wechsel zu Anthracite, 4 fM, Fb-Wechsel zu Snow White, 7 fM, Fb-Wechsel zu Anthracite, 16 fM [48].
In den nächsten beiden Rd wird der Schnabel eingehäkelt. Falte den Schnabel so, dass auf beiden Seiten je 4 fM liegen. Lege den Schnabel mit der Öffnung an die Öffnung des Kopfes.
In der 1. Rd häkelst du die M ein, die direkt am Kopf liegen, in der 2. Rd die restlichen M.
16. Rd: 14 fM, Fb-Wechsel zu Snow White, 6 fM, Fb-Wechsel zu Anthracite, 1 fM, 4 fM mit Schnabel, 1 fM, Fb-Wechsel zu Snow White, 6 fM, Fb-Wechsel zu Anthracite, 16 fM [48].
17. Rd: 14 fM, Fb-Wechsel zu Snow White, 6 fM, Fb-Wechsel zu Anthracite, 1 fM, 4 fM mit Schnabel, 1 fM, Fb-Wechsel zu Snow White, 6 fM, Fb-Wechsel zu Anthracite, 16 fM [48].

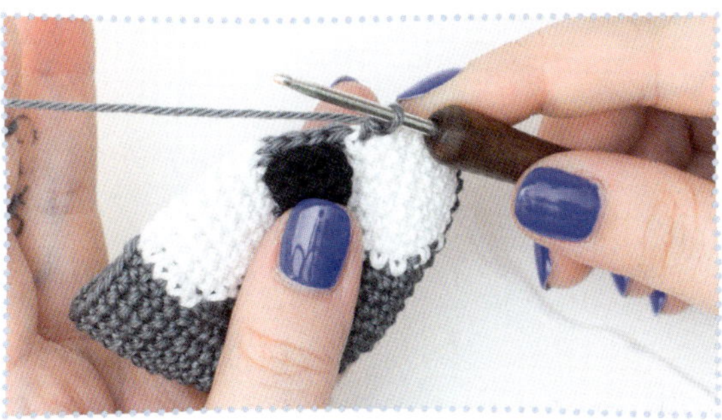

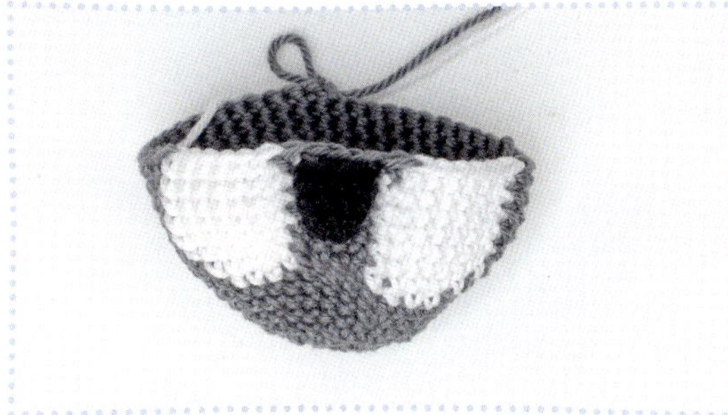

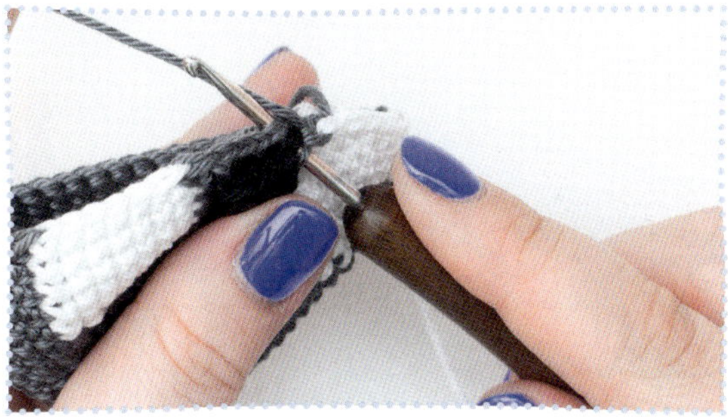

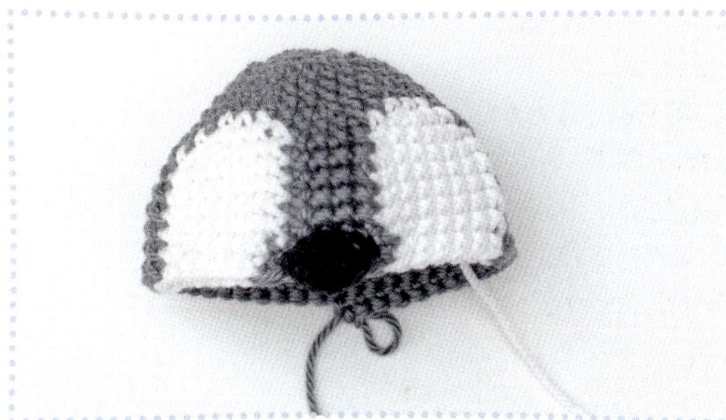

18. Rd: 3 fM, 1 M abn, 6 fM, 1 M abn, 1 fM, Fb-Wechsel zu Snow White, 5 fM, 1 M abn, 6 fM, 1 M abn, 3 fM, Fb-Wechsel zu Anthracite, 3 fM, 1 M abn, 6 fM, 1 M abn, 3 fM [42].
19. Rd: *5 fM, 1 M abn*, von * bis * noch 1x wdh, Fb-Wechsel zu Snow White, 5 fM, 1 M abn, 5 fM, Fb-Wechsel zu Anthracite, 1 M abn, *5 fM, 1 M abn*, von * bis * noch 1x wdh [36].
Setze die Sicherheitsaugen zwischen der 14. und 15. Rd mit einem Abstand von 8 M ein.

20. Rd: *2 fM, 1 M abn, 2 fM*, von * bis * noch 1x wdh, 2 fM, Fb-Wechsel zu Snow White, 1 M abn, 3 fM, 1 M abn, Fb-Wechsel zu Anthracite, *4 fM, 1 M abn*, von * bis * noch 1x wdh, 3 fM [30].
21.–22. Rd: Fb-Wechsel zu Mercury, 30 fM.
Stopfe den Kopf mit Füllwatte aus. Schneide den Faden nicht ab, es geht direkt mit dem Körper weiter.

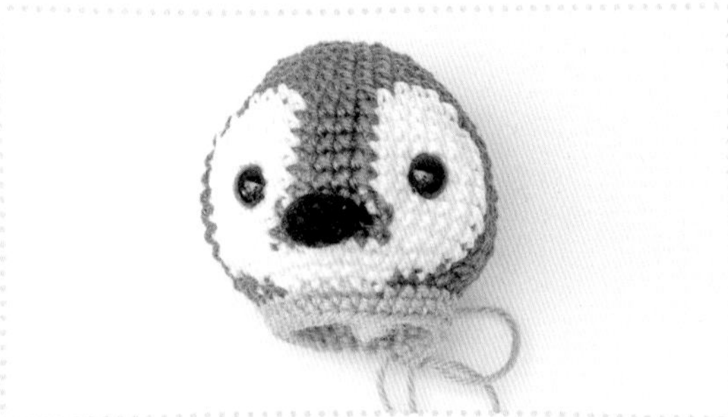

Körper (in Mercury)

1. Rd: 30 fM häkeln.
2. Rd: *2 fM, 1 M zun, 2 fM*, von * bis * noch 5x wdh [36].
In der nächsten Rd werden die Flügel kopfüber eingehäkelt.
3. Rd: 8 fM, 4 fM mit dem 1. Flügel, 12 fM, 4 fM mit dem 2. Flügel, 8 fM [36].

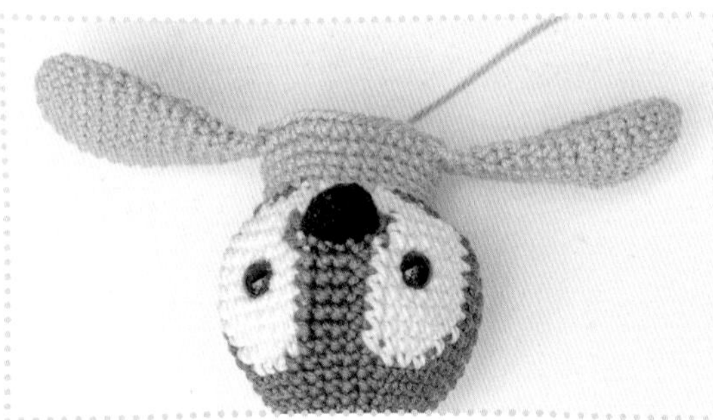

4. Rd: *5 fM, 1 M zun*, von * bis * noch 5x wdh [42].
5. Rd: 12 fM, *1 fM, 1 M zun, 1 fM*, von * bis * noch 5x wdh, 12 fM [48].
6.–15. Rd: 48 fM häkeln.
16. Rd: *3 fM, 1 M abn, 3 fM*, von * bis * noch 5x wdh [42].
17. Rd: *5 fM, 1 M abn*, von * bis * noch 5x wdh [36].
18. Rd: *2 fM, 1 M abn, 2 fM*, von * bis * noch 5x wdh [30].
In der nächsten Rd werden die Füße kopfüber eingehäkelt.
19. Rd: 12 fM, 4 fM mit dem 1. Fuß, 3 fM, 4 fM mit dem 2. Fuß, 7 fM [30].

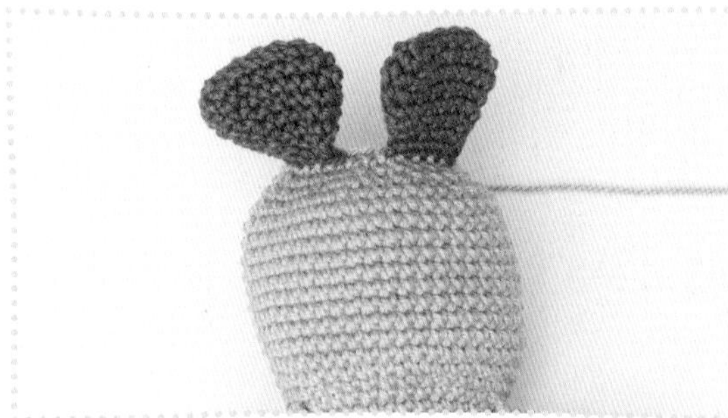

20. Rd: *3 fM, 1 M abn*, von * bis * noch 5x wdh [24].
Vergiss nicht, den Körper mit Füllwatte auszustopfen.
21. Rd: 12x 1 M abn [12].
22. Rd: 6x 1 M abn [6].
Schneide den Faden ab, ziehe ihn durch die verbliebenen vorderen M-Glieder und vernähe den Faden.

Details (in Jet Black und Anthracite)

An die Sicherheitsaugen stickst du einen einfachen Wimpernkranz in Jet Black. Sticke die Augenbrauen 3 Rd oberhalb der Augen über 2 M Breite.

TIPP Für eine dezentere Gestaltung kannst du das Garn in der Hälfte spalten.

Knüpfe ein paar Haarsträhnen in Anthracite mittig um die 4. Rd. Kürze sie auf die gewünschte Länge und kämme sie etwas auf.

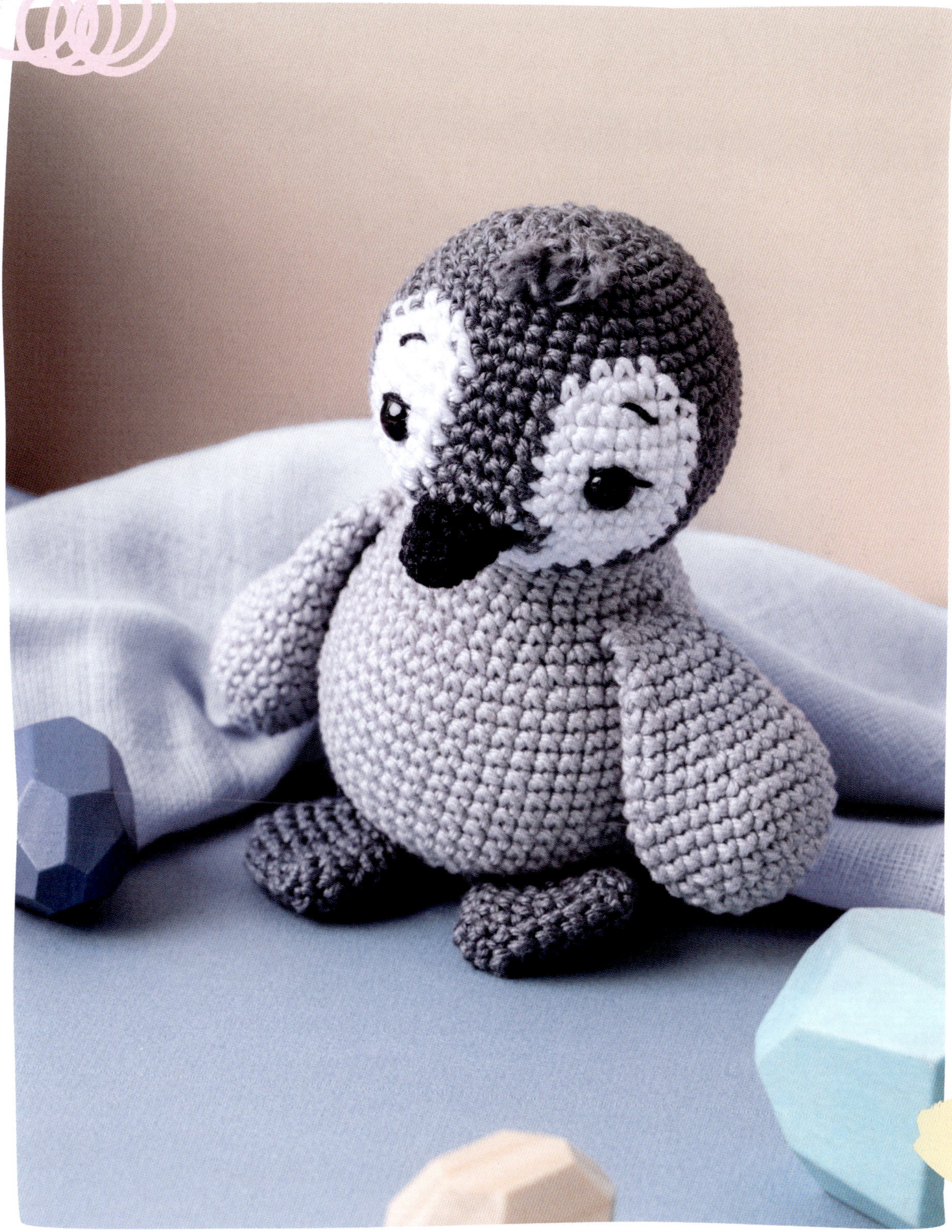

Wal Leon

Das benötigst du:

Material

- **Scheepjes Catona (100 % Baumwolle, LL 125 m/50 g) in**
  - Deep Ocean Green (Fb 391), 20 g
  - Bridal White (Fb 105), Rest
  - Snow White (Fb 106), Rest
  - Jet Black (Fb 110), Rest
- **Sicherheitsaugen ø 8 mm**
- **Häkelnadel 2,5 mm**
- **Füllwatte**
- **Wollnadel**
- **2 Maschenmarkierer**

Höhe
9 cm

So wird's gemacht:

Es wird, wenn nicht anders angegeben, in Spiral-Rd gehäkelt. Häkle die Seitenflossen zuerst, denn diese werden eingehäkelt. Den Faden der Gliedmaßen kannst du direkt vernähen oder im Anschluss im Körper einhäkeln. Denke schon beim Häkeln daran, die Teile nach und nach mit Watte auszustopfen, wenn nicht anders angegeben.

Seitenflossen (2x, in Deep Ocean Green)

1. Rd: 6 fM in einen Fadenring.
2. Rd: 6x 1 M zun [12].
3. Rd: 3 fM, 3x 1 M zun, 6 fM [15].
4. Rd: 15 fM häkeln.
5. Rd: 3 fM, *1 fM, 1 M zun*, von * bis * noch 2x wdh, 6 fM [18].
6.–7. Rd: 18 fM häkeln.
8. Rd: 3 fM, 6x 1 M abn, 3 fM [12].
Die Flosse wird nicht mit Füllwatte ausgestopft.
9. R: 1 Lm, gegenüberliegende Seiten mit 6 fM zusammenhäkeln.
Faden abschneiden.

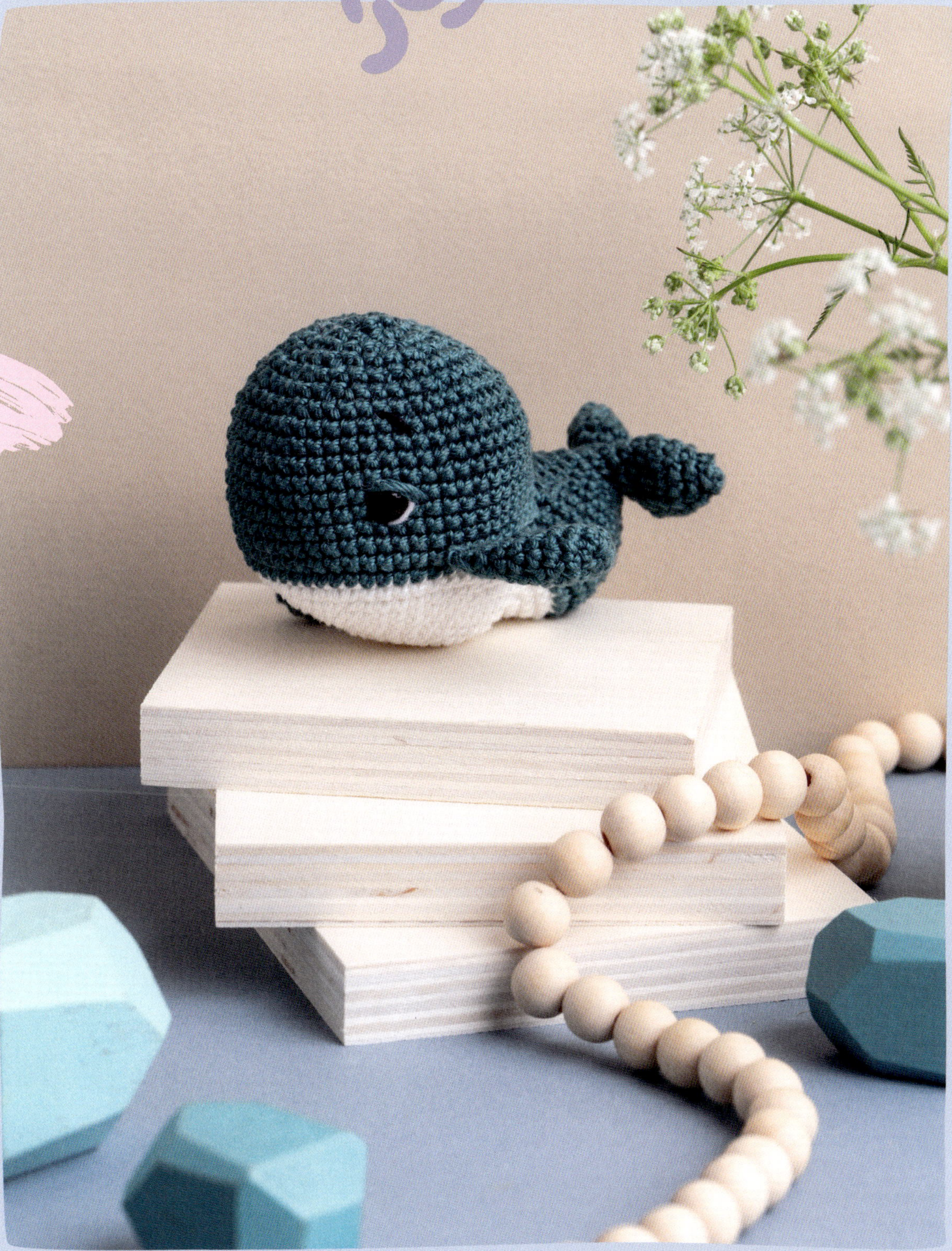

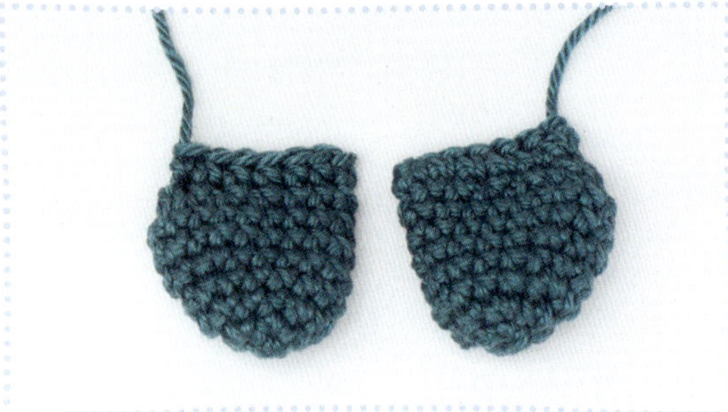

Kopf und Körper (in Bridal White und Deep Ocean Green)

Beginne in Bridal White.
1. Rd: 6 fM in einen Fadenring.
2. Rd: 6x 1 M zun [12].
3. Rd: *1 fM, 1 M zun*, von * bis * noch 5x wdh [18].
4. Rd: *1 fM, 1 M zun, 1 fM*, von * bis * noch 5x wdh [24].
5. Rd: *3 fM, 1 M zun*, von * bis * noch 5x wdh [30].
6. Rd: 6 fM, 3x 1 M zun, 9 fM, *1 M zun, 2 fM*, von * bis * noch 2x wdh, 3 fM [36].
7. Rd: 6 fM, *1 fM, 1 M zun*, von * bis * noch 2x wdh, 9 fM, *3 fM, 1 M zun*, von * bis * noch 2x wdh, 3 fM [42].
8. Rd: 6 fM, *1 M zun, 2 fM*, von * bis * noch 2x wdh, 9 fM, *1 M zun, 4 fM*, von * bis * noch 2x wdh, 3 fM [48].
9. Rd: 6 fM, *3 fM, 1 M zun*, von * bis * noch 2x wdh, 9 fM, *5 fM, 1 M zun*, von * bis * noch 2x wdh, 3 fM [54].
10. Rd: 6 fM, *1 M zun, 4 fM*, von * bis * noch 2x wdh, 9 fM, *1 M zun, 6 fM*, von * bis * noch 2x wdh, 3 fM [60].
11. Rd: Fb-Wechsel zu Deep Ocean Green, 6 fM, *1 fM, 1 M zun, 1 fM*, von * bis * noch 5x wdh, 36 fM [66].
In den nächsten beiden Rd werden die Flossen jeweils über 6 M eingehäkelt. Die 2. Flosse häkelst du vom Ende der 12. Rd über die ersten M der 13. Rd mit ein.
12. Rd: 34 fM, 6 fM mit der 1. Flosse, 22 fM, 4 fM mit der 2. Flosse [66].
Markiere dir die 7. und die 30. M mit einem MM. Diese M werden in der folgenden Rd übersprungen.
13. Rd: 2 fM mit der 2. Flosse, 4 fM, 6 Lm, überspringe den markierten Bereich, häkle in der M nach dem 2. MM weiter, 36 fM [48].
Der abgetrennte Bereich wird später zur Schwanzflosse.

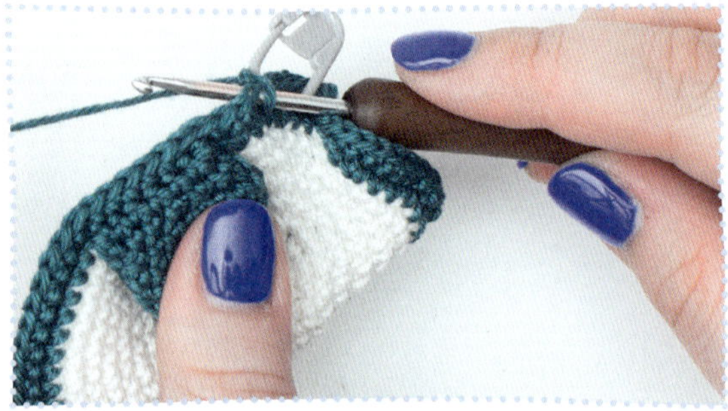

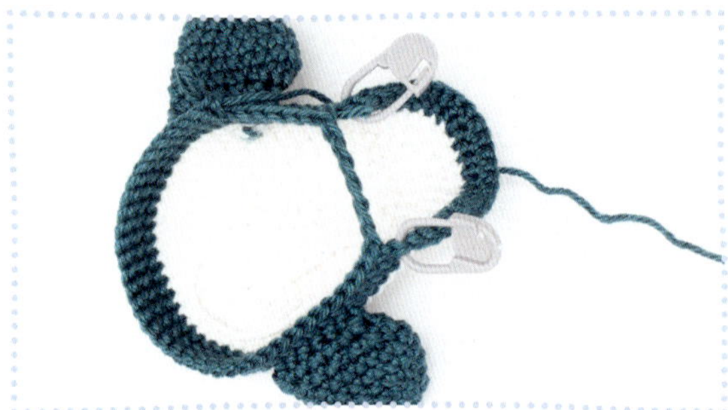

14. Rd: 6 fM, 6 fM ihM der Lm-Kette, 36 fM [48].
15.–20. Rd: 48 fM häkeln.
21. Rd: *3 fM, 1 M abn, 3 fM*, von * bis * noch 5x wdh [42].
22. Rd: *5 fM, 1 M abn*, von * bis * noch 5x wdh [36].
Setze die Sicherheitsaugen zwischen der 15. und 16. Rd mit einem Abstand von 14 M ein.

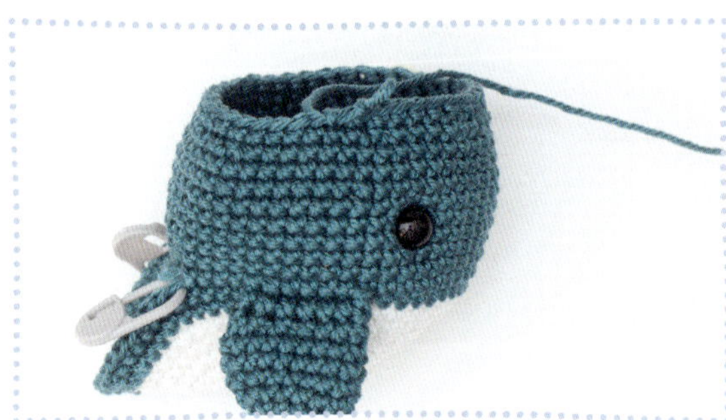

23. Rd: *2 fM, 1 M abn, 2 fM*, von * bis * noch 5x wdh [30].
24. Rd: *3 fM, 1 M abn*, von * bis * noch 5x wdh [24].
Vergiss nicht, den Wal mit Füllwatte auszustopfen. Du hast die Möglichkeit, durch die Schwanzflosse weitere Füllwatte hinzuzugeben.
25. Rd: *1 fM, 1 M abn, 1 fM*, von * bis * noch 5x wdh [18].
26. Rd: *1 fM, 1 M abn*, von * bis * noch 5x wdh [12].
27. Rd: 6x 1 M abn [6].
Schneide den Faden ab, ziehe ihn durch die verbliebenen vorderen M-Glieder und vernähe den Restfaden. Vertiefe die Augen.

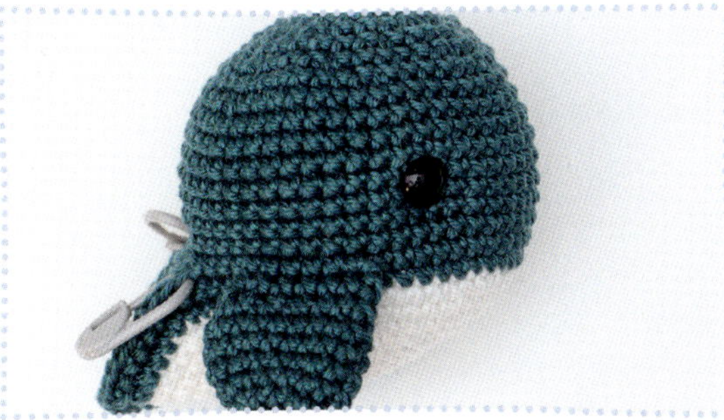

Schwanzflosse (in Deep Ocean Green)

Schlage in der 4. M nach dem 1. MM neu an.
1. Rd: 21 fM, 6 fM ivM der Lm-Kette, 3 fM [30].
2. Rd: 6 fM, 4x 1 M abn, 16 fM [26].

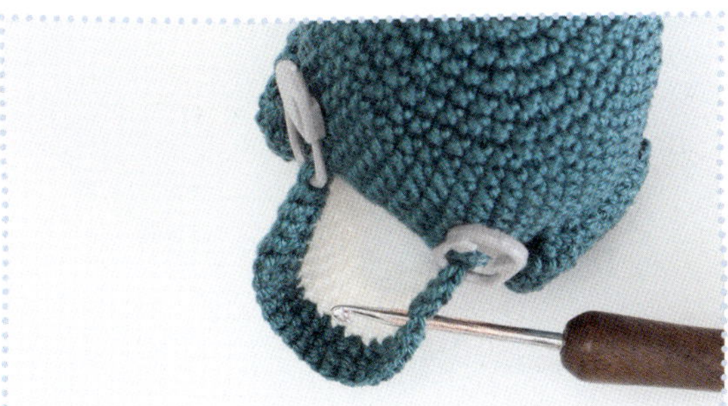

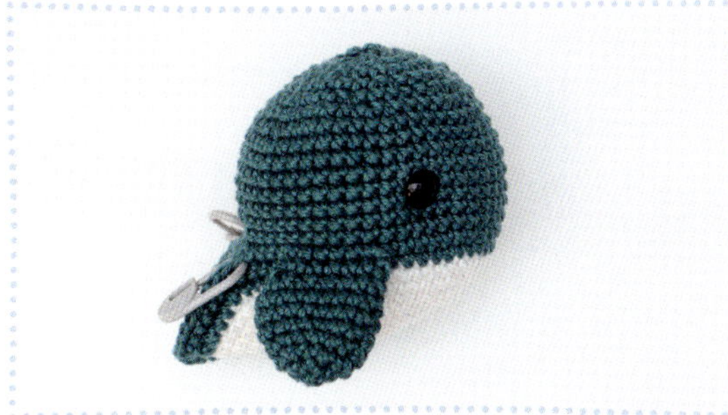

3. Rd: 16 fM, 1 M abn, 4 fM, 1 M abn, 2 fM [24].
4. Rd: *2 fM, 1 M abn, 2 fM*, von * bis * noch 3x wdh [20].
5. Rd: *3 fM, 1 M abn*, von * bis * noch 3x wdh [16].
Stopfe den unteren Teil der Schwanzflosse und gegebenenfalls noch einmal den Körper mit Füllwatte aus.
6. Rd: 16 fM häkeln.
7. Rd: *1 fM, 1 M abn, 1 fM*, von * bis * noch 3x wdh [12].
In der nächsten Rd wird die Schwanzflosse in 2 Teile geteilt. Achte darauf, dass die Flosse mittig geteilt wird, sodass ihre beiden Hälften am Ende horizontal und nicht vertikal liegen.
8. Rd: 2 fM, 3 Lm, überspringe 6 M, 4 fM [9].
9. Rd: 2 fM, 3 fM ihM der Lm-Kette, 4 fM [9].
10. Rd: 2x 1 M zun, 5 fM, 2x 1 M zun [13].

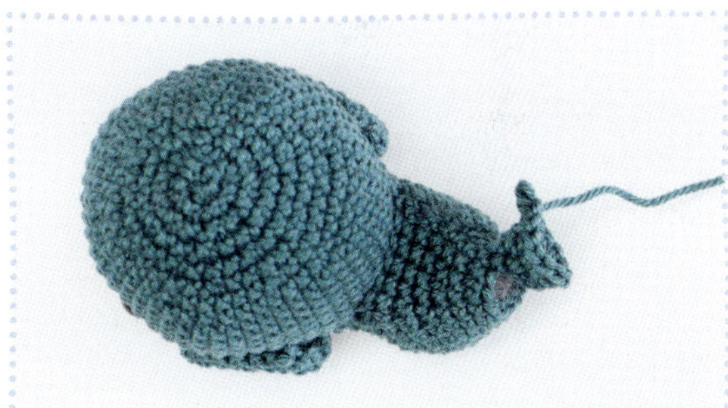

Die einzelnen Flossenteile werden nicht ausgestopft.
11. Rd: 1 M zun, 11 fM, 1 M zun [15].
12. Rd: 2 fM, 5x 1 M abn, 3 fM [10].
13. Rd: 10 fM häkeln.

14. Rd: 5x 1 M abn [5].
Schneide den Faden ab, ziehe ihn durch die verbliebenen vorderen M-Glieder und vernähe ihn. Jetzt ist die letzte Möglichkeit, den Körper durch die verbliebene Öffnung fertig auszustopfen. Schlage in der 2. M rechts des 1. Flossenteils neu an.

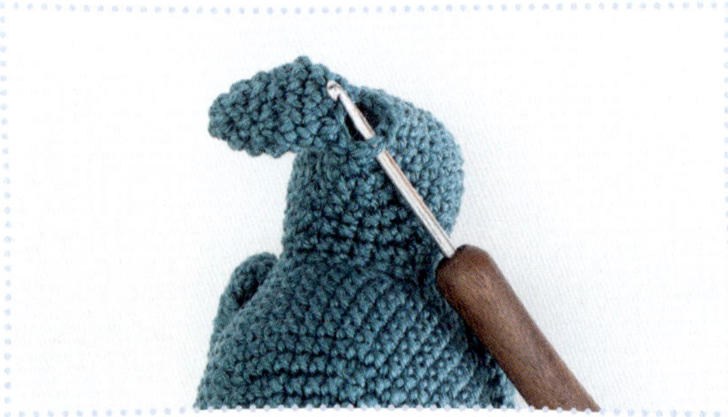

1. Rd: 2 fM, 3 fM ivM der Lm-Kette, 4 fM [9].

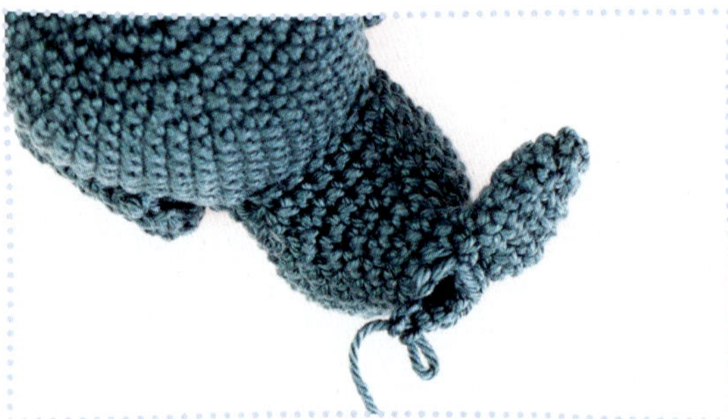

2. Rd: 1 M zun, 5 fM, 3x 1 M zun [13].
3. Rd: 10 fM, 2x 1 M zun, 1 fM [15].
4. Rd: 5x 1 M abn, 5 fM [10].
5. Rd: 10 fM häkeln.
6. Rd: 5x 1 M abn [5].
Schneide den Faden ab, ziehe ihn durch die verbliebenen vorderen M-Glieder und vernähe ihn.

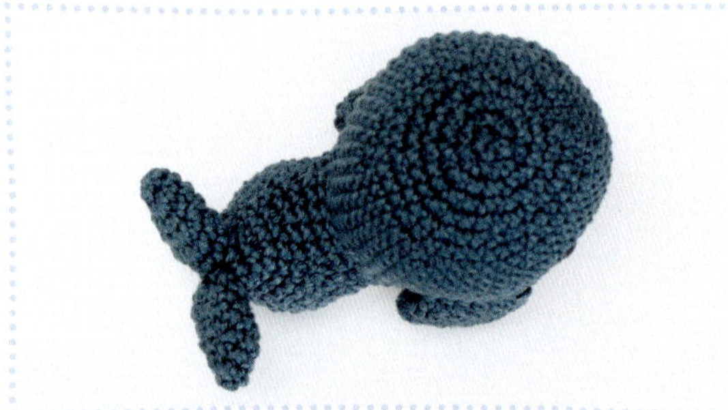

Details (in Snow White, Jet Black und Deep Ocean Green)

An die Sicherheitsaugen stickst du Augenweiß in Snow White. Sticke die Augenbrauen in Jet Black 4 Rd oberhalb der Augen über 2 M Breite. Sticke mit 2–3 Stichen in Deep Ocean Green die Augenlider am oberen Ende der Sicherheitsaugen auf.

TIPP **Für eine dezentere Gestaltung kannst du das Garn in der Hälfte spalten.**

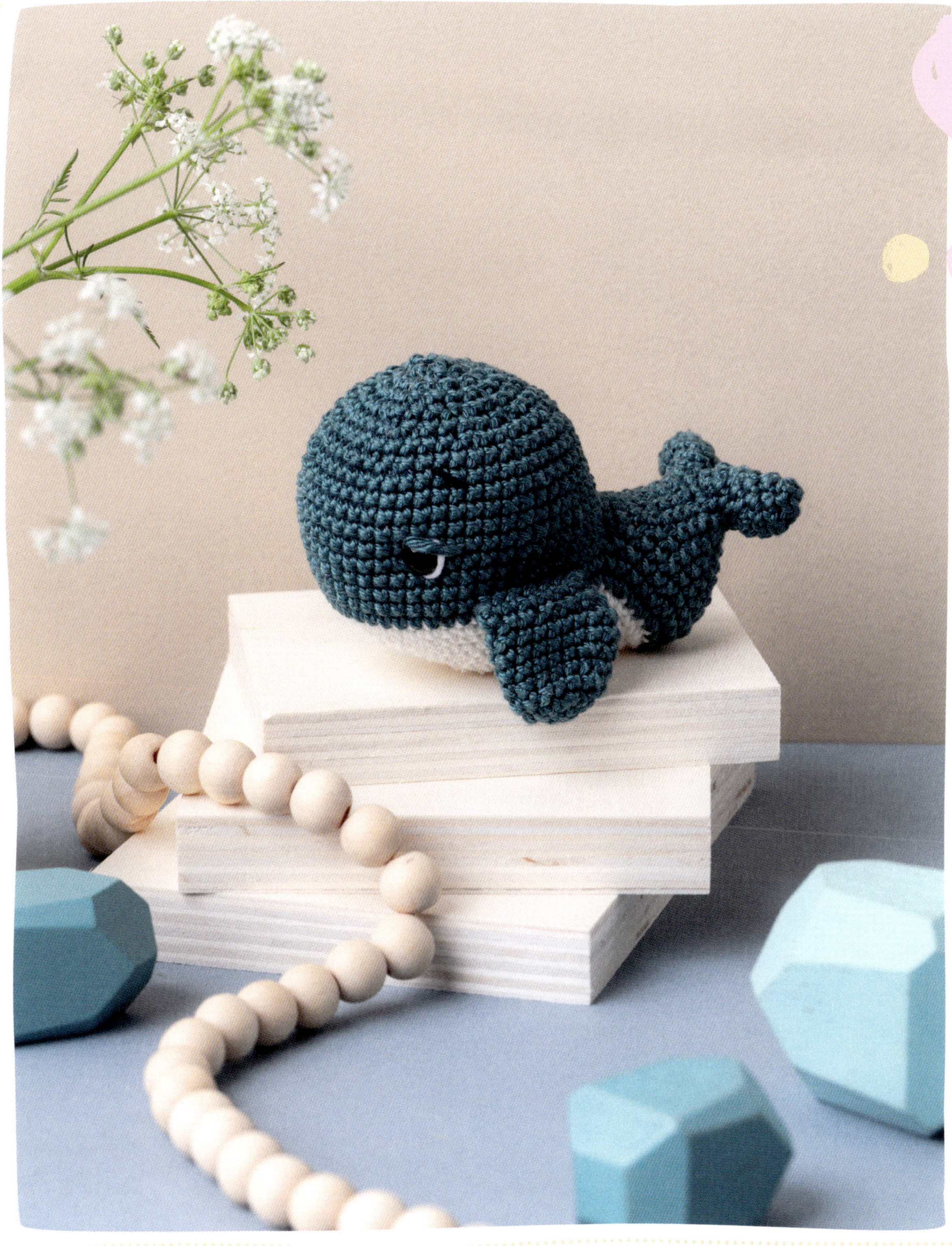

Seepferdchen Nayla

Das benötigst du:

Material

- **Scheepjes Catona (100 % Baumwolle, LL 125 m/50 g) in**
  - Royal Orange (Fb 189), 30 g
  - Peach (Fb 386), Rest
  - Snow White (Fb 106), Rest
  - Jet Black (Fb 110), Rest
- **Sicherheitsaugen ø 8 mm**
- **Häkelnadel 2,5 mm**
- **Füllwatte**
- **Wollnadel**
- **Stecknadeln**

Höhe
17,5 cm

So wird's gemacht:

Es wird, wenn nicht anders angegeben, in Spiral-Rd gehäkelt. Häkle die Flossen zuerst, denn diese werden eingehäkelt. Den Faden der Gliedmaßen kannst du direkt vernähen oder im Anschluss im Körper einhäkeln. Denke schon beim Häkeln daran, die Teile nach und nach mit Watte auszustopfen, wenn nicht anders angegeben.

Flossen (2x, in Peach)

Schlage 7 Lm an, beginne in der 2. M von der Nadel aus. Es wird in R gehäkelt.
1. R: 6 fM, 1 Wende-Lm [6].
In den kommenden R werden nicht alle M weiter behäkelt.
2. R: 5 fM ihM, 1 Wende-Lm [5].
3. R: 5 fM ihM, 1 Wende-Lm [5].
4. R: 4 fM ihM, 1 Wende-Lm [4].
5. R: 4 fM ihM, 1 Lm [4].
Drehe die Flosse um 90° nach rechts. Häkle entlang der geraden Seite 2 Abn [2].
Schneide den Faden ab.

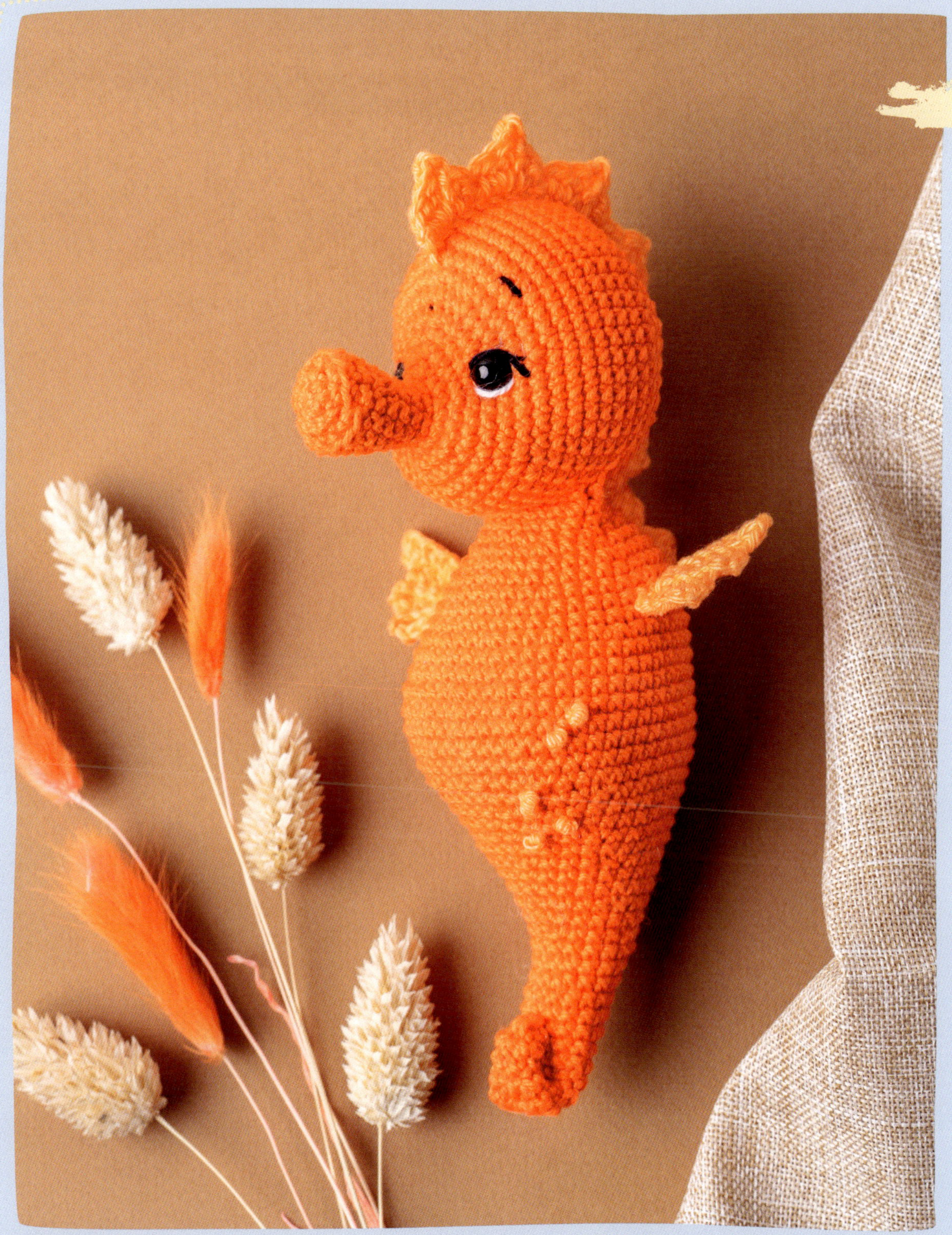

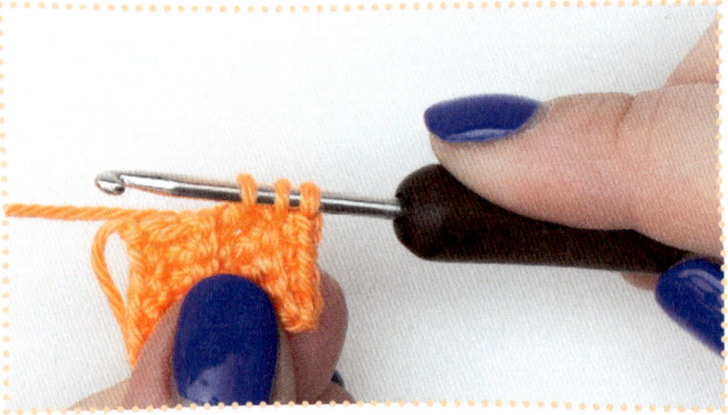

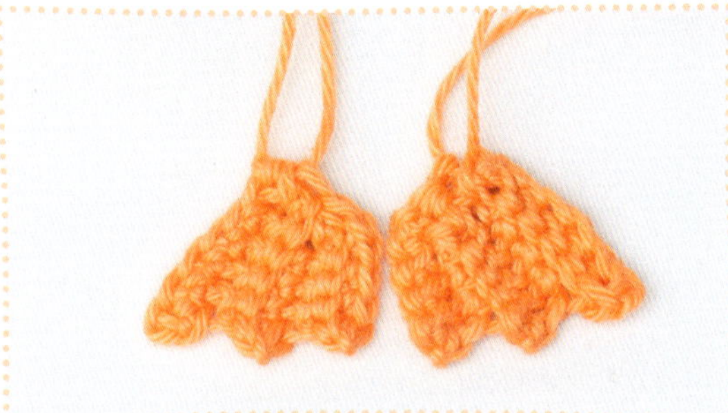

Kopf (in Royal Orange)

1. Rd: 6 fM in einen Fadenring.
2. Rd: 6x 1 M zun [12].
3. Rd: *3 fM, 1 M zun*, von * bis * noch 2x wdh [15].
4. Rd: 15 fM ihM häkeln.
5. Rd: *3 fM, 1 M abn*, von * bis * noch 2x wdh [12].
6. Rd: 12 fM häkeln.
7. Rd: *1 fM, 1 M abn, 1 fM*, von * bis * noch 2x wdh [9].
8.–10. Rd: 9 fM häkeln.
11. Rd: 9x 1 M zun [18].
12. Rd: *1 fM, 1 M zun, 1 fM*, von * bis * noch 5x wdh [24].
13. Rd: *3 fM, 1 M zun*, von * bis * noch 5x wdh [30].
14. Rd: 10 fM, 6x 1 M zun, 14 fM [36].
15. Rd: 10 fM, *1 fM, 1 M zun*, von * bis * noch 5x wdh, 14 M [42].
16. Rd: 42 fM häkeln.
17. Rd: 10 fM, *1 M zun, 2 fM*, von * bis * noch 5x wdh, 14 fM [48].
18.–20. Rd: 48 fM häkeln.
In den nächsten Rd bereitest du den Teil vor, von dem aus später der Körper gehäkelt wird.
21. Rd: 43 fM, 5 fM ihM [48].
22. Rd: 3 fM ihM, 39 fM, 1 fM ihM, 5 fM [48].
23. Rd: 3 fM, 1 fM ihM, 39 fM, 5 fM ihM [48].
24. Rd: 3 fM ihM, 45 fM [48].
25. Rd: 48 fM häkeln.
26. Rd: *3 fM, 1 M abn, 3 fM*, von * bis * noch 5x wdh [42].
Setze die Sicherheitsaugen zwischen der 14. und 15. Rd mit einem Abstand von 12 M ein.
27. Rd: *5 fM, 1 M abn*, von * bis * noch 5x wdh [36].

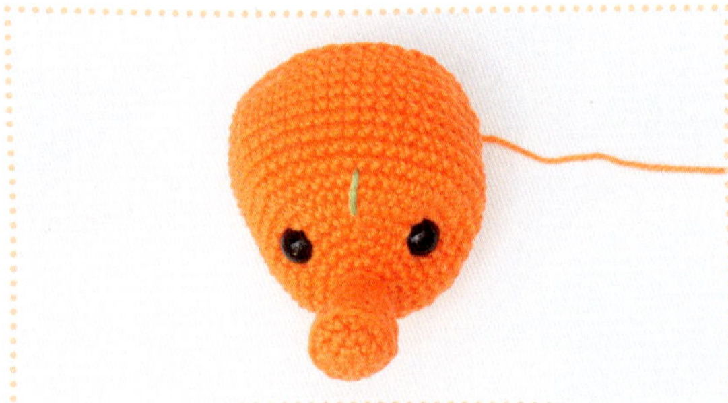

28. Rd: *2 fM, 1 M abn, 2 fM*, von * bis * noch 5x wdh [30].
29. Rd: *3 fM, 1 M abn*, von * bis * noch 5x wdh [24].
Vergiss nicht, den Kopf mit Füllwatte auszustopfen.
30. Rd: *1 fM, 1 M abn, 1 fM*, von * bis * noch 5x wdh [18].
31. Rd: *1 fM, 1 M abn*, von * bis * noch 5x wdh [12].
32. Rd: 6x 1 M abn [6].
Schneide den Faden ab, ziehe ihn durch die verbliebenen vorderen M-Glieder und vernähe den Restfaden. Vertiefe die Augen.

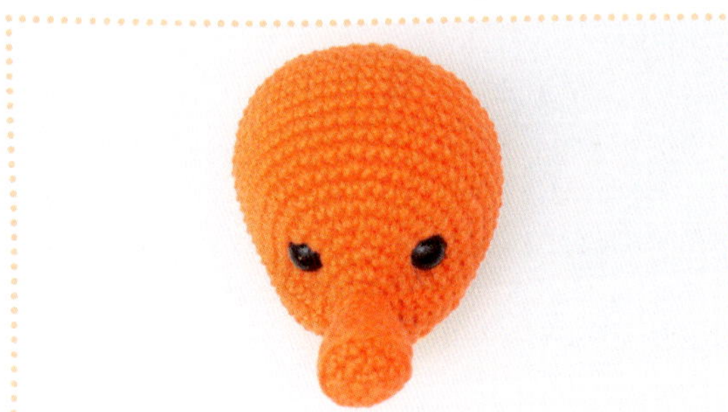

Körper (in Royal Orange)

Du beginnst an der Mitte des Rückens, den Körper zu häkeln.
Schlage im 5. vorderen M-Glied der 23. und 24. Rd des Kopfes neu an.
1. Rd: 4 fM ivM der 23. Rd des Kopfes, 1 fM ivM der 22. Rd des Kopfes, 8 fM ivM der 21. und 22. Rd des Kopfes, 1 fM ivM der 23. Rd des Kopfes, 4 fM ivM der 23. und 24. Rd des Kopfes [18].

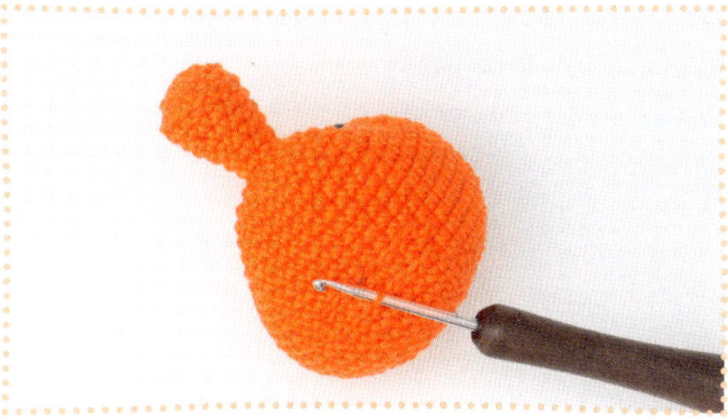

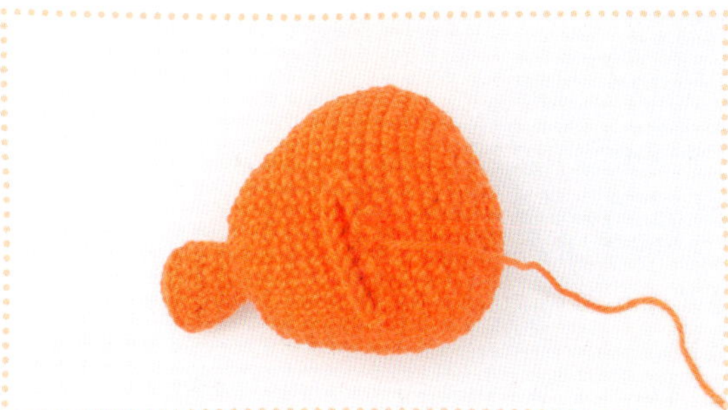

2.–3. Rd: 18 fM häkeln.
4. Rd: *1 fM, 1 M zun, 1 fM*, von * bis * noch 5x wdh [24].
5. Rd: *3 fM, 1 M zun*, von * bis * noch 5x wdh [30].
6. Rd: *2 fM, 1 M zun, 2 fM*, von * bis * noch 5x wdh [36].
7. Rd: 36 fM häkeln.
8. Rd: *5 fM, 1 M zun*, von * bis * noch 5x wdh [42].
In der nächsten Rd werden die Flossen mit den 2 M, die über ihre gerade Seite gehäkelt wurden, eingearbeitet. Beim Einhäkeln zeigen die kurzen Seiten in Richtung des Bauchs.
9. Rd: 11 fM, 2 fM mit der 1. Flosse, 19 fM, 2 fM mit der 2. Flosse, 8 fM [42].
Vernähe die Restfäden der Flossen im Inneren des Körpers.
10. Rd: 42 fM häkeln.

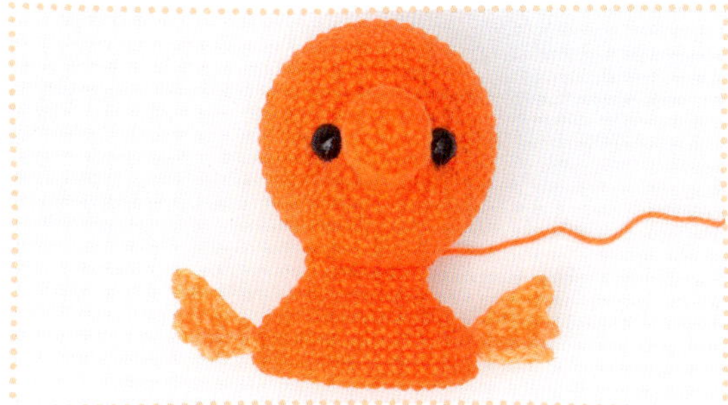

11. Rd: 14 fM, *1 fM, 1 M zun, 1 fM*, von * bis * noch 5x wdh, 10 fM [48].
12.–13. Rd: 48 fM häkeln.
Die folgenden Abn sollten sich mittig am Rücken befinden, die Zun mittig am Bauch. Falls nicht, verschiebe um 1–2 M.
14. Rd: 3x 1 M abn, 14 fM, *1 fM, 1 M zun, 1 fM*, von * bis * noch 3x wdh, 14 fM, 1 M abn [48].
15.–16. Rd: 48 fM häkeln.
Die folgenden Zun sollten sich mittig am Rücken befinden, die Abn mittig am Bauch. Falls nicht, verschiebe um 1–2 M.
17. Rd: 3x 1 M zun, 14 fM, *1 fM, 1 M abn, 1 fM*, von * bis * noch 3x wdh, 14 fM, 1 M zun [48].
18. Rd: 48 fM häkeln.
19. Rd: 18 fM, *1 fM, 1 M abn, 1 fM*, von * bis * noch 3x wdh, 14 fM [44].
20. Rd: *9 fM, 1 M abn*, von * bis * noch 3x wdh [40].
21. Rd: *4 fM, 1 M abn, 4 fM*, von * bis * noch 3x wdh [36].
22. Rd: 36 fM häkeln.
23. Rd: *2 fM, 1 M abn, 2 fM*, von * bis * noch 5x wdh [30].
Vergiss nicht, den Körper mit Füllwatte auszustopfen.

24. Rd: 30 fM häkeln.
25. Rd: *3 fM, 1 M abn*, von * bis * noch 5x wdh [24].
26.–27. Rd: 24 fM häkeln.
28. Rd: *2 fM, 1 M abn, 2 fM*, von * bis * noch 3x wdh [20].
29. Rd: 20 fM häkeln.
30. Rd: *3 fM, 1 M abn*, von * bis * noch 3x wdh [16].
31.–32. Rd: 16 fM häkeln.
33. Rd: 1 fM abn, 3x 1 M abn, 3 fM, 3x 1 M zun, 3 fM [16].
34. Rd: 16 fM häkeln.
Ab hier brauchst du nicht mehr mit Füllwatte auszustopfen.
35. Rd: 2x 1 M abn, 12 fM [14].
36. Rd: 14 fM häkeln.
37. Rd: 2x 1 M abn, 10 fM [12].
38. Rd: 1 M abn, 4 fM, 1 M zun, 5 fM [12].
39. Rd: *2 fM, 1 M abn, 2 fM*, von * bis * noch 1x wdh [10].
40. Rd: 1 M abn, 3 fM, 1 M zun, 4 fM [10].
41. Rd: 1 M abn, 6 fM, 1 M abn [8].
42.–43. Rd: 8 fM häkeln.
44. Rd: 2x 1 M abn, 4 fM [6].
45.–46. Rd: 6 fM häkeln.
Schneide den Faden ab, ziehe ihn durch die verbliebenen vorderen M-Glieder und nähe das untere Stück auf Höhe der 36. Rd fest.

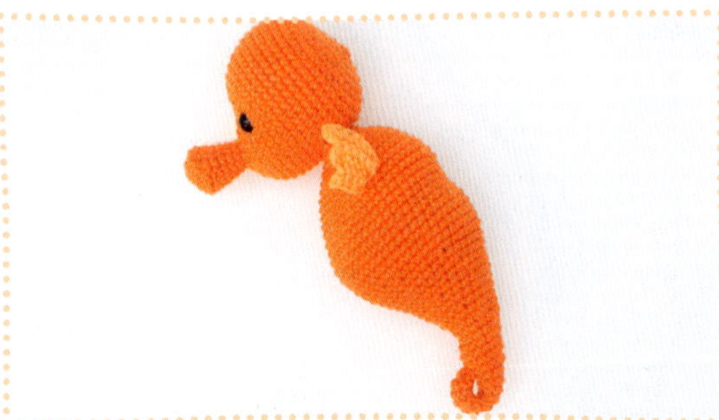

Kamm (in Peach)

Markiere dir die Mitte des Kopfes ab der 17. Rd bis zu der 14. Rd des Körpers mit Stecknadeln. Schlage an der untersten Stecknadel am Körper neu an. Es wird in R gehäkelt.

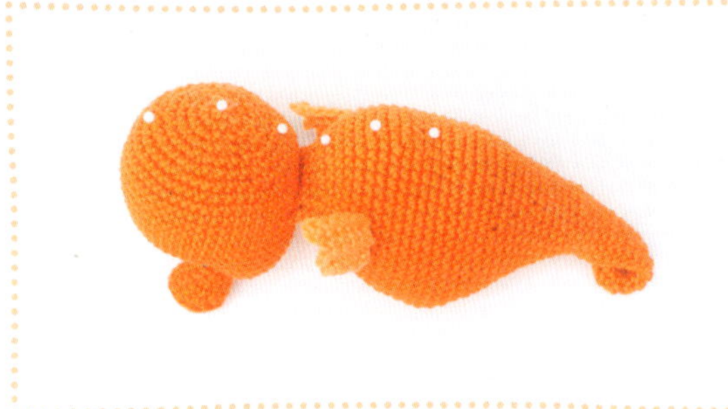

1. R: Häkle fM bis zur Stecknadel in der 17. Rd am Kopf, 1 Wende-Lm [40].
Falls du nicht auf die gleiche M-Anzahl kommst, ist das nicht schlimm, achte aber darauf, dass deine Anzahl durch 4 teilbar ist, um die folgende R anpassen zu können.

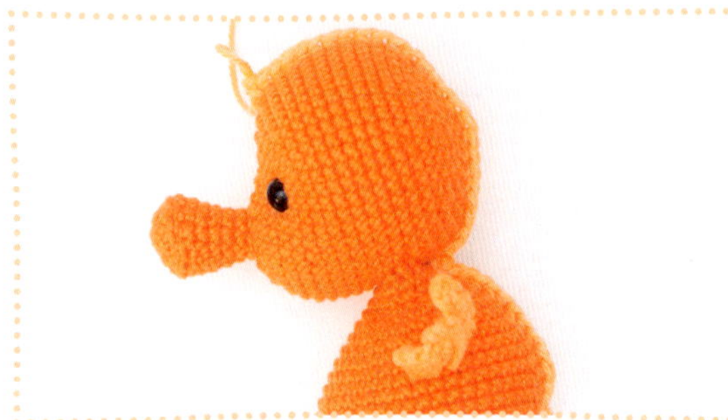

2. R: *1 fM, (1 hStb + 1 Stb + 1 Picot) in 1 M, (1 Stb + 1 hStb) in 1 M, 1 Km*, von * bis * noch 5x wdh, 4 fM, *1 fM, (1 hStb + 1 Stb + 1 Picot) in 1 M, (1 Stb + 1 hStb) in 1 M, 1 Km*, von * bis * noch 2x wdh, 1 fM, (1 hStb + 1 Picot + 1 hStb) in 1 M, 1 fM, 1 Km.
Schneide den Faden ab und vernähe Anfangs- und Endfaden.

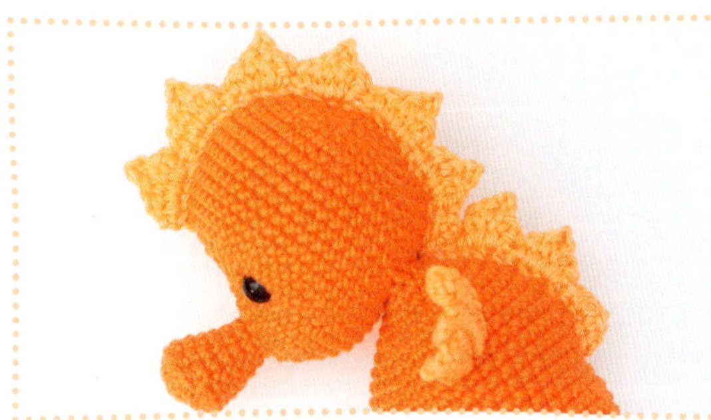

Details (in Snow White, Jet Black und Peach)

An die Sicherheitsaugen stickst du Augenweiß in Snow White und einen doppelten Wimpernkranz in Jet Black. Sticke die Augenbrauen 3 Rd oberhalb der Augen über 2 M Breite.

TIPP Für eine dezentere Gestaltung kannst du das Garn in der Hälfte spalten.

Wenn du möchtest, kannst du noch ein paar Knotenstiche in Peach an den Bauch sticken.

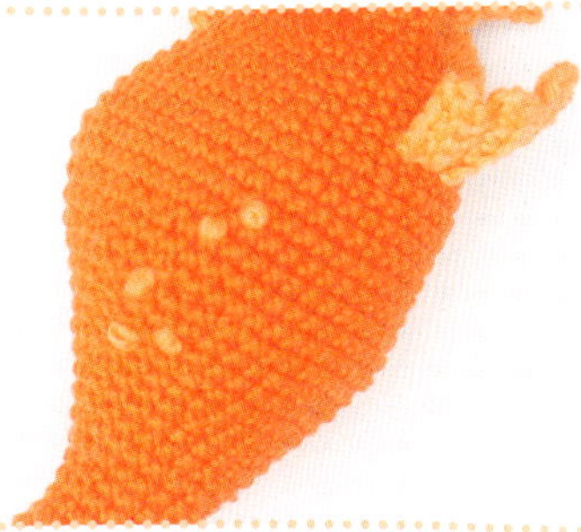

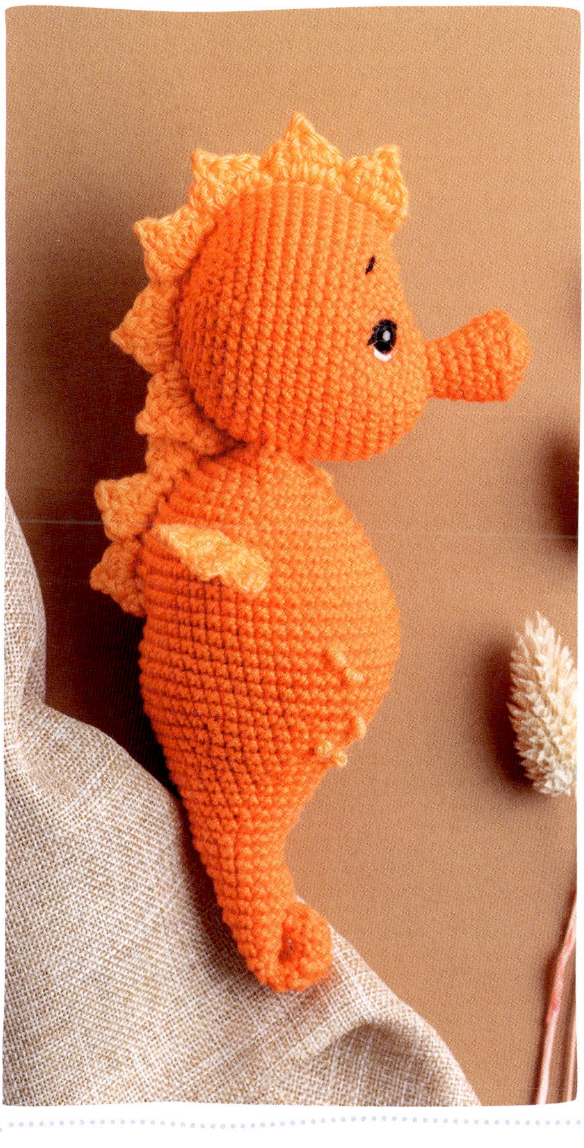

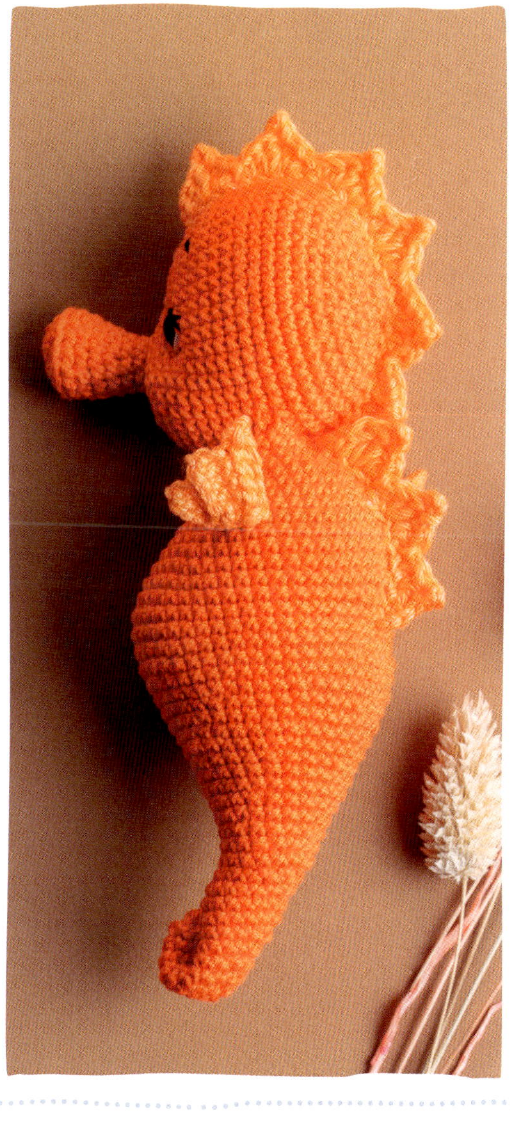

Affe Elias

Das benötigst du:

Material

- **Scheepjes Catona (100 % Baumwolle, LL 125 m/50 g) in**
  - Caramel (Fb 506), 30 g
  - Camel (Fb 502), 15 g
  - Snow White (Fb 106), Rest
  - Jet Black (Fb 110), Rest
- **Sicherheitsaugen ø 8 mm**
- **Häkelnadel 2,5 mm**
- **Füllwatte**
- **Wollnadel**

Höhe 17,5 cm

So wird's gemacht:

Es wird, wenn nicht anders angegeben, in Spiral-Rd gehäkelt. Häkle die Beine, Arme, den Schwanz und die Ohren zuerst, denn diese werden eingehäkelt. Den Faden der Gliedmaßen kannst du direkt vernähen oder im Anschluss im Körper einhäkeln. Denke schon beim Häkeln daran, die Teile nach und nach mit Watte auszustopfen, wenn nicht anders angegeben.

Beine (2x, in Camel und Caramel)

Beginne mit Camel.
1. Rd: 6 fM in einen Fadenring.
2. Rd: 6x 1 M zun [12].
3. Rd: *1 fM, 1 M zun*, von * bis * noch 5x wdh [18].
4. Rd: *1 fM, 1 M zun, 1 fM*, von * bis * noch 5x wdh [24].
5.–6. Rd: 24 fM häkeln.
7. Rd: 7 fM, 3x 1 M abn, 11 fM [21].
8. Rd: *5 fM, 1 M abn*, von * bis * noch 2x wdh [18].
9. Rd: *2 fM, 1 M abn, 2 fM*, von * bis * noch 2x wdh [15].
10.–11. Rd: 15 fM häkeln.
12. Rd: *3 fM, 1 M abn*, von * bis * noch 2x wdh [12].

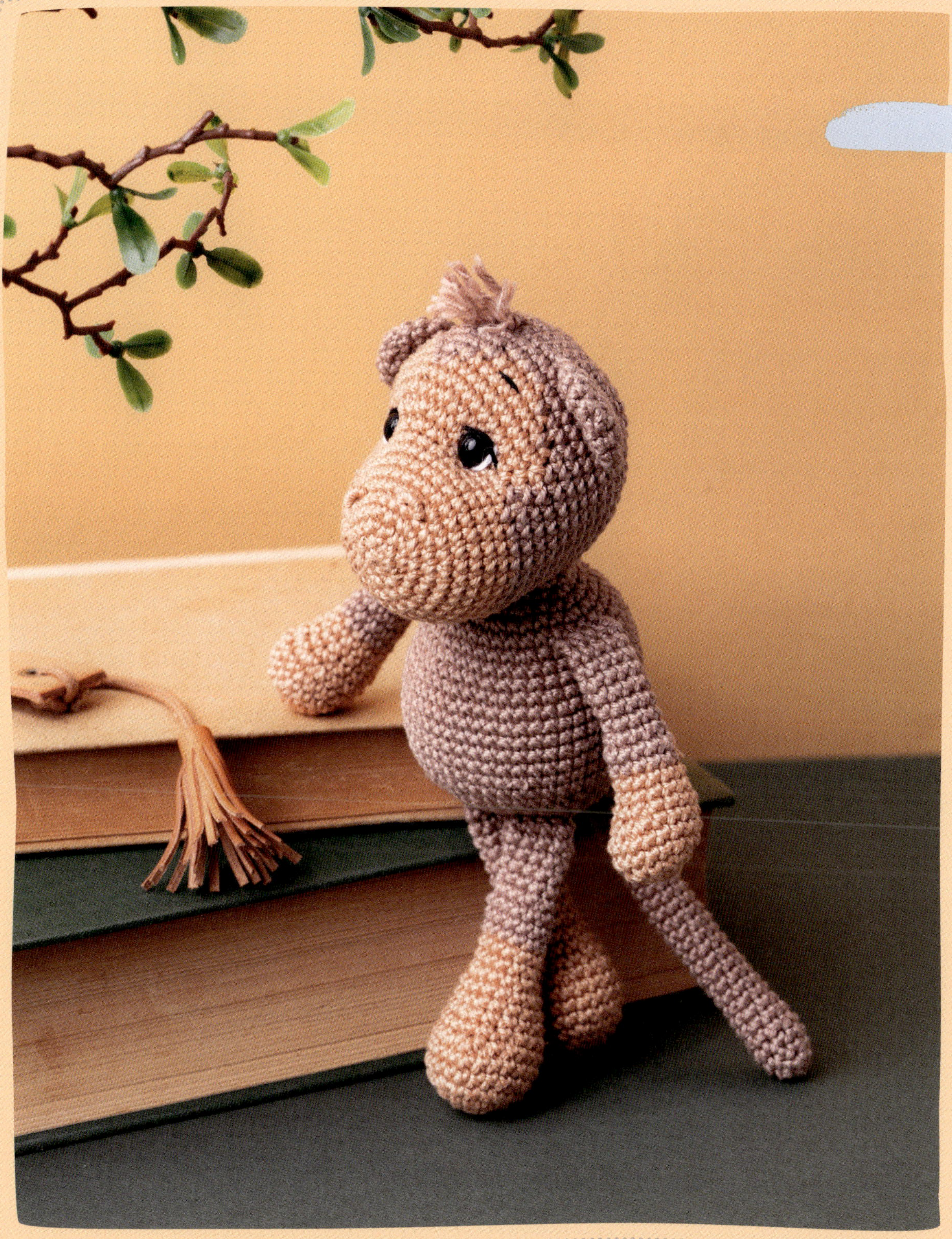

13.–14. Rd: 12 fM häkeln.
Fb-Wechsel zu Caramel.
15.–17. Rd: 12 fM häkeln.
Stopfe das untere Drittel mit Füllwatte aus.
18. Rd: *1 fM, 1 M abn, 1 fM*, von * bis * noch 2x wdh [9].
19.–22. Rd: 9 fM häkeln.
23. R: 1 Lm, gegenüberliegende Seiten mit 4 fM zusammenhäkeln.
Faden abschneiden.

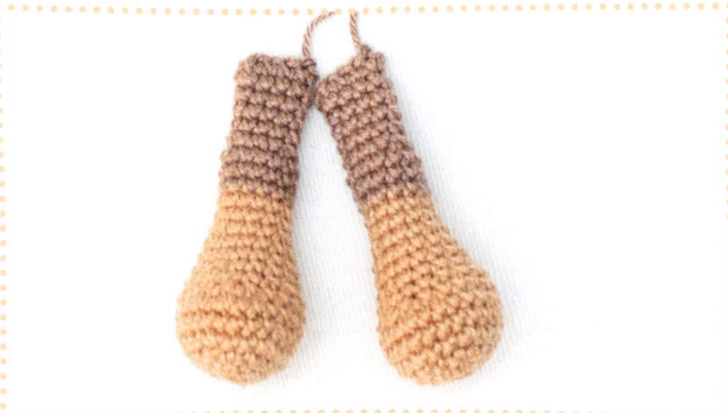

Arme (2x, in Camel und Caramel)

Beginne mit Camel.
1. Rd: 6 fM in einen Fadenring.
2. Rd: 6x 1 M zun [12].
3. Rd: *1 fM, 1 M zun*, von * bis * noch 5x wdh [18].
4.–5. Rd: 18 fM häkeln.
6. Rd: 4 fM, 3x 1 M abn, 8 fM [15].
7. Rd: *3 fM, 1 M abn*, von * bis * noch 2x wdh [12].
8.–9. Rd: 12 fM häkeln.
Fb-Wechsel zu Caramel.
10.–11. Rd: 12 fM häkeln.
Stopfe das untere Drittel mit Füllwatte aus.
12. Rd: *1 fM, 1 M abn, 1 fM*, von * bis * noch 2x wdh [9].
13.–18. Rd: 9 fM häkeln.
19. R: 2 fM, 1 Lm, gegenüberliegende Seiten mit 4 fM zusammenhäkeln.
Faden abschneiden.

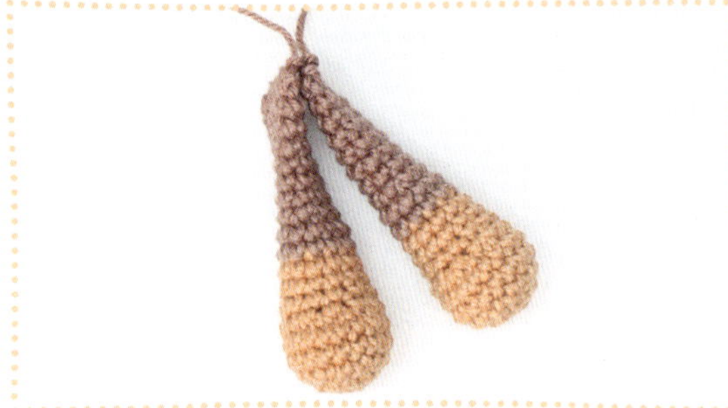

Ohren (2x, in Caramel)

1. Rd: 6 fM in einen Fadenring.
2. Rd: 6x 1 M zun [12].
3. Rd: *3 fM, 1 M zun*, von * bis * noch 2x wdh [15].
4. Rd: 15 fM häkeln.
5. R: 1 Lm, gegenüberliegende Seiten mit 7 fM zusammenhäkeln.
Faden abschneiden.

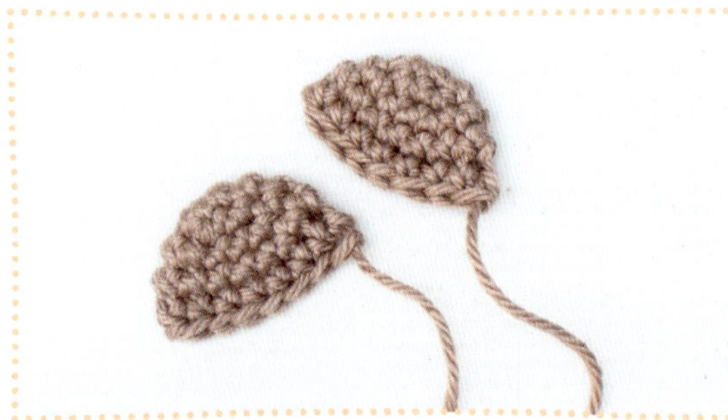

Schwanz (in Caramel)

1. Rd: 6 fM in einen Fadenring.
2. Rd: *1 fM, 1 M zun*, von * bis * noch 2x wdh [9].
3.–22. Rd: 9 fM häkeln.
Stopfe zwischendurch etwas Füllwatte in den unteren Bereich des Schwanzes.
23. R: 1 Lm, gegenüberliegende Seiten mit 4 fM zusammenhäkeln.
Faden abschneiden.

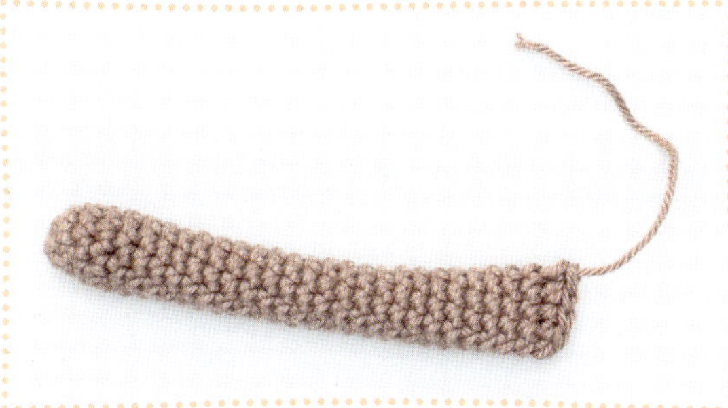

Kopf (in Camel und Caramel)

Beginne in Camel.
1. Rd: 6 fM in einen Fadenring.
2. Rd: 6x 1 M zun [12].
3. Rd: *1 fM, 1 M zun*, von * bis * noch 5x wdh [18].
4. Rd: 3x 1 M zun, 6 fM, 3x 1 M zun, 6 fM [24].
5. Rd: *1 fM, 1 M zun*, von * bis * noch 2x wdh, 6 fM, *1 fM, 1 M zun*, von * bis * noch 2x wdh, 6 fM [30].
6. Rd: *1 M zun, 2 fM*, von * bis * noch 2x wdh, 6 fM, *1 M zun, 2 fM*, von * bis * noch 2x wdh, 6 fM [36].
7.–10. Rd: 36 fM häkeln.
11. Rd: Fb-Wechsel zu Caramel, 8 fM, Fb-Wechsel zu Camel, 5 fM, 4x 1 M zun, 5 fM, Fb-Wechsel zu Caramel, 14 fM häkeln [40].
12. Rd: 9 fM, Fb-Wechsel zu Camel, 4 fM, *1 fM, 1 M zun*, von * bis * noch 3x wdh, 4 fM, Fb-Wechsel zu Caramel, 15 fM [44].
13. Rd: 9 fM, Fb-Wechsel zu Camel, 4 fM, *1 M zun, 2 fM*, von * bis * noch 3x wdh, 4 fM, Fb-Wechsel zu Caramel, 15 fM [48].
14. Rd: 9 fM, Fb-Wechsel zu Camel, 24 fM, Fb-Wechsel zu Caramel, 15 fM [48].
15. Rd: 10 fM, Fb-Wechsel zu Camel, 10 fM, Fb-Wechsel zu Caramel, 2 fM, Fb-Wechsel zu Camel, 10 fM, Fb-Wechsel zu Caramel, 16 fM [48].
16. Rd: 12 fM, Fb-Wechsel zu Camel, 7 fM, Fb-Wechsel zu Caramel, 4 fM, Fb-Wechsel zu Camel, 7 fM, Fb-Wechsel zu Caramel, 18 fM [48].
In den nächsten Rd häkelst du den Teil, von dem aus später der Körper gehäkelt wird.
17. Rd: 14 fM, Fb-Wechsel zu Camel, 4 fM, Fb-Wechsel zu Caramel, 6 fM, Fb-Wechsel zu Camel, 4 fM, Fb-Wechsel zu Caramel, 13 fM, 7 fM ihM [48].
18. Rd: 1 fM ihM, 39 fM, 1 fM ihM, 7 fM [48].
19. Rd: 1 fM, 1 fM ihM, 39 fM, 7 fM ihM [48].
In der nächsten Rd werden die Ohren eingehäkelt.
20. Rd: 1 fM ihM, 8 fM, 7 fM mit dem 1. Ohr, 10 fM, 7 fM mit dem 2. Ohr, 15 fM [48].
21.–22. Rd: 48 fM häkeln.
23. Rd: *3 fM, 1 M abn, 3 fM*, von * bis * noch 5x wdh [42].
Setze die Sicherheitsaugen zwischen der 12. und 13. Rd mit einem Abstand von 10 M ein.

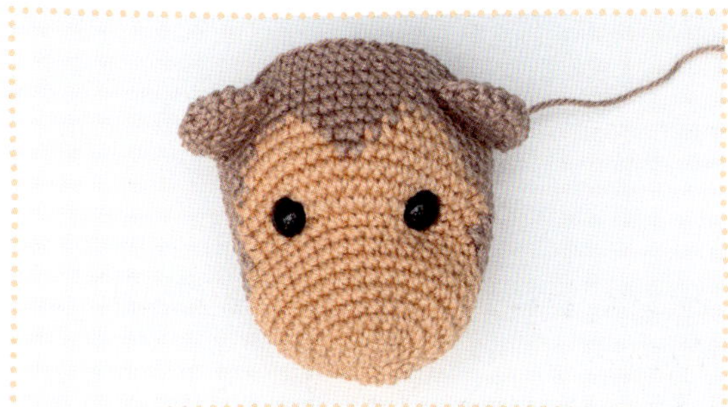

24. Rd: *5 fM, 1 M abn*, von * bis * noch 5x wdh [36].
25. Rd: *2 fM, 1 M abn, 2 fM*, von * bis * noch 5x wdh [30].
26. Rd: *3 fM, 1 M abn*, von * bis * noch 5x wdh [24].
Vergiss nicht, den Kopf mit Füllwatte auszustopfen.
27. Rd: *1 fM, 1 M abn, 1 fM*, von * bis * noch 5x wdh [18].
28. Rd: *1 fM, 1 M abn*, von * bis * noch 5x wdh [12].
29. Rd: 6x 1 M abn [6].
Schneide den Faden ab, ziehe ihn durch die verbliebenen vorderen M-Glieder und vernähe ihn. Vertiefe die Augen.

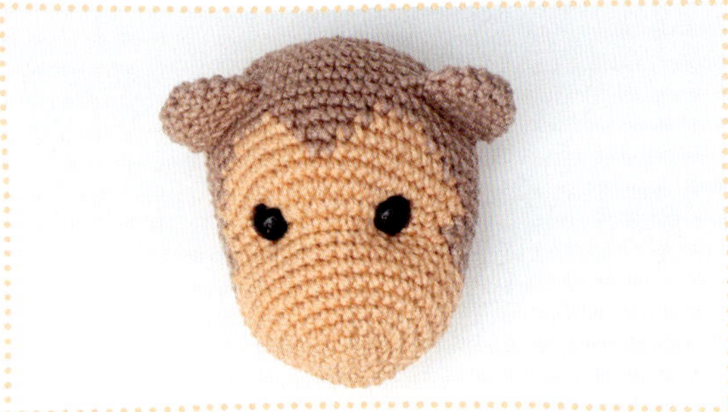

Körper (in Caramel)

Du beginnst an der Mitte des Rückens, den Körper zu häkeln.
Schlage im 5. vorderen M-Glied der 19. und 20. Rd des Kopfes neu an.
1. Rd: 4 fM ivM der 19. Rd Kopfes, 1 fM ivM der 18. Rd des Kopfes, 8 fM ivM der 17. und 18. Rd des Kopfes, 1 fM ivM der 19. Rd des Kopfes, 4 fM ivM der 19. und 20. Rd des Kopfes [18].

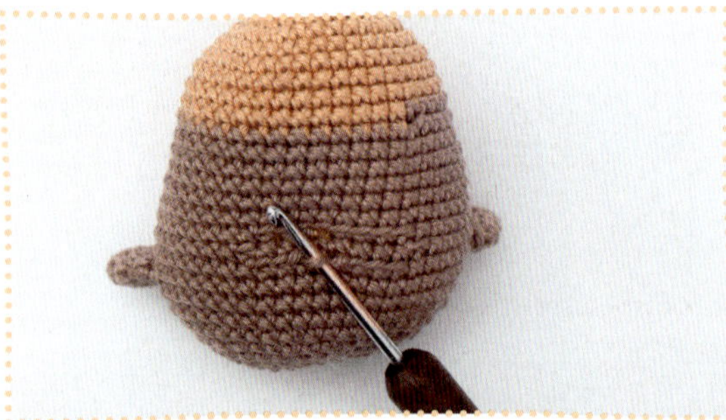

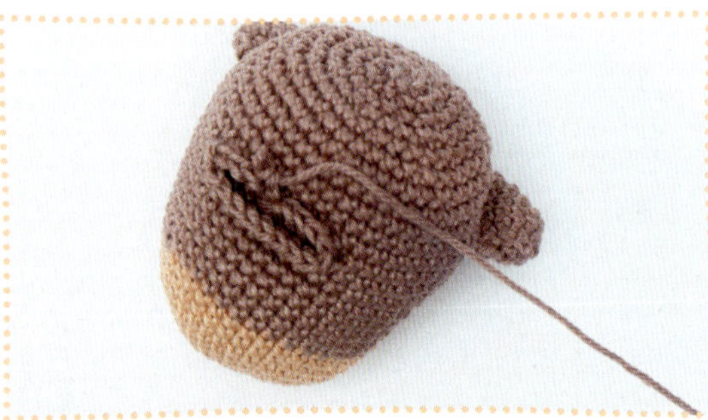

2. Rd: 18 fM häkeln.
3. Rd: *1 fM, 1 M zun, 1 fM*, von * bis * noch 5x wdh [24].
4. Rd: *3 fM, 1 M zun*, von * bis * noch 5x wdh [30].
5. Rd: *2 fM, 1 M zun, 2 fM*, von * bis * noch 5x wdh [36].
In der nächsten Rd werden die Arme kopfüber eingehäkelt.
6. Rd: 7 fM, 4 fM über den 1. Arm, 14 fM, 4 fM über den 2. Arm, 7 fM [36].

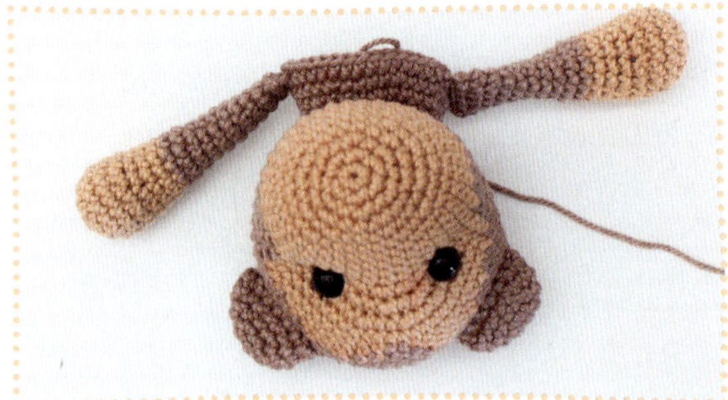

7. Rd: *5 fM, 1 M zun*, von * bis * noch 5x wdh [42].
8.–9. Rd: 42 fM häkeln.
10. Rd: 12 fM, *1 fM, 1 M zun, 1 fM*, von * bis * noch 5x wdh, 12 fM [48].
11.–17. Rd: 48 fM häkeln.
18. Rd: *3 fM, 1 M abn, 3 fM*, von * bis * noch 5x wdh [42].
19. Rd: *5 fM, 1 M abn*, von * bis * noch 5x wdh [36].
20. Rd: *2 fM, 1 M abn, 2 fM*, von * bis * noch 5x wdh [30].
Über das Ende der nächsten und den Anfang der übernächsten Rd wird der Schwanz kopfüber eingehäkelt.
21. Rd: *3 fM, 1 M abn*, von * bis * noch 4x wdh, 4 fM, 1 fM mit dem Schwanz [25].
In der nächsten Rd werden die Beine kopfüber eingehäkelt.
22. Rd: 3 fM mit dem Schwanz, 5 fM, 4 fM mit dem 1. Bein, 4 fM, 4 fM mit dem 2. Bein, 3 fM, 1 M abn [24].

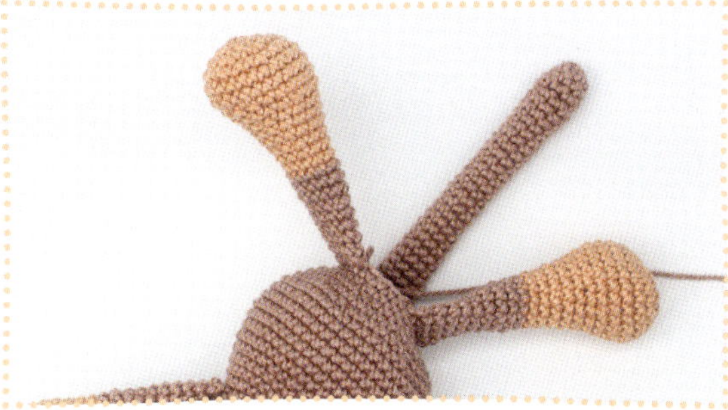

Vergiss nicht, den Körper mit Füllwatte auszustopfen.

23. Rd: 12x 1 M abn [12].

24. Rd: 6x 1 M abn [6].

Schneide den Faden ab, ziehe ihn durch die verbliebenen vorderen M-Glieder und vernähe den Faden.

Details (in Snow White, Jet Black, Camel und Caramel)

An die Sicherheitsaugen stickst du Augenweiß in Snow White und einen einfachen Wimpernkranz in Jet Black. Sticke die Augenbrauen 3 Rd oberhalb der Augen über 2 M Breite. Sticke 2 Nasenlöcher in Camel zwischen der 5. und 6. Rd mit einem Abstand von 4 M zueinander auf.

TIPP Für eine dezentere Gestaltung kannst du das Garn in der Hälfte spalten.

Knüpfe ein paar Strähnen in Caramel über der 19. und 20. Rd an, kürze sie nach Belieben und kämme sie etwas auf.

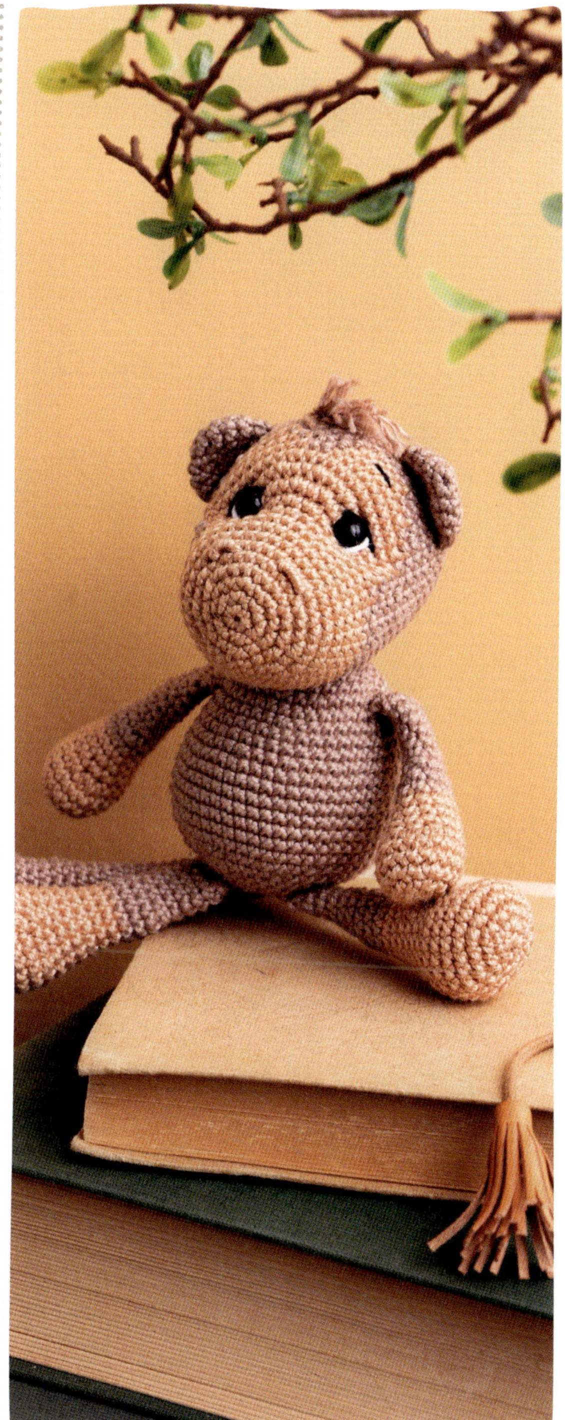

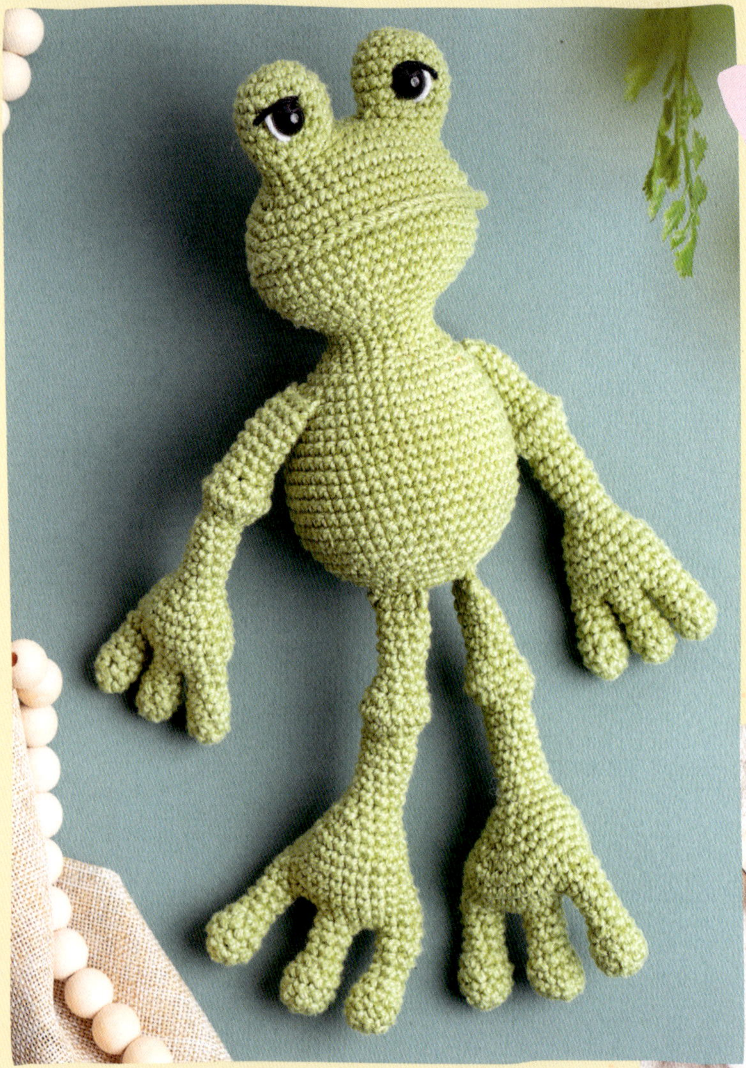

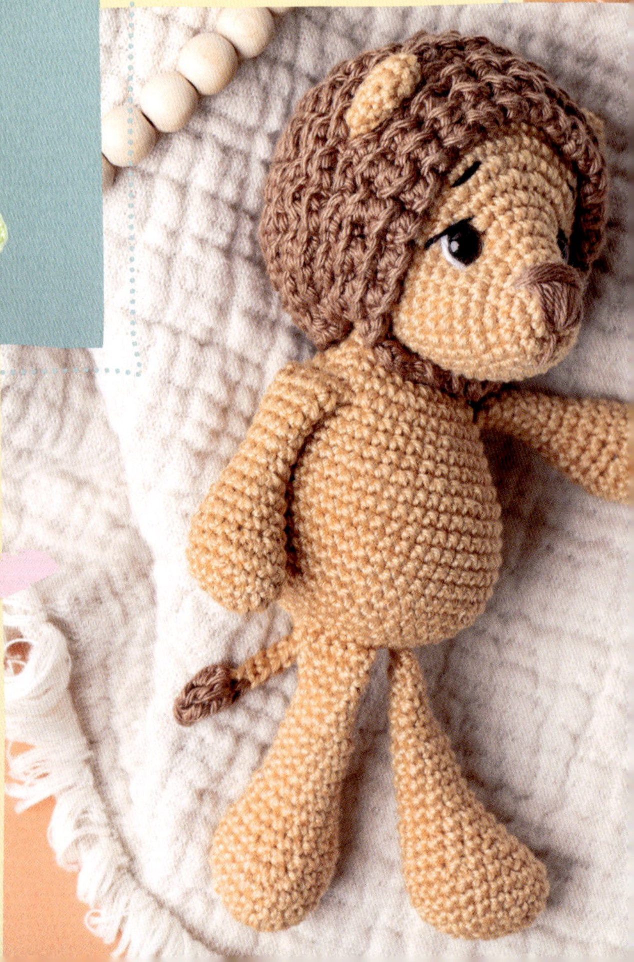

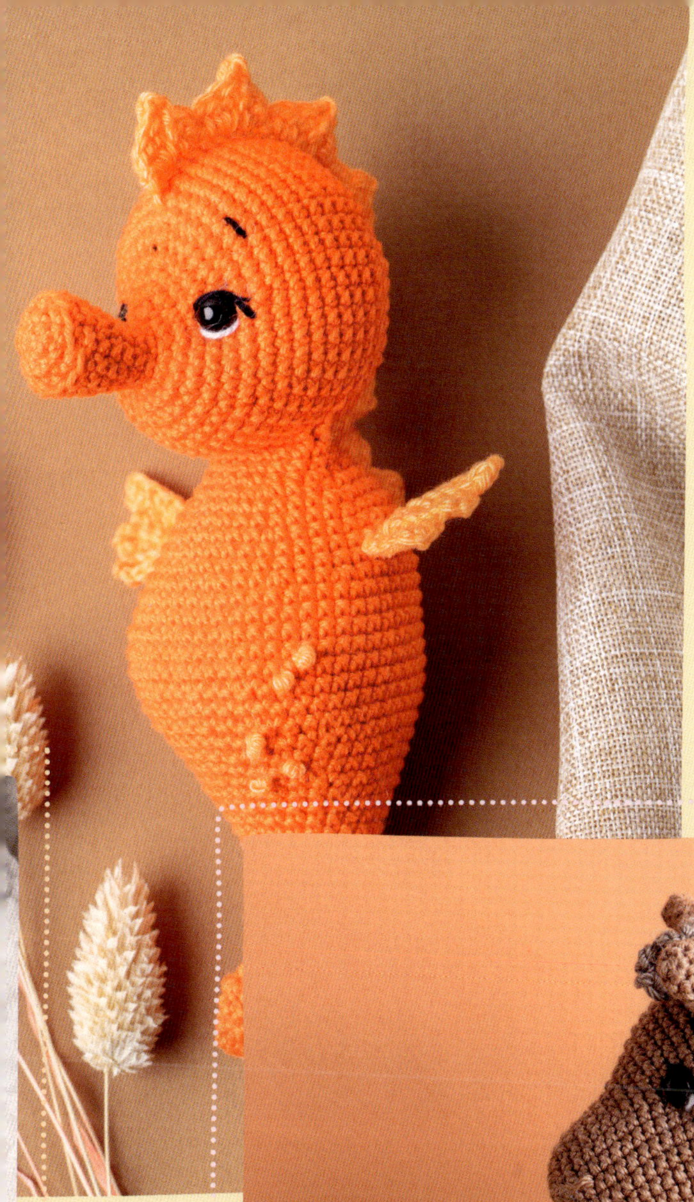

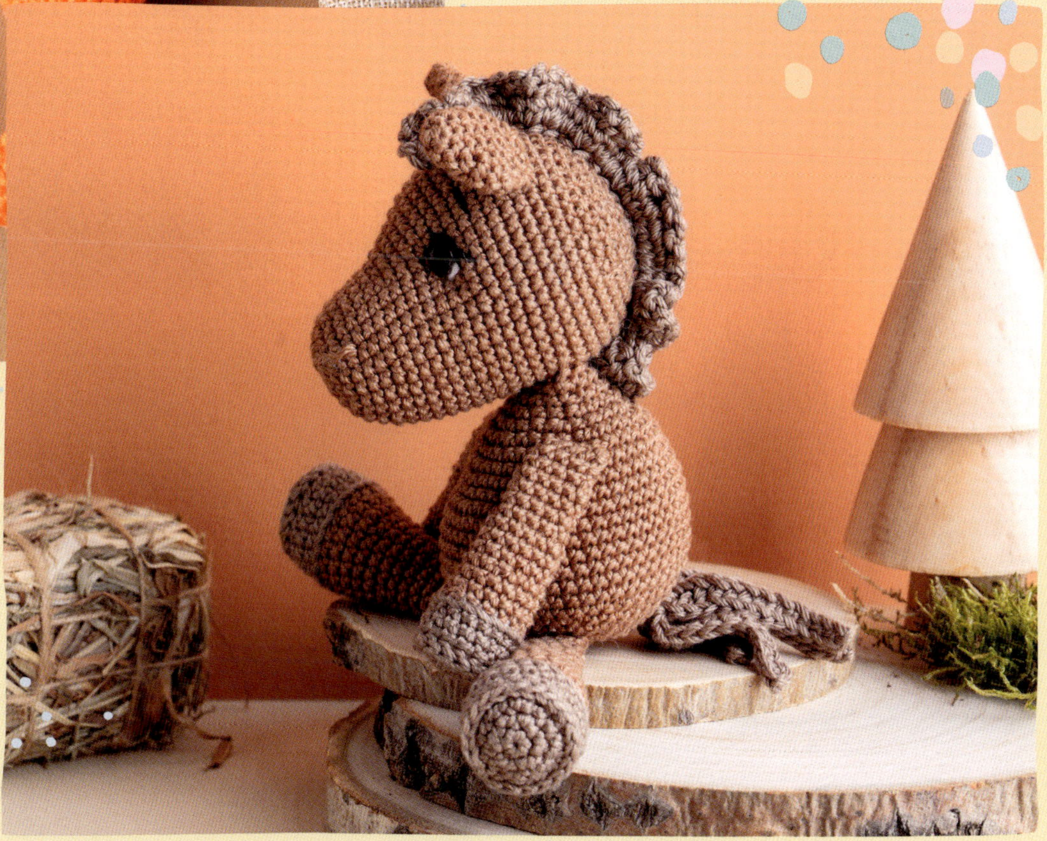

Danksagung

Von der Idee dieses Buches war ich sofort begeistert; nichts Annähen zu müssen, ist einfach super.

Meine Testerinnen haben auch direkt zugesagt, und ich danke euch für die Zeit, die ihr ins Testen und in die Korrekturen gesteckt habt. Danke für eure Unterstützung, Jule (@rebelcat.crochet), Vivi (@vivis.maschenzauber), Silke (@total_verhaekelt) und Emma (@miss.emmmi).

Danke auch an meinen Mann, der das „Ich muss nochmal an die Nadel" immer verstanden hat.

Danke an den EMF-Verlag, dass ihr bei diesem Projekt an mich gedacht habt und ich dieses tolle Buch mit euch erstellen durfte.

Was braucht man noch für so viele Projekte? Wolle! Ein großes Danke für das Sponsoring der Materialien geht an Scheepjes.

Und auch dir möchte ich dafür danken, dass du dich für dieses Buch entschieden hast. Ich wünsche dir ganz viel Spaß und Freude beim Nachhäkeln.

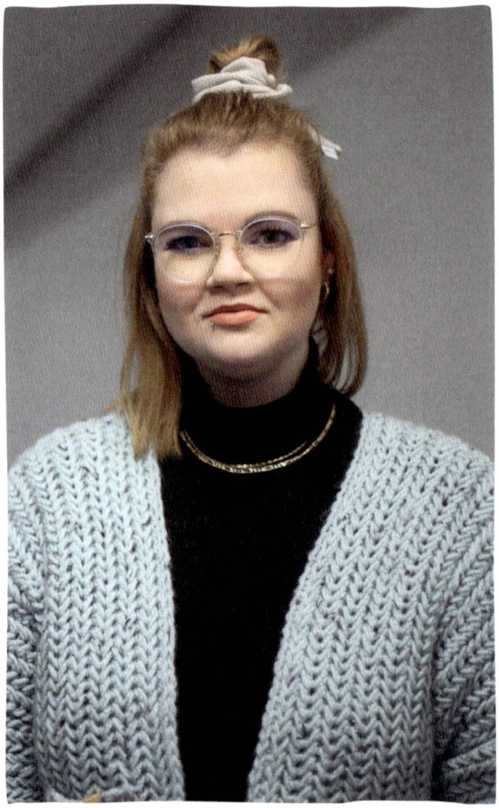

Über die Autorin

Zuerst wandern die Tiere skizziert aufs Papier, bevor Stefanie Binder die Häkelnadel und passende Wolle in die Hand nimmt und sie zum Leben erweckt. Im Herbst 2019 wurde sie durch eine Freundin mit dem Häkelfieber angesteckt und ist seitdem nicht mehr davon losgekommen. Derzeit hüpfen Stefanie neben den geliebten Amigurumis auch Homeaccessoires und Kleidungsstücke von der Nadel. Aus dem anfänglichen Hobby wurde schnell mehr und seit Mitte 2020 verkauft sie Häkelanleitungen und inzwischen auch Homeaccessoires unter dem Namen „fraukreativkopf".

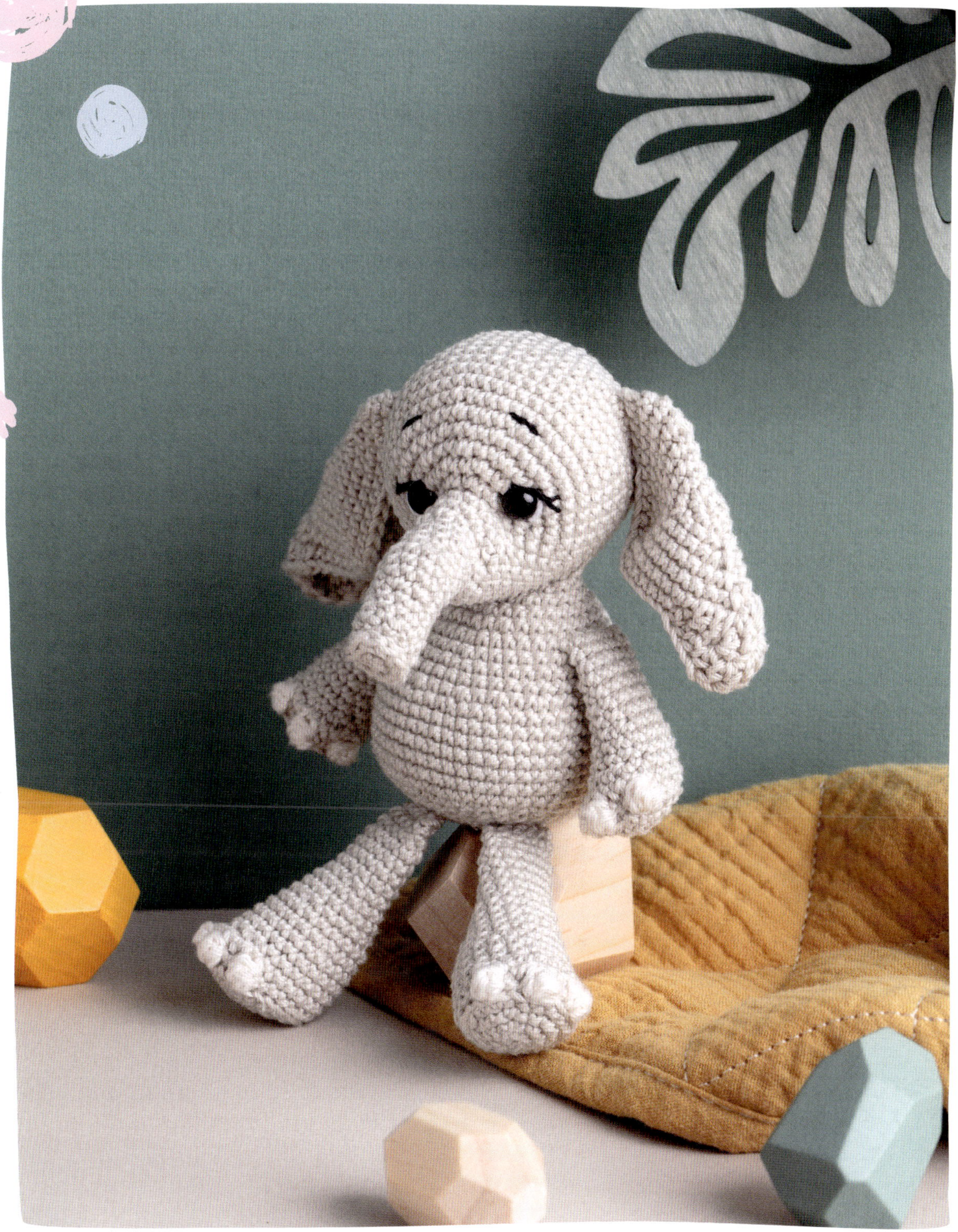

Impressum

Bibliografische Information der Deutschen Bibliothek.
Die Deutsche Bibliothek verzeichnet diese Publikation in der Deutschen Nationalbibliografie.
Detaillierte bibliografische Daten sind im Internet über http://www.dnb.de/ abrufbar.

EIN BUCH DER EDITION MICHAEL FISCHER

1. Auflage 2023

Projektmanagement und Lektorat: Melanie Kowalski
Cover, Layout und Satz: Emilia Nedwidek
Bilder: © SHOT STILLSTUDIO, Katja Schubert, München (Cover, Aufmacherfotos), © Stefanie Binder (Stepfotos), © Julia Eschenbach (Autorinnenfoto), © Atelier Holger Albrich, München (S. 7)
Illustrationen: © tatishdesign/Shutterstock
ISBN: 978-3-7459-1783-3
Gedruckt bei Mohn Media Mohndruck GmbH, Carl-Bertelsmann-Straße 161 M,
33311 Gütersloh, Deutschland
www.emf-verlag.de